성리학과 칼뱅주의

-칼뱅주의 그리스도인으로 살아가기-

문 태 순 지음

Korean Neo-confucianism and Calvinism

by Moon, Taesoon

성리학과 칼뱅주의

2019년 12월 15일 초 판 1쇄 인쇄
2019년 12월 20일 초 판 1쇄 발행

저 자 • 문 태 순
발행인 • 조 경 혜
발행처 • 도서출판 그리심
　　　　07030 서울시 동작구 사당로2길 72 인정 B동 b-01

등록번호 • 제 7-258호(1998. 4. 23)
출 판 사 • 전화 523-7589 팩스 523-7590
홈페이지 • http://grisim.biz
전자우편 • grisimcho@hanmail.net

- 저자와 협의하여 검인을 생략함.
- 이 책의 일부라도 저자나 출판사의 허락 없이 사용할 수 없습니다.

값: 표지 뒷면에

ISBN 978-89-5799-437-5　(93230)

Korean Copyright ⓒ 2019
Grisim Publishing Co.
Seoul, Korea

To My Dears

차 례

추천사 · 6
저자 서문 · 8

제1장 성리학과 칼뱅주의의 역사적 교차
1. 성리학 이전 시기 · 13
2. 성리학의 성립과 전개 · 22
3. 성리학과 칼뱅주의의 역할 바꾸기 · 27
4. 칼뱅주의의 시작 · 32
5. 성리학과 칼뱅주의의 다른 점 · 37

제2장 퇴계 이황의 성리학사상
1. 격랑의 시대를 홀로 살아가다 · 39
2. 이황 이전의 성리학 사상 : 주자 사상을 중심으로 · 48
3. 리발로 본 『성학십도』 · 61
4. 『성학십도』 이후의 성리학 흐름 · 71

제3장 장 칼뱅의 칼뱅주의사상
1. 칼뱅의 일생 · 77
2. 『기독교강요』의 이해 · 83
3. 기독교강요의 의의와 우리의 사명 · 123

제4장 성리학에서 칼뱅주의로
1. 이황 이후의 성리학 · 133
2. 『천주실의』의 소개 · 136
3. 성리학에서 칼뱅주의로 · 147

제5장 성경은 진리다
1. 텍스트로서의 성경 · 153
2. 언어와 화언과 진리 · 163
3. 진리이며 정확무오한 성경 · 171

제6장 성리학 경전읽기와 칼뱅주의 성경읽기

  1. 책읽기의 주인공 · 179
  2. 성리학 경전 읽기 · 182
  3. 칼뱅주의 성경읽기 · 189

제7장 성경을 어떻게 해석할 것인가

  1. 성경해석은 그리스도인의 의무이자 권리 · 195
  2. 동양의 성경해석방법 · 200
    1) '격물치지'의 성경해석법 · 204
    2) '도가도비상도'의 성경해석법 · 206
    3) '원형이정'의 성경해석방법 · 210
  3. 서양의 성경해석방법 · 213
    1) 탐구의 해석학 · 214
    2) 이해의 해석학 · 218
    3) 자기포함의 해석학 · 223
    4) 메타비평 해석학 · 231
  4. 성경해석방법의 종합 · 237

제8장 의로운 성경해석과 의로운 생활실천

  1. 오직 믿음 · 243
  2. 믿음과 칭의는 일상적인 용어 · 251
  3. 어떻게 의롭게 살 것인가 · 254

제9장 칼뱅주의 그리스도인으로 살아가기

  1. 대한민국의 역사를 둘러보자 · 261
  2. 대한민국을 품자 · 265
  3. 믿음으로 오륜을 실천하자 · 266
  4. 칼뱅주의 그리스도인으로 살아가자 · 272

  참고문헌 · 280

추천사

크리스천으로서의 저자의 삶과 학문적 여정을 믿음의 관점에서 정리해서 책으로 출간한 것을 먼저 축하한다.

저자는 먼저 고조선에서 조선시대에 이르는 우리나라의 역사를 성리학 성립과 전개, 그 결말의 과정으로 이해한다. 그 이후의 역사는 칼뱅주의를 중심으로 이해하고자 한다. 칼뱅주의는 19세기 말에 성리학이 정치사회적으로 기존의 역할을 상실해 갈 때 토마스 선교사가 대동강에서 성경을 우리나라에 전한 그 순간부터 시작됐다고 본다. 칼뱅주의의 사상은 지금도 우리 사회에서 성경말씀에 입각하여 오늘 실천돼야 한다는 것이 본서의 핵심이다.

본서는 다음의 몇 가지 의의를 담고 있다.

첫째, 칼뱅주의와의 관계 속에서 성리학에 대한 이해를 시도한다.

둘째, 창조주 하나님과 성경의 절대적 진리성을 기초로 칼뱅주의 사상을 정리한다.

셋째, 성경의 무오류성을 언어학적 접근, 역사적 접근, 성경 자체의 증언을 통해서 증명한다.

넷째, 성경을 믿음으로 해석하고 그 해석대로 믿음을 실천할 것을 주장한다.

다섯째, 폭넓은 성경해석을 위해 동서양의 해석방법들을 제시한다.

마지막으로 칼뱅주의 그리스도인이 자본주의 논리와 다양한 가치관들이 혼재되어 있는 오늘의 사회 속에서 의롭게 살아가야 할 길을 제시하고 있다.

총신대학교 신학과 출신으로 동양사상이나 일반 학문을 연마하고 이를 다시 칼뱅주의와 연결하여 나름대로 자신의 사상을 제시하기가 쉽지 않았을 텐데 누군가 이런 글을 시도할 생각조차 못할 때 『성리학과 칼뱅주의』 분야에 대한 연구를 시작했다는 것이 놀랍다. 나아가 이러한 시도가 더욱 확장할 수 있는 디딤돌이 되기를 기대한다.

　성리학 사상이나 칼뱅주의 사상이 쉽사리 이해되고 읽혀지기는 어렵지만 동양사상을 익히고 그것을 기독교사상과 접목시키기 위해 연구해 온 저자를 생각한다면 우리가 본서를 읽고 도전 받아야 할 것 같다. 젊은 신앙인들이 본서를 읽고 칼뱅주의 사상으로 무장하고 물질 만능주의로 치닫고 있는 현대 사회에서 하나님의 주권사상으로 무장하고 멋진 삶의 도전으로 진리를 실천하기 소원해 본다.

2019. 12. 15.
대한예수교 장로회 예수인교회 담임목사
민 찬 기

저자 서문

　오늘날 한국교회는 한국사회로부터 개독교라고 비난의 대상이 된지 오래다. 대형교회들을 중심으로 상식에서 벗어난 사건들이 일반인들이 보기에 상식적이지 않게 보여서 일 것이다. 세상사람들이 개독교라고 비난하는 이유는 교회세습, 방만한 교회재정운영, 목회자들의 성추행 내지 성폭행, 헌금의 강요와 대 사회적 무책임, 교권의 절대적 권력 행사, 아전인수식 설교와 성경해석, 극단적 정치편향성 등의 잘못된 일들이 영적인 무지를 초래했기 때문이다. 어쩌면 한국 교회와 기독교인들이 비난 받는 것은 자업자득에 의한 것일지도 모른다. 본서는 성리학과 칼뱅주의를 역사적 사회적 신앙적 관점에서 고찰함으로써 참된 칼뱅주의 신앙인의 길을 찾고 진정한 교회의 사명을 감당할 길을 마련하고 싶은 마음에서 집필을 하게 되었다.
　본서에서 성리학은 칼뱅주의가 소개되기 직전의 사회를 특징지었던 사상으로 규정된다. 칼뱅주의는 성리학적 사회와는 다른 삶의 양식을 우리에게 제시한 신앙사상이자 동시에 오늘날의 자본주의와 민주주의, 과학기술주의 사회 속에서 그리스도인이 살아가야 할 신앙 체계로 이해된다.
　필자는 성리학을 리기론에 근거하여 모든 인간을 선하게 살아가도록 하는 학문사상으로 이해하려 하였다. 인간이 태어날 때 리와 기를 받아 태어나는데 리가 절대적으로 선한 것이기에 이 리를 따라 기가 발동하여 실천하면 선하게 살 수 있다는 것이 성리학 사상의 핵심이다. 이에 대한 실증으로서는 퇴계 이황의 『성학십도』가 분석되었다. 한편 칼뱅주의는 두 가지 기본 관점에서 이해하였다. 하나는 삼위일체의 하나님을 알 때 인간이 자기 자신을 알 수 있으며, 하나님을 알지 못하면 인간이 자신을 결코 알 수 없다는 하나님 절대주권의 신앙이다. 다른 하나는 이 하나님을 유일하신 참 하나님으로 증언하는 성경의 무오류성을 믿는 신앙사상으로 이해된 것이다. 칼뱅주의에 대한 이해를 위해서는 칼뱅의 저서 『기독교강요』가 분석되었다.

  교회다운 교회는 교회가 속해 있는 이웃과 사회, 나아가 세계에 성경의 말씀을 전하고 실천하는 사명을 지니고 있다. 성경만이 스스로 성경의 진리성을 증명한다는 것이 본서의 토대이기도 하다. 성경의 진리성이 담보되면 그 다음으로 진리를 진리로 읽고 해석하는 방법이 필요하다. 이를 위해 동양의 해석방법과 서양의 해석방법이 고찰되었다. 그리스도인은 이렇게 해석한 내용대로 진실하게 실천해야 한다. 그 실천은 오직 믿음을 통해서다. 믿음으로만 구원이 확증된다. 마찬가지로 믿음으로만 성경을 읽고 해석하고 그 해석대로 실천할 때 교회와 개인 그리스도인이 의롭게 살게 되고 사명을 감당할 수 있다. 이 사명은 각각의 그리스도인이 속해 있는 가정, 학교, 사회, 국가 등등에서 완수되어져야 한다.

  필자가 본서의 집필을 결심한 것도 나 자신의 사명을 완수하기 위함이다. 나아가 개독교의 오명에서 벗어나서 교회가 세상을 성경말씀으로 진실하게 하고 사람이 살만한 세상으로 바꾸어 보기 위해서다. 무엇보다도 젊은 그리스도인들이 전 사회 영역에서 성경을 들고 전 사회 영역에서 도전하기를 기대하면서 주장하고 있다. 그들이 우리 사회의 산업, 예술, 학문 등 모든 분야에 믿음으로 도전하고 실천해서 끝내 그리스도인의 긍지와 피조물로서 진정한 즐거움을 누리는 인물들이 되기를 간절히 바란다.

이 글이 되기까지 한없이 부족한 필자에게 배움의 길을 열어주시고 가르침을 주신 모든 분들게 깊은 감사를 드린다. 동양사상에 입문하게 해 주신 스승 이문원 교수님, 성경해석학에 대해 눈뜨게 하신 최승락 교수님께 감사드린다. 선교의 열정과 신실한 삶을 가르쳐 주신 김종길 목사님, 초보자 전도사를 동역자로 여겨주신 하성존 목사님께 감사드린다. 실천신앙을 보여주신 창신교회 김수길, 강덕영, 김신규 세 분 장로님께도 감사드린다. 부족함이 많은 본서에 대해 기꺼이 추천을 해 주신 예수인교회 담임목사이자 신앙의 벗 민찬기 목사님께 감사드린다. 모든 분들에 대한 보답으로 더 열심히 살아갈 것을 다짐한다.

2019. 12. 15.
老史(낡은 이야기꾼) 문태순 쓰다.

성리학과 칼뱅주의

제1장

성리학과 칼뱅주의의 역사적 교차

본장에서는 성리학과 칼뱅주의의 두 사상을 중심으로 우리 민족이 경험했던 사상의 특성과 영향을 분석한다.

우선 성리학의 이해를 위해 성리학 성립 이전의 시기를 간략히 고찰한다. 고조선의 천지인사상에서 삼국시대의 안정기를 탐색하고, 통일신라 이래로 고려시대까지는 불교사상을 중심으로 이해한다. 유학사상과 관련해서는 신라의 국학에서부터 고려의 국자감으로 이어지는 과정이 검토된다. 고려시대의 과거제도는 그 이전의 유교교육체계를 개혁하는 관점에서 분석되고 있다. 성리학의 사상적 특성과 전개 과정은 조선의 건국의 전후 사정과 관련하여 탐색된다. 한편 칼뱅주의에 대해서는 외세의 침탈로 인해 조선이 절망과 혼돈에 빠졌을 때 그리스도교 특히 칼뱅주의가 우리나라에 들어오게 된 과정과 특성이 탐색될 것이다. 마지막으로 성리학과 칼뱅주의가 어떤 점에서 대비가 되고 서로 다른 지가 분석될 것이다.

1. 성리학 이전 시기

〈천지인사상에서 통합과 질서의 사회로〉

단군신화는 우리 민족이 하늘과 인간(웅녀)과 땅(고조선 사회)의 조화를 최고의 가치로 여겼음을 보여 준다. 고조선 이후 부여에서는 영고(迎鼓), 동예에서는 무천(舞天), 고구려에서는 동맹(東盟)이라는 하늘숭배를 중심으로 하는 절기 행사가 열렸던 것이 그 증거다.

고구려가 융성해지면서 하늘숭배사상이 변하게 되었다. 고구려의 융성은 고조선의 유민이나 부여, 옥저, 동예 등의 지역민들을 고구려로 들어오게 하였다. 다양한 부족민들이 모여들면서 각 부족의 하늘숭배사상이나 지역사상을 통합하는 것이 필요하였다. 이를 해결하기 위해 고구려 소수림왕(재위 371년~384년)은 불교를 받아들였다(372). 불교에는 '전륜성왕'(轉輪聖王)이 존재한다. 전륜성왕은 석가모니 부처로써 '일체의 법을 다스리는(轉輪) 거룩한 왕(聖王)'이다. 그래서 모든 사람은 그의 가르침을 따르고 실행해야 한다. 이러한 초월적 왕이라면 고구려가 필요로 하는 여러 지역민들이나 다양한 토템을 가진 사람들을 통합할 수 있는 적합한 존재였다. 이것이 고구려가 불교를 받아들인 이유다. 같은 해에 소수림왕은 중국으로부터 유교도 받아들였다. 그가 유교를 받아들인 것은 유교의 하늘숭배사상과 무관하지 않다. 공자의 인과 예, 맹자의 예와 의는 모두 하늘의 이치를 따르는 것을 기본으로 한다. 하늘의 이치(천리, 天理)는 모든 개인과 집단, 자연의 동식물 등에 대해서도 권위적으로 통용된다. 질서의 준수는 그 당시 고구려의 사회구조에서 필요한 가치질서 중에 하나였다. 유교는 고구려 안으로 유입되어온 여러 부족민들과 소집단들을 통합하고 질서를 유지하는 데 유리하였다. 고구려가 중앙에는 태학을 세우고 지방에는 경당을 세워 전국적으로 유학사상을 보급한 것도 국가의 안정과 질서를 확보하고 나라를 통치할 인재를 양성하기 위해서였다.

이렇게 해서 고조선에서 시작된 하늘숭배사상이 불교의 수용을 통해서는 사회통합을 꾀하고 유교를 통해서는 질서와 안정의 사회를 세우는 것으로 변형되었다.

〈신라불교가 피어나다〉

법흥왕(신라 23대왕, 재위 514~540)은 불교를 통해 왕권 중심의 통치를 실시하고자 하였다. 하지만 그 당시 신라의 귀족이나 호족들은 각각의 토착신앙을 중심으로 결집되어 있어서 중앙집권화가 어려웠다. 토착신앙의 본산지는 천경림(天鏡林)이었다.

신라의 불교수용을 강하게 주장했던 사람은 이차돈(異次頓, ?~527)이었다. 그는 신라 토착신앙의 대표 성지인 천경림에 불교사찰을 세워야한다고 주장하였다(527년). 이차돈의 이 주장은 당연히 지역호족들이나 토착신앙을 믿는 세력들의 반발을 불러 왔다. 그들은 이차돈의 행위를 비난하며 왕에게 징벌을 요청하였다. 이에 법흥왕은 토착신앙 훼손의 책임을 물어 이차돈을 사형에 처했다. 그런데 이차돈을 사형시키는 현장에서 희한한 일이 일어났다. 이차돈이 목 베임을 당하는 순간 그의 몸에서 흰 피(젖)이 수십 장이나 뿜어져 나온 것이다. 이에 불교를 추종하는 세력들은 이곳(천경림)이야말로 사찰이 세워져야 할 곳이라고 주장하게 되었다. 이러한 주장이 설득력을 얻으면서 법흥왕은 마침내 천경림을 없애고 그곳에 흥륜사를 건축할 수 있었다. 이때부터 신라의 불교는 활발하게 불타오르게 되었다.

〈원효의 정토사상과 의상의 화엄사상〉

신라의 불교는 원효(元曉, 617~686)와 의상(義湘, 義相, 625~702)이라는 걸출한 승려들에 의해 국가적 종교로 발전하게 되었다. 원효는 어느 곳이든지 부처의 뜻을 실천하면 맑고 깨끗한 땅이라는 '정토'(淨土)사상과 모든 것은 한 마음으로 귀결된다는 일심(一心)사상, 다양한 불교의 이론들을 합해야 한다는 화쟁(和諍)사상, 그리고 모든 것에 거리낌이 없어야 한다는 무애(無碍)사상 등을 주창하였다.

특히 원효의 정토사상은 의상과 함께 중국으로 불교공부를 가는 도중에서 얻은 그 자신만의 독특한 깨달음이었다. 중국으로 가던 도중 원효는 당주(唐州, 지금의 아산만이나 남양만)에 이르러 배를 타기 위해 기다리고 있었다. 마침 태풍이 일어나서 머무를 곳을 찾아야 했다. 그는 겨우 토굴(또는 평평한 무덤) 하나를 발견하고 그곳에서 하룻밤을 머물게 되었다. 그날 밤 잠을 자던 중에 목이 마르게 되었다. 원효는 주변을 더듬어 찾다가 마침 물 같은 것이 있어서 그것을 시원하게 마셨다. 그리고는 다시 잠을 청했다. 그런데 원효가 아침에 깨어보니 그가 그렇게 편히 잤던 곳은 누군가의 무덤이었고, 그가 마셨던 물은 해골 안에 고여 있던 물이었다. 하지만 지난밤의 상황에서는 그곳은 원효에게 너무도 편안했고 물도 그렇게 시원할 수 없었다. 그때 원효는 깨달음을 얻었다. 만일에 그가 자신이 잔 곳이 무덤이라는 것을 먼저 알았더라면 그곳에서 자지 않았을 것이다. 해골에 고여 있는 물도 마시지 않았을 것이다. 몰랐기 때문에 무덤을 극락으로 여겼던 것이고, 물도 시원하게 마실 수 있었던 것이다. 깨닫고 보니 더러움과 깨끗함이란 오직 사람이 그렇다고 생각하는 착각과 무지에서 온 것이었다. 더럽고 깨끗하고는 오히려 마음에 달려 있었다. 굳이 색다른 깨달음을 얻겠다고 중국이나 인도에 가야할 필요가 없었다. 신라도 정토고 중국도 정토였다. 이 깨달음이 신라의 불교가 교리 중심에서 벗어나서 깨달음을 중심으로 하는 대중 불교로 확산될 수 있었다. 귀족이 사는 곳이든 천민이 사는 곳이든 모두 깨끗한 땅이고, 그들의 마음도 계급에 따라 다른 것이 아니라 모두 하나의 마음으로 깨끗해질 수 있는 것이다. 그의 화쟁 사상은 모든 다툼을 조화하여 연합하게 하는 것이었고, 무애사상은 이치의 법이든 생활의 법이든 서로 막히지 않고 통해야 함을 강조하는 것이었다. 원효가 파계하고서 요석공주와 결혼하여 설총(薛聰, 출몰 미상)을 낳는 것은 그가 몸소 생활불교를 실천했음을 말해 준다.

한편 원효와 함께 구도자의 길을 떠났던 의상은 홀로 중국으로 가서 화엄(華嚴)사상을 터득하고 돌아왔다. 화엄사상은 모든 현상은 함께 의존하며 서로 걸림 없이 받아들이고 서로가 서로를 비추면서 끊임없이 흘러가는 장엄한 세계를 지향한다. 의상은 이러한 깨달음을 210자의 글자들로 요약하여 자신만의 화엄계를 제시하였다. 의상은 특히 신라의 왕이나 귀족들을 중심으로 한 화쟁을 강조하였다. 사실 의상이 신라로 돌아와야 했던 것도 그 자신이 귀족출신의 승려로서 당시 신라왕실의 분쟁을 조정하고 화합하기 위해서였다.

지식인과 귀족들을 중심으로 하는 화엄사상은 화엄종(華嚴宗)으로 체계화되었는데, 이 사실은 불교가 타락하면 귀족들의 갈등으로 인해 신라 사회 전체가 혼란과 부패에 빠질 수 있음을 의미하는 것이었다.

신라 말기에 이르면서 신라의 대중들은 보다 쉽게 마음의 평안을 얻고 경제적으로 부담이 되지 않으면서 극락에도 갈 수 있는 또 다른 사상을 요구하고 있었다. 화엄종은 일반민들에게 지적인 공부와 수행을 강조하였기에 일반 대중들은 그대로 수행하기 어려웠던 것이다. 신라 말기 왕실의 타락과 사찰들의 횡포와 재산축척으로 인해 일반 백성들의 삶이 피폐해지자 더욱 그들을 위로하고 평안하게 할 수 있는 새로운 불교사상이 필요시 되고 있었다.

〈신라 선종의 발흥〉

이 때에 발흥한 것이 선종(禪宗)이다. 선종은 교리나 지식 중심의 가르침보다는 깨우침(禪)을 중시한다. 그것은 불경에 기록된 글자들의 자구(字句)를 외우거나 암송하는 것 등에 그다지 큰 의미를 부여하지 않았다(불립문자, 不立文字). 그 대신에 "누구나 자신의 본성을 보아서 부처가 될 것"(견성성불, 見性成佛)을 중시하였다. 심지어 선종은 누구라도 '나무아미타불'(아미타부처에게 귀의합니다)이라는 깨우침을 얻어 10번만 염불을 해도 극락에 갈 수 있다고 주장하였다. 아미타부처는 극락에 상주하면서 그곳을 불법의 세계로 만들어가는 부처다. 또 다른 선종의 형식은 미륵부처 사상이다. 미륵부처는 아직 사바세계(세상)에 오지 않은 부처다. 그는 세상에 남아 있는 자들을 극락으로 데려가기 위해서 장차 세상으로 올 부처다. 고된 삶에 시달리던 신라의 농민이나 천민들에게 아미타신앙이나 미륵 신앙은 그들의 구원자들이었다. 선종은 사찰의 건립보다는 미륵불 조성에 주력하였다. 궁예가 자신을 미륵불이라고 주장한 것도 이와 무관하지 않다.

선종은 재산을 가지고 있던 지방호족들이 중심이 되어 농민과 천민들과 함께 신앙결사를 형성하면서 더욱 발흥될 수 있었다. 지방호족들이 선종을 중심으로 결사를 조직해서 중앙의 화엄종 중심의 귀족집단들에 대항한 것이다. 궁예를 비롯해서 견훤이나 왕건 등의 지방호족이 선종을 중심으로 세력화되어 갔다. 동시에 이것은 신라의 종말을 고하는 것이었다.

〈승려제도의 성립과 고려불교의 전개〉

신라말기부터 왕건(王建, 877~943, 재위 918~943)은 선종 승려들의 지지를 받았다. 이런 분위기 속에서 918년에 왕건은 부하들의 추천을 받아 고려를 건국한다.

그는 불교를 국교로 하고 혼란한 사회를 통합하려 하였다. 그는 이를 위해 신라 출신의 승려 충담(忠談, 869~940)을 왕사로 삼았다. 또한 왕건은 사회통합을 위해 매년 무차대회(無遮大會)를 열었다. 무차대회는 말 그대로 승려나 대중이나 왕 또는 귀족이나 평민이나 누구나 차별 없이 참여하여 먹고 마시며 잔치하는 법회 행사였다. 그의 훈요십조(訓要十條)도 그의 사후의 고려사회 안정을 위한 것이었음은 말할 필요가 없다.

4대왕 광종(光宗, 927~975, 재위 949~975)은 승과제도와 과거제도를 동시에 실시하는 형식으로 불교와 교단을 정비하였다. 그는 중국 귀화인 쌍기(雙冀, 출몰 년대 미상)의 건의를 받아들여 승과제도와 과거제도를 나란히 실시하였다. 승과제도는 무분별하게 승려가 되는 것을 막고 공인된 승려를 배출하기 위해서였다. 고려에서도 왕족이나 귀족출신의 승려가 많았다. 경제적 여유와 지적인 토대가 있어야 승려가 되는 데 유리하기 때문이었다. 이것은 고려의 불교세력과 귀족이 결탁할 수 있는 구조적 조건이기도 하였다. 한편 과거제도는 인재를 등용시키는 역할과 함께 장차 고려사회에 신흥 문벌귀족을 낳을 수 있는 제도로 작용할 수도 있었다.

성종(960~997, 재위 981~997)이 유학자 최승로(崔承老, 927~989)를 등용한 것은 귀족과 불교계의 결탁을 저지하기 위해서였다. 최승로는 성종에게 '시무28조'를 올렸다. 이 정책을 통해 그때까지 사회통합을 명목으로 실시되던 연등회와 팔관회가 축소되었다. 자연히 불교계의 영향력이 줄어든 것이다. 이 빈 자리를 유학 출신의 관료들이 차지하였다. 하지만 유학의 세력화 역시 어느 시점부터 왕권을 약화시키는 등의 부작용을 일으켰다.

고려는 왕족과 귀족, 승려와 문과출신 문벌세력, 무과출신의 무인세력 등등이 서로 어떻게 연계되느냐에 따라 권력이나 재산을 축적할 수 있는 관계들로 이루어져 있었다. 그러한 사회적 구조는 근본적으로 해결되지 않는 한 결코 바뀔 수 없는 것이었다.

〈불교정화 운동과 쇠락〉

고려 불교의 사원들이 부를 축적할 수 있었던 것은 왕실의 기부금 때문이었다. 예컨대 태조가 죽었을 때 왕실에서는 그를 추모하고 명복을 빌기 위해 사찰에 많은 기부를 하였다. 이외에도 토지와 토지를 관리할 수 있는 노비까지 제공하였다. 시간이 지날수록 사찰의 재산이 늘어났다. 사원들은 이 재산을 이용하여 보(寶)라는 이자놀이를 하여 더 많은 재산을 축적하였다. 사찰의 토지는 면세였기에 재산증식에도 유리하였다. 사찰이 자금을 이용하여 고리대금업자가 되고, 사찰에서 생산된 곡식을 이용하여 밀주를 빚어 판매하는 등 이익을 추구하는 집단으로 타락하여 갔다. 그 결과 사원경제가 성립될 수 있었다.

문종의 넷째 아들인 의천(義天, 1055~1101) 대사는 이러한 불교계의 타락을 정화하려 하였다. 불교가 외적으로는 부패와 부정으로 세속화되고, 내부적으로는 화엄종과 법안종이 각각 교리와 선을 주장하면서 대립하였다. 의천은 교리(교종)와 깨달음(선)을 융합하려 하였다. 그것이 교관겸수(敎觀兼修)다. 교는 불교의 교리에 대한 연구와 실천을 강조하는 것이었고, 관은 깨달음을 강조한 것이었다. 의천의 교관겸수는 후에 천태종의 성립을 가져왔다.

1170년 이후 무신정권의 지배 하에서 고려의 불교는 무신정권을 인정하느냐 아니면 무신정권을 개혁하는 사회운동을 전개하느냐의 갈림길에 서게 되었다. 대부분의 승려들이 보수화의 길을 택하여 권력과 결탁하였다. 하지만 지눌(知訥, 1158~1210), 요세(了世, 1163~1245), 일연(一然, 1206~1289) 등을 중심으로 하는 승려들은 무신정권을 인정하지 않고 사회개혁 운동을 전개하였다. 특히 지눌과 요세는 신앙결사를 통하여 사회정화운동을 실천하였다.

지눌은 정혜결사(定慧結社, 교종과 선종의 조화)를 통해 불교의 모순과 사회모순을 해결하려 하였다. '정'은 원시불교의 팔정도(八正道)를 근간으로 하는 교리 중심의 깨달음을 강조한다. '혜'는 마음의 깨달음을 강조한다. 바른 정혜를 위해서는 '돈오점수'(頓悟漸修)가 중요하다. 그가 '돈오'를 강조한 것은 완전한 깨달음보다는 선을 한다고 하면서 그것을 왜 하는지도 모르는 자들을 깨우치기 위함이었다. '점수'는 한 번에 무엇을 얻으려 하지 말고 먼저 이치를 자각한 후에 점점 선정을 닦아가게 하기 위해서였다. 요세는 미륵신앙 중심의 사회운동(신앙결사)를 전개하였다. 그는 극락의 세상을 만들어 줄 미륵부처의 도래를 통해서 빛나는 사회가 되기를 기대하였다. 반면에 일연(一然, 1206~1289)은 문벌귀족과의 바른 관계 속에서 사회운동을 일으켰다. 하지만 이들의 노력에도 불구하고 고려불교는 사회개혁은 물론 스스로의 자정능력도 상실하고 있었다. 몽골침입이라는 국난을 당했을 때 호국승려들이 발호하여 나라를 지켜야 한다고 주장하긴 했지만 그들이 결집하여 한 일은 팔만대장경을 조소한 것이었다.

이 사실은 7세기 원효의 정토사상에서 시작되어 13세기 고려에 이르기까지 번창해왔던 불교가 이제 몰락의 길로 들어가고 있었음을 보여주는 것이었다. 불교는 고려사회를 정화시키고 개혁을 담당할 자격을 상실하였다. 그 자리를 유학, 그 중에서도 성리학이 대신 차지하게 된 것이다.

〈고려유학의 뿌리와 성장〉

고려 유학의 뿌리는 역사적으로 볼 때 신라의 국학이었다. 신라의 통치는 골품(骨品)제도를 근간으로 하고 있었다. 성골이나 진골 등의 왕족이나 귀족들이 고위직을 차지하였고, 6두품 이하의 관료계층이 나머지 하위직을 차지하였다. 골품제도에 따라 신라 초기에는 왕족이나 귀족이 될 수 있었고 관직도 가질 수 있었다. 하지만 세월이 지날수록 왕족이나 진골 등이 많아지게 되었고 자연히 모두가 관직을 갖기는 힘들게 되었다. 이러한 귀족의 자제들을 위하여 생겨난 제도가 두품(頭品)제도였다. 이를 통하여 6두품 이하의 신분자는 골품의 등급에는 이르지 못하게 되었다. 국학이나 독서삼품과는 모두 6두품 이하의 하급관리를 선출하는 기관으로 어떤 의미에서는 골품제도의 모순을 해결하기 위한 기관이었다고 볼 수 있다.

하지만 고려에서의 유학은 그 성격이 신라의 그것과는 근본적으로 다르다. 고려의 과거제도는 양인이라면 누구라도 이 제도를 통하여 새로운 문벌귀족이 되는 것을 보장하였다. 그것은 신라의 골품체제를 뛰어넘는 신분상승을 보장한 것이었다. 고려의 과거제도는 유학의 교육방법과 내용까지도 근본적으로 바꾸어 놓았다. 공맹유학의 핵심은 사람들이 하늘과 땅, 자연과 사회 안에서 함께 천리를 따라 인과 예와 의를 실천하는 것이라 할 수 있다. 하지만 고려의 과거제도는 이러한 예와 인과 의와 같은 소박한 천리의 공부만으로 한정되게 하지 않았다. 과거시험의 과목과 내용, 평가방법이 유학 공부를 개인의 철학적인 입장이나 사유체계 등에 대해 한가하게 물을 수 없게 한 것이다. 인구의 증가와 사회구조의 확대로 인해 고려의 유교는 원시유교와는 판이하게 보편적 가치와 사회통합의 보편적 근거 등을 찾아야 했다.

이러한 사정은 당시 고려사회의 실상과 무관하지 않다. 말기의 고려사회는 한편으로는 불교계의 타락이 해결되어야 했고, 다른 한편으로는 불교적 처방을 넘어서서 사회구성원 모두가 동의할 수 있는 객관적이고 보편적인 진리(가치) 체계와 생활태도의 마련이 필요하였다.

불교계의 타락은 고려사회의 기본 윤리적 근간이 무너진 것이나 마찬가지였다. 불교적 인간행동의 전제는 '일체유심조'(一切唯心造, "모든 사태는 오직 마음이 지어낸다")라 할 수 있다. 불교의 마음에는 두 종류가 있다. 하나는 중생심(衆生心)이고 다른 하나는 불심(佛心)이다. 오직 마음이 지어낸다 할 때 이 마음은 중생심이자 불심 두 의미를 다 지니고 있다. 마음으로 지어냈을 때 그 일이 잘못된 것이면 중생심이 한 것이다. 잘못된 일을 깨닫고 바르게 일을 하려고 하는 행동은 불심이 한 것이다. 문제는 이 두 마음이 서로 잘 구분이 되지 않아서 인간이 나쁜 행위를 했다 하더라도 그 행위가 콕 집어서 어떤 마음에서 일어났는지를 알아내기가 어렵다. 이것이 고려말기 승려들이 어떤 나쁜 행위에 대해서 비난을 받을 때 자신들도 어떤 마음이 그렇게 하게 했는지 모르겠다고 하는 식으로 변명 아닌 변명을 할 수 있게 하였다. 고려말기 승려나 사찰들이 토지 확장과 불법적 행위를 저지르면서도 변명했던 것도 '일체유심조'를 악용한 것이었다. 한 마디로 말해 어떤 잘못된 행위라 할지라도 각자의 마음에 따라 다르게 해석될 여지가 있었던 것이다.

이 때문에 전 사회적이면서 공적으로 책임을 물을 수 있는 객관적이고 보편적인 준거가 강하게 요구되고 있었다. 동시에 개인 차원에서의 인과 예를 지키는 것이 아니라 보편적이고 체계적으로 우주와 사회와 인간 모두에 적용될 수 있는 논리가 요구되고 있었다. 가능하다면 인간사회는 말할 것도 없고 전 우주를 포함하면서 보다 객관적이고 보편적인 천리에 근거하여 사람들의 모든 행위를 평가할 수 있는, 다른 말로 말하면 모든 개인이 각자의 행위에 대하여 예외 없이 스스로 책임을 지고 공적으로 책임을 물을 수 있는 사상과 행위양식이 필요하였다.

2. 성리학의 성립과 전개

〈조선 유학과 선의 문제〉

역사적으로나 사회적으로나 조선의 건국(1392)은 사회구성원 모두가 따를 수 있는 선과 선의 실천기준을 마련하는 것이 급선무였다. 즉, 고려사회의 모순을 해결하고 새로운 사회건설로 나아가는 길을 제시하는 사상과 실천체계를 마련해야 했던 것이다. 조선건국의 유학자들은 이 문제를 성리학에서 찾고자 하였다.

유학의 선의 근거는 공자의 인과 예, 맹자의 인과 의 등에서 찾을 수 있다. 공자가 요임금과 순임금 또는 주나라 문왕 등을 선(한 이)이자 선의 실천자로 삼으려 했던 것이나, 주(周)나라 문물을 모범으로 한 것이 그 증거다. 맹자는 공자의 선의 논리 외에 사람이나 자연만물이 태어날 때 받는 (본)성(性)이 선하다는 것을 덧붙였다. 그의 성선설은 실제로 성이 리라고 주장하는 성리학의 토대를 제공하였다. 이제 이 성이 선하다는 것을 보편화, 영구화할 수 있는 제반조건들이 갖추어져야 했다. 그것이 일체의 유교경전들은 모두 선하다는 것이었다. 그 중에서도 사서(四書; 대학·논어·맹자·중용)·삼경(三經; 시경·서경·역경)은 무엇보다도 선한 것들이었다. 이렇게 해서 유학은 '인간의 본성은 선하다', '유교경전의 내용은 모두 선하다', '그것들을 공부하는 삶은 선하다' 등의 논리들을 조직해갈 수 있었다.

〈성리학: 성이 곧 리다〉

성리학은 원시유학이 천리나 사람의 도리 또는 성선 등으로 선을 확보하려던 것과는 차원이 다른 유학의 새 장르였다. '성리'(性理)는 '성즉리'(性卽理), 곧 '성이 리다'의 줄인 말이다. 한 마디로 말하면 성리학은 성이 리임을 믿고 익히고 실천해 가는 학문이라 할 수 있다.

성은 인간이나 동식물이 태어날 때 받게 되는 본원적인 성(질)을 가리킨다. 그래서 그것을 본연지성(本然之性)이라고도 한다. 성은 온 우주만물의 시작 때부터 존재한 것으로 받아들여진다. 그렇기 때문에 그것은 전 우주만물에 대하여 동일한 본(연지)성이자 모든 개물(個物)들에 대해서도 동일한 성으로 받아들여지지 않으면 안 된다. 성이 우주만물에 대한 보편적 성이자 동시에 개물에 대해서도 동일한 성일 수 있는 근거는 태극이었다.

〈태극, 역, 리〉

태극과 관련된 일체의 논의를 시작하기 전에 결론을 말해두는 것이 나을 듯하다. 그것은 태극이 실체적으로 무엇인지는 아무도 모른다는 사실이다. 유학의 역사 이래로 태극의 실체를 구체적으로 드러낸 인물이나 경전은 없다. 유교경전 중에서 태극을 말하고 있는 곳은 오직 한 곳이다. 『주역』「계사전」의 '역유태극'(易有太極)이라는 단 한 구절이다. '역'(changing)은 우주만물 일체의 '변화'를 가리킨다. 이 변화 안에 태극이 있다. 모든 변화에 태극이 있다면 모든 변화가 각각의 변화이기 위해서는 태극이 어떤 변화 안에서든지 동일한 것이지 않으면 안 된다.

태극은 동하고 정한다. 이것이 렴계(濂溪) 주돈이(周敦頤, 1017~1073)의 주장이다.[1] 그에 따르면 태극은 움직여서(動) 양(陽)이 된다. 이 양이 아주 극성하게 되면 음(陰)이 된다. 중요한 것은 양과 음으로 변하더라도 태극은 그 안에서 본래 그대로이며 속성이 변하지 않아야 한다. 그래서 태극은 움직인다 하더라도 움직인다고 할 수 없고 고요하게 있어도 고요하게 있다고 할 수 없다. 그 움직임이나 고요함이 너무도 커서 그것이 움직이는지 고요한지 알 수도 없다. 그래서 이 태극을 무극(無極, 끝 또는 다함이 없다)이라 하기도 한다. 일체의 변화(易) 중에서 보이는 편으로는 태극이라 하고, 보이지 않는 편으로는 무극이라 한다.

태극은 이렇게 한 번은 양하고, 한 번은 음하면서 끝없이 변화해간다. 태극의 움직임과 고요함에 의해 만물이 생겨난다. 만물이 태극에 의해 생겨났기에 이치적으로 보면 태극은 우주만물을 존재하게 하는 근원이 된다. 계속해서 태극이 음양의 변화를 끝없이 이어가는 사이에 오행과 사계절이 생겨나고, 하늘의 별이나 산과 강, 동물과 식물, 마침내 사람도 생겨나게 된 것이다.

삼라만상과 개물들의 일체의 변화 속에는 태극이 내재하고 자연만물의 모든 변화가 이 태극의 동정에 의해서 생겨났기에 태극은 당연히 모든 개물들의 근원이자 따라야 할 법칙(리)이다. 동시에 태극은 자연만물이 따라야 하는

---

[1] 周敦頤「太極圖說」, "太極而無極, 太極動而生陽 動極靜, 靜而生陰 靜極復動." (태극이무극, 태극동이생양 동극정, 정이생음 음극부동). 제2장 주 6)의 본문 번역 참조.

유일한 리이기에 역으로는 그것이 만물을 다스리는 원리 곧 천(天, 하늘)이라 할 수 있다. 천으로서의 리는 만물을 통치하기에 만물에 (자신의) 리를 부여할 수 있다. 리가 개물에 부여된 것이 명(령)이다. 사람은 태어날 때 하늘로부터 이 명을 받는다. 이것이 '성'(또는 천명)이다(『중용』, '天命之謂性' 천명지위성). 성은 하늘의 리가 인간과 개물들에 부여한 것이기에 만물(인간 포함)이 따라야 할 법칙이자 다스리는 원리가 된다. 동시에 리는 태극과 동일하기에 성 역시 리이자 태극이 된다. 성이 리인 근거가 여기에 있다.

이미 천명했던 대로 태극은 그것이 무엇인지는 알 수 없고 양과 음의 변화(드러남)을 통해만 드러나게 된다. 성리학에서는 태극이 음과 양으로 드러나는 것에 착안하여 음양을 태극이 드러나는 매개체(도구)로 간주하였다. 주자는 태극을 드러내는 매개체를 기(氣)라고 하였다. 이렇게 되면 태극과 기의 관계는 태극이 없으면 기가 있을 수 없고, 기가 없으면 태극도 있을 수 없는 것이 된다. 리는 기가 아니면 있을(드러낼) 곳이 없게 되고, 기는 리가 없으면 움직일 수 있는 근거가 사라진다. 그래서 성리학에서는 리와 기가 서로 떨어지지 않는 것으로 규정한다(不相離, 불상리). 그렇다고 태극과 기가 섞여서 하나가 되지도 않는다(不相雜, 불상잡).

〈태극 · 리 · 성은 절대선이다〉

우주만물의 근원으로서의 태극은 모든 만물을 생기게 하고 모든 만물이 따라야 할 법칙이기에 절대적으로 선한 존재일 수밖에 없다. 만약에 태극이 절대선으로 규정되지 않으면 그 후의 모든 자연만물의 변화는 악한 것이 되고 만다.

리가 천리로서 각 개물에 부여해 준 명(命)이 성이다. 사람은 태어날 때 모두 이 성을 하늘로부터 받았다. 리가 선하기에 성 역시 절대로 선해야 한다. 성은 사단(인 · 의 · 예 · 지)이다. 리를 드러나게 하는 기라는 매개체(도구)가 있듯이 성을 드러내는 매개체가 있다. 그것이 정이다. 성리학에서는 정을 희(喜, 기쁨)·노(怒, 노여움)·애(哀, 슬픔)·구(懼, 두려움)·애(愛, 아껴줌)·오(惡, 미워함)·욕(慾, 욕심) 등의 칠정으로 규정하였다.

이렇게 해서 인간이나 모든 만물은 절대선인 태극이나 리, 또는 성을 좇아서 그 선을 그대로 드러내면 언제 어디서나 선하게 살아갈 수 있게 되었다. 성을 좇아 바르게 그것을 드러내지 않으면 악하게 된다. 그리고 선하든 악하든 그 결과에 대한 책임은 전적으로 리와 기를 부여받고 태어난 인간(개물)에 있다.

성즉리의 정당성이 계속 확보되기 위해서는 태극과 리와 성이 절대선이라는 논리구조가 계속 유지될 수 있어야 한다. 이를 위해서 유학의 경전들이 진실하고 선한 것으로 간주되어야 했다. 유학의 경전들이 진리이자 선하다면 이것들을 배우고 익히는 일들은 당연히 선한 것이 된다. 문제는 어떻게 하면 항상 일정한 방식을 따라 선한 일을 실천해 내느냐가 되는데 성리학자들은 이 문제를 성과 정의 발(동) 또는 리와 기의 발(동)이라는 행위양식으로 해결하려 하였다.

인간은 태어날 때 성(性)과 정(情) 또는 리와 기를 받았기에 스스로 리와 기를 발동시킬 수 있다. 만약에 인간이 리를 발(동)하면 리의 절대선으로 인해 선한 행동을 하게 되고, 기를 발(동)하면 기에는 선악이 섞여 있기에 악하게 될 수 있다. 그렇다고 리와 기가 떨어질 수도 없는 것이기에 인간의 행위는 언제나 선할 수도 있고 악할 수도 있다. 그래서 항상 선할 수 있는 방도가 필요하다. 이 점에 대해서는 서로의 견해 차이가 있기는 하지만 선을 위해서는 리발이 강조되었고, 기발의 경우는 리의 조정을 받아야 한다는 것이 일반적이었다.

〈리발·기발을 조화시키며 선하게 살아야 한다〉

사람은 끝없이 리발과 기발을 하면서 살아간다. 퇴계 이황에 따르면 리발이 중심이 되고 율곡 이이(李珥, 1536~1584)에 따르면 기발이 중심이 된다.

이황의 『성학십도』는 리발을 중심으로 선하게 살 수 있는 생활양식을 보여주고 있다. 성학십도가 태극도로부터 시작한다는 사실이 이를 말해 준다. 반면에 이이의 『격몽요결』은 기발을 중심으로 사람이 선하게 살 수 있는 방법을 제시하고 있다. 격몽요결은 공부하는 자가 '뜻을 세워야 함'(立志입지)를 가장 먼저 강조하기 때문이다. 두 사람은 각각 태극의 절대선을 추구하거나 아니면 올바른 뜻을 분명하게 세우고 실천할 때 선하게 살 수 있음을 밝히고자 한 것이다. 두 사람에게서 공통으로 발견되는 일반적인 선행의 생활실천방식은 오륜으로 요약될 수 있다.

조선의 성리학은 결국 성 또는 리라는 절대선과 정 또는 기라는 절대선을 드러낼 수 있는 보편적 행위양식을 확보하고자 한 것이었다. 성리학적 인간은 리와 기를 태어날 때 하늘로부터 받기에 스스로 리와 기를 발동하고 조절할 수 있는 존재였다. 그들은 리발·기발의 행동양식을 따라 오륜을 실천해 갈 때 객관적으로 선한 사람이라는 평가를 받을 수 있었다.

3. 성리학과 칼뱅주의의 역할 바꾸기

〈붕당의 성립에서 예송논쟁으로〉

아이러니하게도 리발을 중시한 이황과 기발을 중시한 이이가 죽은 후에 조선사회의 성리학계는 리발과 기발의 두 파로 나뉘기 시작하였다. 그들의 후학들이 두 사람을 중심으로 문인들이 증가하면서 학문적으로 뜻을 같이 하는 사류들의 집단이 형성되기 시작한 것이었다. 처음에는 학술적인 측면에서의 리발과 기발의 이견에 따른 나뉨이었지만 시간이 가면서 권력추구를 위한 다툼으로 변해가기 시작하였다.

붕당의 시작은 각각 김효원(金孝元, 1532~1590)과 심의겸(沈義謙, 1535~1587)을 중심으로 하는 동인과 서인으로 나뉘면서였다. 사건의 발생은 1575년(선조 8년) 이조 전랑의 자리를 둘러싸고 심의겸과 김효원이 다툼을 벌리면서부터였다. 심의겸은 명종의 비인 인헌왕후의 동생으로써 당시에 실권을 장악하고 있었다. 그는 사적인 감정에서 김원효가 이조전랑으로 임명되는 것에 반대하였다. 이조전랑은 당시 언권과 인사권을 관장하는 직책이어서 요직이었다. 이조전랑이 어느 편에 서느냐에 따라 조정안에서의 세력형성에 영향을 끼칠 수 있을 정도였다. 김효원은 심의겸의 반대에도 이조전랑이 되었다. 그 후 얼마 지나지 않아서 심의겸의 동생 충겸(沈忠謙, 1545~1594)이 이조좌랑으로 추천되었다. 이때 김효원은 이조전랑의 지위를 이용하여 충겸의 추천을 반대하였다. 그 명분은 충겸이 왕의 외척이라는 것이었지만 그 이면에는 심의겸과의 반목이 도사리고 있었다. 이 사건을 계기로 김원효와 심의겸의 양가 사이에는 반목이 심화되었다. 김효원을 지지한 사림들은 젊은 신진사류들이 많았고 심의겸을 지지한 사람들은 선배 사림들이었다. 마침 김원효가 한성의 동쪽에 살고 있었기에 그를 지지하는 사람들을 동인이라 불렀고, 심의겸은 한성의 서쪽에 살고 있었기에 그를 지지하는 사람들을 서인이라 불렀다. 동인과 서인의 붕당은 이렇게 시작되었다.

한편 15세기말부터는 지방의 재지세력의 자녀들이 향교나 사학의 교육(書齋)을 통해 정치의식이 높아져 갔다. 이들은 생원이나 진사 등을 통하여 정계에 발을 들여놓기 시작하였다. 그 후 그들은 문과급제를 통해 중앙정부에 진출하면서 세력을 확장하였다. 그들은 사장문학을 중심으로 하는 기존의 양반들과는 달리 행위를 중시하는 소학적 실천가들이었다. 그들은 지방에서는 향사례나 향약 등을 통하여 지역사회를 정화하고 미풍양속을 이루어가면서 서서히 세력을 확대하였다. 사대 사화가 일어나게 된 것도 실은 이러한 사림들의 세력 확장과 새로운 학풍으로 인해 훈구파들의 기득권이 흔들리면서 불안을 느꼈기 때문이었다.

중종반정(1506)이후 조광조(趙光祖, 1482~1519)를 중심으로 하는 사림 출신들은 유교적 통치 실현을 위해 주자가례를 준수하고 향약을 시행하였다. 이 일은 조광조가 기묘사화에서 희생되면서 일시적으로 중단되었다. 그 후 1592년 임진왜란과 1636년의 병자호란이 발발하여 일시에 기존의 사회질서와 윤리의식이 무너졌다. 이를 다시 세우기 위해 예학의 법제화가 강하게 요구되었다.

17세기에 들어 예학(禮學)이 중시되었다. 이 사실은 지금까지의 예절들이 자율적, 자각적 윤리의식의 강화를 넘어 입법적 수준으로 확장되었음을 의미하였다. 즉, 주자가례를 중심으로 각종 예학들이 사회적으로 법제화된 것이다. 하지만 기대와는 달리 예의 법제화는 격렬한 예송논쟁을 일으키는 수단으로 작용하였다. 효종이 계모인 자의대비보다 먼저 죽게 되었다. 주자가례에 따르면 장남이 먼저 죽은 경우에는 어머니가 3년 상을 치루는 것으로 되어 있었다. 차남 이하는 1년 상복을 입었다. 효종은 차남이었다. 그래서 자의대비가 3년 상복을 입어야 하느냐 1년 상복을 입어야 하느냐하는 예법이 문제가 된 것이다. 서인은 1년 상을 남인은 3년 상을 각각 주장하며 대립하였다.

이후 성리학은 리기를 중심으로 하는 다양한 붕당들이 생겨나고 예송 논쟁이 심화되면서 그 중심사상은 더욱 흐려져 갔다. 여러 붕당들은 자신들의 입지를 강화하고 유지하기 위해 서원이나 다른 교육기관을 통하여 심화·확장해 갔다. 인성과 물성이 같은가 다른가의 논쟁(인물성동이론)으로까지 확대되었다. 이쯤에 이르러서는 조선 초기나 중기의 '성이 곧 리이다'라는 선의 이념로서의 성리학설은 사라지다시피 되고, 권력이나 헛된 명리를 정당화하려는 수단으로 악용되거나 또는 리기라는 실상이 없는 논쟁을 불러일으키는 허론으로 변질되어 갔다.

〈성리학의 몰락, 리의 절대선의 허구성〉

성리학의 이론에 기초하여 세워졌던 삼강오륜의 생활윤리도 재검토될 필요가 있었다. 효행이나 도덕실천윤리를 저술할 수 있었던 사람들은 조선시대의 기득권자들이었다. 그들은 백성들 위에 군림하기 위해 적당한 질서를 확보하는 것이 필요하였다. 이런 의미에서 삼강오륜의 질서 안에서 왕과 신하 사이에서는 왕이 더 선한 자로, 부모와 자녀 사이에서는 부모가 더 선한 자로, 남편과 아내 사이에서는 남편이 더 선한 자로, 어른과 아이 사이에서는 어른이 더 선한 자로 확정될 필요가 있었다. 오륜조차 사회적으로는 벼슬이 높은 자는 벼슬이 낮은 자에 비해 선한 사람으로, 양반은 평민이나 그 이하의 신분에 비해 선한 자로 고착화시키는 역할을 한 것이다.

성리학의 리기론을 영속화하기 위해서는 온전하고 순수하고 완전한 리의 논리 확보와 실체적 증거가 필요하다는 것은 이미 언급한 바 있다. 여전히 리의 실체는 알 수가 없다. 이러한 성리학의 흐름이라면 순선한 리의 가치이념은 필연적으로 무너질 운명에 있었다. 순수한 리 그대로 실천해 낸 사람도 없었다.

공자(孔子, B.C. 479~ B.C. 551)도 인과 예를 주장하였다. 하지만 그 인이 무엇인지는 구체적으로 증명하지 못했다. 그는 요순(堯舜, 요임금과 순임금)과 문왕(文王, 주나라 무왕의 아버지) 등을 성인으로 언급하곤 했다. 요순이나 문왕은 오늘의 관점에서 보면 실제로 존재했던 사람인지조차 알 수 없는 인물들이다. 공자가 생전에 인에 가까운 사람이라고 칭찬한 인물은 제자 안연(晏然, 기원전 521?~기원전 491?)이었다. 사정이 이러하니 그들이 선한 존재였는지를 규명해 내는 것은 더더욱 어렵다. 맹자나 주자 등은 실존한 인물이긴 하나 그렇다고 그들이 진정으로 순선한 존재들은 결코 아니었다. 이황이나 이이 역시도 그들의 주장하는 대로 리발과 기발을 완전하게 조화시킨 성인이라고 할 수는 없다. 결론적으로 말해서 전 유학사에 걸쳐서 완벽한 리기의 조화를 이룬 성리학의 실천자는 단 한 사람도 존재하지 않았다. 이로써 성리학이 주장하는 리의 절대선의 논리는 무너지게 되었다.

〈정약용의 리기에 대한 이해〉

다산(茶山) 정약용(정약용, 1762~1836) 같은 학자의 주장을 참고하면 리기론의 허구성은 분명하게 드러난다. 그는 '리'(理)를 태극의 리가 아니라 옥이나 보석과 같은 표면 위에 금이 가는 것을 나타내는 말로 이해하였다. 또는 리의 자의에 따라 '바르게 판결하다'는 의미로 해석하였다. 이렇게 되면 '리'

는 기껏해야 '이치를 따지다'는 정도의 뜻을 지닐 뿐이다. 기와 관련해서는 그것이 '혈기'나 '기운' 등으로 쓰이는데서 착안하여 '기운' 또는 '힘이나 기세' 등으로 이해하였다. 이렇게 해서 그는 리의 절대선을 해체하고 기를 리와 분리시켰다. 이러한 리라면 그것은 결코 만물의 본질이나 주체가 될 수 없다. 기 역시 리를 드러내는 매개체가 아니다. 기는 사람 안에 있는 기운이거나 기세에 불과하다.

이후로 성리학의 리와 기는 한 사람이 태어나는 순간부터 그가 어떤 리와 기를 가졌느냐에 의해 그 사람의 미래까지 규정하는 신적인 요소일 수가 없게 되었다. 정약용은 이 구조를 해체하고 리와 기 대신에 효와 사랑을 주장하였다. 즉, 누구나 열심히 이치를 따져서 어떻게 효를 실천할지 사랑을 실천할지를 분석하고 자신의 힘을 다해서 효와 사랑을 실천하면 되는 것이었다. 사람은 더 이상 태어난 리기에 의해 결정되는 존재가 아니었다. 스스로 판단하고 열정으로 실천하고 사랑하면 선하게 되는 것이다. 그가 『목민심서』(牧民心書) 등의 저술을 통하여 목민(관리)들에게 백성들을 사랑할 것을 강조한 것이나 유배지 강진의 지리와 동식물의 실상을 연구한 것, 그리고 수원성 축조에 기중기를 사용한 것 등은 리기의 인간이 하기에는 힘든 일들이었다.

〈성리학이 물러가다〉

우리나라의 성리학계 내에서는 불행하게도 리기 해체와 그 이후의 사태전개에 대하여 폭넓고 깊이 있게 연구할 수 있는 여건이 마련되지 못했다. 조선 말기로 접어들면서 청나라와 일본의 침탈이 노골화되고 미국, 소련(지금의 러시아), 영국, 프랑스 등의 세계열강들이 한반도를 둘러싸고 각국의 이익을 추구하면서 조선이 경제적으로 수탈당하는 처지가 되었기 때문이다. 1876년 강화도조약(조일수호조규)는 세계적으로 악한 불평등조약으로서 우리나라를 정치・경제적으로 일본의 속국이 되게 하는 발판이 되었다. 이 조약에서 조선정부는 양곡의 수출 등을 무제한으로 해야 했고 이후에도 일본의 요구가 있으면 조선정부는 그에 무조건 응해야 했다. 1882년에 제물포조약이 만들어진 것도 그 중에 하나이다. 대내적으로 조선의 조정은 외척들을 중심으로 하는 권력투쟁, 탐관오리의 경쟁적 수탈, 농업소출의 감소 등으로 피폐해져가고 있었다. 굶주림과 가난, 수탈 등으로 견디다 못해 일어난 1894년의 갑오농민운동은 이러한 사실을 잘 말해주었다.

600여년을 떠받들어져 온 성리학은 이런 사회에 대하여 아무런 새로운 사상을 제시하지 못했다. 위세 넘치던 조선의 왕과 귀족들도 절망과 굶주림과 가난, 그리고 나라를 잃고 갈 곳이 없는 백성들에게 아무런 희망이 되어주지 못했다. 그것은 성리학의 몰락을 증명하는 것이었다.

4. 칼뱅주의의 시작

바로 이때 칼뱅주의를 중심으로 하는 기독교가 전래되기 시작하였다. 성리학사상이 사라져가던 즈음에 칼뱅주의 신앙이 밀려들어오기 시작한 것이다. 이를 계기로 성리학과 칼뱅주의가 우리 민족에 대하여 담당하는 역할이 바뀌게 되었다. 이에 대한 탐색을 위해 우리나라의 기독교의 도입과 전개를 살펴볼 필요가 있다.

성경을 중심으로 볼 때 우리나라에 칼뱅주의 기독교가 소개되기 시작한 것은 19세기 말엽이었다. 1866년 토마스 선교사(Robert Jermain Thomas, 1839~1866)가 영국 상선 제너럴셔먼호를 타고 대동강으로 들어와서 성경을 전해 준 것이다.[2] 그는 영국 런던선교회 소속 선교사로 대동강변 한사정 여

---

2) 물론 그 이전에 독일 출신 칼 귀츨라프(Karl Friedrich August Gutzlaff, 1803~1851) 선교사가 1832년 우리나라 서해안 일대 백령도를 거쳐 고대도에 약 2개월 간 머물렀던 것은 사실이다. 그는 이곳에 머물면서 한글의 자모를 배워 주기도문을 한글로 번역하였다. 그가 기독교를 소개하고 주기도문까지 전해준 것은 작은 공이라 할 수 없으나 성경과 관련해서는 그 기여가 그다지 크지 않다고 볼 수 없다는 것이 필자의 생각이다. (http:// blog. naver.com/PostView.nhn?blogId=biblestorys, 조선기독교역사연구소)

울목에 도착하였다. 하지만 조선 수군의 공격으로 상륙하지는 못하다가 그곳에서 사형을 당하였다. 그가 사형을 당하면서 그의 주변에 있던 사람들에게 우리 역사에서 처음으로 성경을 전해주었다. 그것이 성경을 제일의 원리로 하는 칼뱅주의의 진정한 시작이었던 것이다.

그 후 존 로스(John Ross, 1842-1915) 선교사가 1882년에 누가복음을 우리말로 번역하였다. 그는 스콜트랜드 장로교회 소속이었다. 그가 우리나라에 거주하면서 사역한 것은 아니지만 성경을 우리말로 번역한 그 자체로 우리나라에 칼뱅주의 영향을 준 것이다. 1884년에는 미국 감리교 선교사인 매클레이(Robert S. Maclay, 1824~1907)가 우리나라에 들어와서 교육과 의료사업을 하였다. 그 해 9월에는 미국장로교회 소속 의료선교사인 알렌(Horace Allen, 1858~1932)이 입국하였다. 1885년에는 언더우드(Horace Grant Underwood, 1859~1916)와 아펜젤러(Henry Gerhart Appenzeller, 1858~1902) 선교사가 들어왔다. 언더우드는 미국 장로교 선교사로 일본에서 마가복음을 우리말로 번역한 이수정(李樹廷, 1842~1886)[3)]에게서 한글을 배웠다. 그는 성서번역위원회 초대 위원장을 맡기도 하였다. 아펜젤러는 미국 감리교 출신 선교사로 1885년 입국하여 배제학당을 세우고, 1887년에는 벧엘 교회(지금의 정동교회)를 설립하였다. 이상의 선교사들은 모두 장로교나 감리교 출신선교사들로 칼뱅주의파 출신의 선교사들이었다.

필자가 보기에 성리학과 칼뱅주의 사이에는 세 가지 대비요소가 있다. 하나는 절대선과의 관련이다. 성리학이 태극을 절대선이자 만물의 근원으로 전

---

3) 이수정은 신사유람단의 일원으로 일본에 갔을 때 그곳에서 기독교에 입교하였다. 입교한 후 그는 일본주재 미국 성서공회 총무였던 루미스(Loomis, H.)의 권유와 협력에 따라 먼저 한문성서에 토를 단 『현토한한신약전서(懸吐韓漢新約全書)』를 간행하였다. 그 후 언더우드를 만나 그에게 우리말을 가르쳤다. 그는 1882년 임오군란 때에 명성황후를 충주로 피신시킴으로서 명성황후의 오빠 민영익과 친교를 맺을 수 있었다. 이것이 인연이 되어 1885년 갑신정변 때 민영익의 상처를 치료할 수 있도록 언더우드와 아펜젤러를 고종에게 소개하기도 하였다. 1884년에 마가복음을 최초로 우리말로 번역하였다. 아버지는 이병규이고 전라남도 곡성 출신이다.(한국민족대백과)

제하는 것과 칼뱅주의가 하나님을 창조주이자 모든 만물의 실체이며 진리로 믿는다는 것이다. 두 번째는 성리학이 일체의 유교경전의 진실성을 인정하듯이 칼뱅주의도 성경을 진리로 믿고 실천한다는 것이다. 마지막으로 성리학이 유학경전을 배우고 익히고 행동으로 옮기는 것을 선한 일로 간주하듯이 칼뱅주의자들 역시 성경연구와 그 말씀을 따라 행동하는 것을 선으로 여긴다는 것이다. 성리학의 대표적인 생활태도는 삼강오륜이었고, 칼뱅주의의 그것은 오대강령이라 할 수 있다.

〈이황과 칼뱅, 『성학십도』와 『기독교강요』의 대비〉

성리학과 칼뱅주의를 각각 대표하는 인물은 퇴계 이황(李滉, 1501~1570)과 장 칼뱅(Jean Calvin, 1509~1564)이다. 퇴계 이황은 1501년에 태어났고, 장 칼뱅은 1509년에 태어났기에 이황이 장 칼뱅에 비해 8년 형님뻘이다.

이황이 『성학십도』를 통해 자신의 유학사상을 일목요연하게 정리하고 구체적인 실천방안까지 제시하였다면, 칼뱅은 『기독교강요』를 저술하여 창조주 하나님과 구속주 하나님, 그리고 성령의 내적 역사와 외적 역사를 일목요연하게 제시하면서 서방세계의 종교개혁에 불을 붙였다. 이황이 성리학의 핵심 내용을 10개의 그림으로 담아냄으로써 조선 성리학의 사유양식과 생활태도를 체계화했다면, 칼뱅은 『기독교강요』를 통해 하나님 중심·성경 중심의 기독교의 교리를 철저히 밝혀 신앙의 확실한 기준으로 제시하였다.

『성학십도』는 첫 장에서 「태극도」를 설명하는 것으로 시작한다. 「태극도」는 중국 성리학자 주돈이(周敦頤, 1017~1073)의 「태극도설」을 빌려온 것인데 그 핵심 내용은 우주시원에 태극이 있었고 사람이나 만물은 이 태극으로 인해 생겨났다는 것이다. 태극은 순수하고 순선하다. 그것은 근원이자 시작이다. 이 태극의 전체를 온전히 얻은 자는 성인이다. 성인은 태극의 전체를 얻었기에 하늘과 땅의 모든 변화와 합하여서 그 사이에서는 조금도 벌어짐이 없다.[4] 태극이 온전하고 순선하기에 그것을 그대로 받은 성인 역시 순선하다.

모든 사람이 성인의 순선함을 가르침 받고 실천한다면 그들도 역시 순선하게 될 수 있다. 성인도 될 수 있다. 자연도 사회도 나라도 순선할 수 있다. 태극이 순선하지 않다면 성인의 순선함은 성립되지 않는다. 성인이 순선하지 않으면 자연도 사회도 나라도 세계도 순선할 수 없다. 태극과 성인의 순선함이 없다면 이들에 관한 경전들 역시 선하다는 근거를 지닐 수 없다.

요약하면 태극(또는 리)는 그것이 무엇이든 순선한 존재라는 것이다. 이 태극을 온전히 받아서 태어난 성인은 선하다. 그리고 태극이나 성인이 계속 선한 존재로 있기 위해서는 이들이 선하다고 말하는 유학의 경전들이 선해야 한다. 순선한 태극이나 성인 또는 경전을 익히고 실천하는 모든 행동들 역시 선한 것이지 않으면 안 된다.

『기독교강요』는 제1장에서 하나님을 창조주 하나님으로 선포하는 것으로 시작한다. 하나님이 만물을 창조하신 분이시다. 인간과 모든 만물은 지음을 받은 존재로써 창조주 하나님의 명령과 언약에 따라 살아가야 한다. 이 하나님은 삼위일체의 하나님이다. 창조주이신 성부하나님, 하나님의 아들이자 세상 죄를 담당하시는 성자 하나님, 창조주 하나님의 뜻을 온전히 아시고 그 분의 뜻을 온전한 진리로 깨닫게 하시는 보혜사 성령 하나님이 삼위일체의 하나님이시다. 삼위의 하나님은 흠도 없이 다름이 없이 영원히 연합하시는 유일하신 한 하나님이시다. 하나님은 만물의 근원이시며 만물의 실체이시며 만물이 따라야 할 유일한 법이시다. 하나님은 영원한 진리이시고 유일하신 진리이시다.

성경은 하나님을 창조주 하나님이시자 삼위일체의 유일하신 하나님이라고 증명하는 유일한 책이다. 그것은 하나님이 친히 그리스도를 통해 당신을 모든 인생들과 우주만물에 드러냄으로써 자신의 실체를 드러내셨고 그리스도를

---

4) 『성학십도』, 「태극도」 "至聖人定之 … 又有得乎太極之全體 而與天地混合無間矣." (지성인정지 … 우유득호태극지전체 이여천지혼합무간의.) "성인이 정함에 이르러서 … 또한(성인은) 태극의 전체를 얻음이 있어서 천지와 더불어 섞이고 합하여서 (서로의) 차이가 없다."

통하여 세상을 구원하셨다고 증언한다. 성경은 하나님의 영원한 진리의 말씀이다.

이상에서 칼뱅주의의 근본사상은 성경이 진리이고 하나님이 참 하나님이시라면 성경을 믿고 하나님의 언약과 명령을 믿고 그대로 실천하는 것은 선할 수밖에 없다. 진리의 말씀과 참 하나님을 믿고 따르는 행위이기에 선하다. 참 하나님의 언약과 명령이 선하기에 그것을 따르는 행동은 모두 선한 것이다. 요약하면 칼뱅주의는 진리이신 하나님과 성경의 진리성이 영원히 변함없이 확보될 때에만 그 하나님의 명령과 성경의 분부한 것을 지키고 실천하는 것이 선하다고 주장하는 신앙이론(신학사상)이라 할 수 있다.

성리학과 칼뱅주의가 역할을 바꾸게 되었다는 것은 지금까지 리를 순선한 것으로 확신하고, 모든 유학 경전들은 진리이며, 리를 따르고 경전을 익혀 실천하는 것이 선한 것으로 여겨졌던 것으로부터 하나님을 삼위일체의 영원하신 하나님으로 믿고, 성경을 진리로 믿으며, 성령의 인도를 따라 살아가는 것을 선으로 여기는 것으로 바뀐 것을 의미하였다.

〈칼뱅주의와 평양대부흥운동〉

이상에서 칼뱅주의는 우리 민족이 역사 이래로 존재하지 않았던 외세의 침입과 나라의 빼앗김의 절망의 시기에 하나님은 참 하나님이시며 성경만이 영원한 진리임을 증명하는 신앙이론이었음을 알 수 있다. 무엇보다도 1903년부터 시작되었던 말씀사경회를 진원지로 하고, 1907년 1월 산정현교회 안을 휘감았던 성령의 역사로 일어났던 평양대부흥운동은 칼뱅주의의 의의를 드러내는 증거였다고 할 수 있다. 평양대부흥운동을 계기로 폭발적인 그리스도인의 증가와 교회의 증가, 그들을 통한 교육활성화, 사회개혁, 인간정신과 양심의 정화 등이 일어났었기 때문이다.

그때로부터 오늘에 이르기까지 한국교회의 수와 목회자의 수가 압도적으로 증가한 것은 누구도 부인하기 어려운 칼뱅주의의 영향이다. 오늘날 세계

선교 현장에서 헌신하고 있는 선교사의 수도 많다. 이외에도 교육에의 종사자, 의료계의 종사자 등등 사회적 역할에도 많은 영향력을 보이고 있다.

5. 성리학과 칼뱅주의의 다른 점

〈성리학과 칼뱅주의의 세 대비요소〉

성리학과 칼뱅주의 사이에는 서로 넘어설 수 없는 세 가지의 다름이 있다. 그것들은 앞에서 성리학과 칼뱅주의를 대비한 세 요소와 일치한다. 하나는 절대선의 실체가 다르다는 것이다. 둘째로 성경 또는 경전의 진리성이 다르다. 마지막은 진리를 실천해 내는 방법이 다르다.

성리학은 태극(리 또는 성)이 처음 언급될 때만 하더라도 하늘숭배 사상이 여전히 남아있었고 자연현상에 대한 분석이 아직 과학적으로 이루어지기 전이었기에 그 순선성이 담보될 수 있었다. 그러나 자연에 대한 이해가 깊어지고, 인간의 지식이 축적되고, 사회가 복잡해지면서 태극의 절대선은 무너지게 되었다. 이 사실은 이미 언급한 대로 정약용의 학설에서 증명되었다. 태극의 절대선이 무너진 이상 그것들에 대하여 서술하고 있는 일체의 유학경전들도 진리성을 의심받을 수밖에 없다. 이러한 경전들에 토대하여 성립된 성리학적 생활태도들 역시 의심 받을 수밖에 없다.

이에 반해 칼뱅주의는 하나님을 창조주 하나님, 구속주 하나님, 그리고 성령 하나님의 삼위일체 하나님으로 믿으며 증명하였다. 그리스도의 성육신은 하나님의 실재를 드러내신 것이었다. 하나님의 사자들이 하나님의 실재를 증명하였다.

칼뱅의 선택론과 예정론은 하나님이 주권적으로 당신의 자녀들을 영원 전에 택했다는 것을 핵심으로 한다. 이것은 성경에 있는 대로 하나님께서 인간들 중에서 당신의 자녀로 선택했다는 것을 믿을 때에만 성립될 수 있다. 믿고서 실제로 하나님의 자녀로써 살아갈 때 예정론은 진리가 된다. 칼뱅주의는 믿음으로 성경이 증언하는 하나님의 예정을 실제화하며 하나님의 예정을 믿음으로 성경의 진리성이 증명되는 것이 특징이다.

또한 칼뱅주의는 로마가톨릭의 교리를 무효화하고 제네바를 중심으로 스코틀랜드, 프랑스, 영국, 독일, 스페인, 미국 등 세계 여러 나라 여러 지역으로 퍼져갔다. 우리나라의 경우 장로교회를 비롯하여 감리교, 성결교, 구세군 등의 교회들이 세워지고 유지되고 있는 것도 칼뱅주의의 영향을 받아서다. 칼뱅주의(또는 개혁주의)는 16세기 초반부터 시작해서 인간과 사회 개혁의 근본사상으로 역할 하였음은 물론 칼뱅이 죽은 후 500여년이 지난 지금에도 오대강령(오직 믿음, 오직성경, 오직 은혜, 오직 그리스도, 오직 하나님의 영광)의 신앙실천을 통해 굳건히 살아 역사하고 있다.

이 땅에서 살아온 대한민국 사람들은 시대마다 요구하는 사상에 따라 다른 생활양식을 요구받아 왔다. 역사의 시작 때에는 샤머니즘의 사상에 따라 행동해야 했고, 한 때는 불교의 가르침에 따라 행동해야 했으며, 한 때는 과거시험을 중심으로 하는 유학의 가르침을 따라야 했으며, 성리학사상을 따라 살아야 했다. 근대에 이르러서는 일제의 강점기에서 살아가야 했고, 민주주의의 사회에서 살아가도록 요구받았다. 지금은 자본주의와 세계화, 초과학과 초기술 사회에서 살아가야 한다. 이상의 모든 생활패턴들이 오늘 우리의 삶을 규정하고 있는 것이다.

이 중에서도 강한 영향을 주는 사상이 있다면 그것은 과거에는 성리학사상이었고, 오늘날에는 자본주의 사상이라고 할 수 있다. 우리나라에서는 지금도 이 두 사상이 우리의 생활스타일에 대단한 영향을 미치고 있다. 하지만 대한민국의 그리스도인이라면 성리학사상의 핵심인 태극이나 리가 절대선이 아니었듯이 자본주의도 결코 절대선이 아니라는 것을 인식하지 않으면 안 된다.

필자는 다음 장에서 이후로 이황의 성리학을 통하여 일반적인 성리학의 특성을 분석하고 그 변천과정을 추적하고자 한다. 이를 통하여 한국교회가 성리학으로부터 받은 영향은 무엇이고 어떻게 그 영향을 건설적으로 실천해야 할지가 드러날 것이라 본다.

제2장

퇴계 이황의 성리학 사상

본장에서는 이황의 생애와 학문연구의 과정, 관리로서의 성리학적 생활실천, 그리고 그의 저서 『성학십도』를 중심으로 그의 성리학 체계화과정과 특성이 분석된다. 중심 주제로는 이황의 격랑의 인생길에 대한 조망, 조선 사회 갈등구조의 의해, 이황 이전과 이후의 성리학사상 탐색, 리발로 본 성학십도, 성학십도 이후의 성리학 흐름 등이 다루어진다. 이러한 분석을 통하여 성리학의 의의와 가치가 탐색되고 있다.

1. 격랑의 시대를 홀로 살아가다

〈4대 사화의 발생과 경과〉

이황이 태어나서 마주했던 시기는 4차례에 걸친 사화(士禍, 선비들이 입은 화)가 연이어 일어나던 때였다. 사화는 그가 태어나기 3년 전(무오사화)에 시작해서 40대의 장년이었던 1545년(을사사화)에 이르기까지 계속되었다.

무오사화(1498년, 연산군 4년)는 우리나라 최초의 사화다. 연산군 당시에 사림파 출신인 김일손(金馹孫, 1464~1498)이 조정에 언관(言官)으로 재직하고 있었다. 그는 언권을 이용하여 훈구파의 거두들인 유자광(柳子光, 출생 미상 ~ 1512)과 이극돈(李克墩, 1435~1503)을 비판하였다. 또한 그의 스승 김종직(金宗直, 1431~1492)이 지은 조의제문(弔義帝文)을 조선실록에 수록하기도 하였다. 조의제문은 수양대군시절 쿠데타를 일으켜 단종을 제거하고 왕위에 오른 세조(世祖, 재위 1455~1468)를 비난한 글이었다. 자신들을 비난하는 데 위기감을 느끼고 있던 훈구파들은 유자광을 중심으로 하여 김일손이 김종직의 조의제문을 실록에 수록한 것은 이씨조선에 대한 반역이라 여겼다. 왜냐하면 세조를 비난함으로써 그 후예인 연산군(燕山君, 1476~1507)까지 비난한 것이기 때문이다. 마침 연산군도 사림파에 대해 불만을 가지고 있었기에 훈구파의 손을 들어주었다. 연산군은 김일손이 조의제문을 실록에 수록한 것은 조정에 대한 반역이라고 규정하고 그 책임을 물어 무오년에 김종직을 부관참시하고 김일손을 지지하거나 교류하던 사림파의 학자들을 제거하였다. 이것이 무오사화다.

이황이 태어나서 3년이 지났을 때는 갑자사화가 일어났다(1504). 연산군이 조정의 실권을 장악하고 난 후에 그의 아버지 성종(성종, 1457~1494, 재위 1469~1494)의 비이자 자신의 생모였던 윤씨가 신하들의 반대로 인해 왕후에서 폐위되었다는 사실을 알게 되었다. 윤씨는 실제로 품행이 나빠서 많은 유학자들이 그녀를 폐위시키는 데 찬성을 하였다. 하지만 연산군은 윤씨를 복위시킨 뒤 그녀의 폐위에 가담했던 유학자들을 찾아 피의 복수를 자행하였다. 이것이 갑자년에 선비들이 당한 화이다.

이황이 19살이 되던 해(1519, 중종 14년)에는 기묘사화가 발생하였다. 중종(中宗, 1488~1544)은 이미 기득권을 가지고 있던 훈구파의 도움으로 왕위에 오르게 되었다. 하지만 그는 날로 세력을 확대하여 왕권을 압박하는 훈구파에 대하여 견제할 필요가 있었다. 이에 중종은 조광조(趙光祖, 1482~1519)를 중심으로 사림파를 중용하였다. 이외에도 조광조는 성균관유생들의 추천과 이조판서 인당의 천거를 받아 등용될 수 있었다. 그는 성리학의 가르침을 따라 조선사회를 바꾸려 하였다. 중종에게 현량과를 설치할 것을 요청하고 현량과를 통하여 김식(金湜)·기준(奇遵)·한충(韓忠) 등의 소장파 사림들을 정계에 진출하게 하였다. 그들은 사림의 정기를 세우기 위해

포은(圃隱) 정몽주(鄭夢周, 1337~1392)를 사묘에 모셨고, 무오사화에서 희생을 당한 김종직 등을 복권시켰다. 대신에 연산군을 몰아내고 중종을 왕위에 오르게 하는 데 공을 세운 훈구파들에 대해서는 그들의 공훈을 삭제하였다. 이것이 훈구파에게 위협이 되었다. 비리가 많았던 홍경주(洪景舟, ?~1521)·남곤((南袞, 1471년~1527) 등의 훈구파도 그들에 대하여 불만을 갖게 되었다. 당시 홍경주는 중종의 비였던 희빈 홍씨의 아버지였기에 이 지위를 이용해서 조광조를 몰아낼 모의를 하였다. 그들은 대궐 후원의 나뭇잎에 과즙으로 '주초위왕'(走肖爲王, 주초위왕)이라는 글을 써놓고서 벌레들이 그것을 먹게 하였다. '주'와 '초'를 하나로 합치면 조광조의 성씨인 '조'(趙)가 된다. 그들은 이런 모의를 통해 "조씨 성을 가진 자가 왕이 되려고 한다"는 거짓 음모를 꾸며낸 것이다. 희빈 홍씨가 이 사실을 중종에게 알렸고 중종이 이를 받아들여 조광조를 역적으로 내몰고 파직한 후에 능주로 귀양을 보냈다. 조광조는 그곳으로 귀양 갔다가 후에 사약을 받고 죽었다. 본래 중종은 훈구파에 대하여 자신이 왕이 될 때 도와주었기에 고마운 마음이 있었다. 그런데 시간이 지나면서 훈구파의 위세에 부담을 느꼈다. 중종이 사림파를 중용한 것은 이러한 훈구파의 위세를 제어하기 위해서였다. 그는 처음에는 사림파가 훈구파를 비판하거나 견제하는 것에 대해서는 타당하다고 여겼다. 하지만 사림파가 이들의 공훈을 삭제하기까지에 이르자 중종의 입장에서는 그들이 자신이 왕이 된 것을 부정한다고 여기게 되있다. 이러던 차에 홍경주의 모함을 듣게 되자 훈구파의 말에 동조하여 조광조와 그와 연루된 사림파 학자들을 처형하게 한 것이다. 이것이 기묘사화다. 그런데 이 화를 피해 고향으로 돌아간 학자들은 후진들을 교육하고 양성하는데 힘을 쏟기도 하였다. 이들이 후학들에게 성리학을 전수하고 실천하고자 한 노력이 우리나라의 서원을 발전하게 하는 원동력이 되었다.

1545년에는 을사사화가 일어났다. 그 해에 조선 13대 왕인 명종(明宗)이 12세의 나이로 즉위하였다. 명종 이전에는 인종(仁宗)이 왕에 올랐는데 이 두 왕은 모두 나이가 어려서 왕이 되었기에 외척들이 중심이 되어 섭정을 하고 있었다. 11대 왕이었던 중종은 제1계비 장경왕후(章敬王后) 윤씨에게서는 인종을 낳았고, 제2계비 문정왕후(文定王后) 윤씨에게서는 명종을 낳았다. 인종이 왕으로 재직 중일 때는 장경왕후의 오빠였던 윤임(尹任, 1487~1545)이 세력을 장악하고 있으면서 윤원형(尹元衡, 1503~1565) 등을 관직에서 몰아내었다. 하지만 인종이 단사하고 명종이 즉위하게 되자 이번에는 문정왕후의 동생이었던 윤원형이 세력을 장악하게 되었다. 윤임이 윤원형에 비해 나이가 많았기에 대윤(大尹)으로 불렸고 윤원형은 소윤(少尹)으로 불렸는데 소윤이 대윤과 그와 관련된 사림들의 세력을 제거한 것이 을사사화였다.

〈훈구파와 사림파의 갈등구조〉

조선의 건국 자체가 유학자들에 의해서 가능했다는 것은 주지의 사실이다. 그 중에서도 조선 건국의 주도세력이었던 삼봉 정도전(鄭道傳, 1342~1398)이나 양촌 권근(權近, 1352~1409) 등은 고려 말기의 혼란한 사회를 정화하고 성리학 사상 위에 질서와 법도가 있는 새로운 사회건설에 주된 역할을 하였다. 그 공로로 이들은 관직을 받게 되고 그들과 그 후손들이 벼슬을 이어가면서 소위 관학파가 형성될 수 있었다. 그들은 성리학의 기본 이념들을 중심으로 마음과 행동을 바르게 하고 자신들의 행위에 대하여 책임을 지는 유학적 명분을 지닌 자들이었다. 성균관 출신들이 대부분이었던 관학파는 태조 이성계에서부터 시작하여 태종, 세종, 문종에 이르는 시기까지의 약 60여 년을 조선의 정치구조, 사상, 문물 등을 확립하는데 이바지 하였다.

하지만 세조가 즉위하는 과정에서 왕위찬탈이 발생하였다. 세조가 조카 단종을 제거하고 왕이 된 것이다. 이 과정에서 공을 세우고 공신이 된 학자들과 고위관리들이 있었다. 이들의 권력이 2세들에게 세습되어 훈구파 2세를 이루고, 중종반정에서 공을 세운 일부 신진유학자들이 합쳐져서 훈구파가 형성되었다.

이에 비해 사림파는 성리학 이론으로 무장하고 과거시험에 합격하여 중앙정계로 진출한 사람들이었다. 김종직을 필두로 중앙정계에 입문하기 시작하여 그의 제자 김일손, 그 후에 조광조 등이 중앙으로 진출하였다. 이들 신진 유학자들은 소학을 중심으로 지행일치의 학문경향을 가지고 있었다. 그들은 대부분 향촌출신들이었으며 사상적으로 순수하고 학문적으로나 사회적으로는 개혁적이었다. 그들은 중앙정계에서는 물론 지방에서도 향약이나 향사례, 서원 등을 통하여 바른 성리학적 생활양식을 실천하면서 세력을 확장하였다. 훈구파와 기득권세력들이 보기에는 사림파의 성장은 위협적이고 불안한 요소였다. 이러한 요인들에 의해서 훈구파와 사림파의 갈등은 폭발적이고 세대에 걸친 대립으로 이어지는 운명을 띠고 있었다.

사화의 실상은 참혹하였다. 성리학자들이 수십 명 이상이 죽어야 했다. 물론 사림파에 의해서 훈구파의 일부도 죽음을 당하거나 형벌을 받았다. 하지만 훈구파 권력자들의 희생수자에 비하여 사림들의 희생이 훨씬 컸기에 선비들의 화라 하는 것이다. 처절한 보복과 살육을 동반한 갈등이었기에 사화가 발생한 후에는 민심이 흉흉해지고 사회분위기가 살벌해졌다. 이렇게 잔인한 사화가 단 50년 사이에서 4차례에 걸쳐 일어난 것이니 그 당시 조선사회의 분위기가 어떠했을 지를 추측하는 것은 어렵지 않다.

이황은 을사사화 때 그 자신이 피해의 당사자였다. 그가 김저의 역적모의에 가담한 자로 몰려서 삭탈관직을 당했다. 혐의가 없어 다시 복관되었지만 자칫했으면 역석으로 몰려 죽음을 낭할 뻔하였다. 그의 형 이해(李瀣, 1496~1550)는 을사사화의 피해를 입어 죽음을 맞이했다. 이해는 1528년 식년문과에 병과로 급제한 후에 1545년(명종 즉위년) 강원도관찰사, 1547년에 황해도관찰사, 1549년에 청홍도관찰사, 1550년 한성부우윤 등이 되어 관직을 이어갔다. 하지만 명종 즉위년 소윤이 세력을 장악했을 때 이해는 그들의 무고사건에 연좌된 구수담(具壽聃)의 일파로 몰렸다. 이해는 결백했기에 명종의 배려로 곤장 100대를 맞고 귀양을 가는 것으로 결정되었다. 하지만 귀양을 가는 도중에 매질로 인해 얻은 병이 깊어져서 길에서 병사를 당하고 말았다.

〈이황의 고뇌〉

　일생을 혼란과 잔혹한 사회상황을 헤쳐가야 했고, 개인적으로나 가정적으로 비통한 생을 보내야했던 학자이자 사회구성원의 일원으로서 이황은 이렇게 근본부터 잘못되어 있는 사회구조를 바라보며 자신의 할 일이 무엇일까를 고민했을 것이다. 그가 양심과 지식을 지닌 학자로서 당시의 사회적 상황을 어떻게 대처하고 어떻게 새로운 사회를 건설해 가야 하나를 자신에게 물으며 그 해법을 찾고자 했을 것이다. 주변을 둘러보면 성리학사상의 습득과 그에 따른 행동 양식의 철저한 괴리감, 복수와 악행, 죄의식조차 없이 자행되는 권문세족들의 권력과 부의 추구, 중앙과 지방의 대립 등등을 어떻게 해소하고 바른 사회를 건설해 갈 것인지를 고민했을 것이다.

　이황은 바람직한 사회건설을 위해서는 누구도 거역할 수 없는 절대선이 확립되어야 한다고 본 것 같다. 동시에 그 절대선을 좇아 그것을 그대로 드러내고 실천하는 인간되기와 그 방법의 정형화가 필요하다고 보았다. 나아가서 조선의 백성들과 사회가 따르고 실천해야할 절대선이자 공동선의 가치관 확립과 그것의 생활태도를 세우는 것이 필요하다고 보았다.

〈불교 · 도교 배척〉

　이황은 불교나 도교의 가르침을 통해서는 절대선의 확립이나 갈등과 보복의 사회를 바로잡을 수 없다고 생각했다.

　불교는 윤회사상, 삼천세계(혹은 구천세계)를 떠도는 존재, 일체 존재의 괴로움과 그 괴로움의 해소를 위한 해탈(득도) 등등을 주장한다. 불교는 온 존재는 괴로움이라는 것과 그 괴로움은 해소될 수 있다는 논리를 핵심으로 한다. 그것은 무지를 깨우치고 괴로움과 번뇌로부터 해탈하는 것이다.

　문제는 이 해탈이 객관화될 수 없는 가치체계라는 데 있다. 속된 말로 누구든지 아무렇게나 깨닫고서도 자신이 득도했다고 우겨대면 달리 그것을 분별할 수 있는 근거가 없는 것이다. 모든 것은 마음에서 지어낼 뿐이고, 그 마음을 지어내는 일정한 '나'(我)도 없기 때문에 해탈에 대해서든, 잘못에 대해서든 판단할 수 있는 근거가 없는 것이다. 역으로 말하면 불교에는 모든 사람이 객관적이고 보편적으로 따를 만한 신앙규율이나 실천행동 강령이 존재하지 않는다. 그것은 무한의 세계에서 무한한 깨달음을 추구할 수 있는 어떤 의미에서는 지극히 개인적인 차원에서의 수련방식을 요구하는 것이었다. 이런 이론에서는 체계화된 논리가 성립되기 어렵다.

도교의 경우도 불교와 사정이 비슷하다. 도교의 대표적 사상으로는 '도'(道) '허'(虛, 빔) 또는 '태허'(太虛) '무위'(無爲) 등을 들 수 있다. 그런데 결정적으로 도가 무엇인지를 알 수 없다는 것이 도교의 가장 큰 문제다. 도는 "도가도비상도"(노자, 1장, 道可道非常道)로 설명된다. 도를 도라고 말하면 (더 이상) 늘 그러한 도가 아니라는 말이다. 도가 늘 그러하지 않다고 하면 그것은 도라 말할 수 없다. 그래서 도교에서는 이 말을 바꾸어서 도는 저절로 그러한 것이라고 한다. 현재 펼쳐지고 있는 현실의 세계는 저절로 그러하게 된 것이라는 말이다. 도는 또한 만물을 낳는 것으로 정의되기도 한다.[5] 도가 이렇게 정의되면 객관적인 기준이 될 수가 없다.

이상에서 불교나 도교의 논리체계에는 그 논리를 늘 일정하게 실천할 수 있는 구체적이고 공통적인 기준을 제시하지 못하고 있음이 드러난다. 불교의 깨달음이든 도교의 도든 거기에는 공통되고 일정하게 체험되는 행동준거들이 존재할 수 없다. 이런 이유에서 이황은 철저하게 불교와 도교의 논리들을 배격하였다.

〈성리학에서 길을 찾다〉

이 대신에 이황은 주자(朱子, 본명은 주희朱熹, 1130~1200)를 중심으로

---

[5] 『노자』, 42장, "道生一, 一生二, 二生三, 三生萬物"(도가 일을 낳고, 일이 이를 낳고, 이가 삼을 낳고, 삼이 만물을 낳는다.) 일은 실체 내지 실존이고, 이는 상대를 뜻한다. 삼은 일과 이를 가능하게 하는 관계이고 이러한 관계가 유지되는 속에서 만물이 생겨난다고 본 것이다(필자주).

하는 성리학 사상에서 그 해답을 찾고자 하였다. 아마도 이황이 주목한 것은 당시 사회가 과거를 통해서 관직으로 나아가는 구조로 되어 있고 나라의 교육체제가 성균관이나 향교, 서원 등을 통해서 전국적으로 성리학을 교육할 수 있는 구조를 갖추고 있다는 점이었을 것이다. 특히 성리학사상을 교육할 수 있는 서원에 주목하였다. 그가 안향(安珦, 1243~1306)이 세운 백운동서원을 소수서원으로 추천한 것도 서원교육의 보편성과 유용성을 알았기 때문이다. 이황이 후에 퇴계서원을 짓고 후학 양성에 매진한 것도 이러한 사정과 무관하지 않다.

　이황은 권문세가는 아니었지만 학문적으로 출중한 집안의 막내로 태어났다. 그의 아버지 이식(李埴, 1463~1502)은 벼슬이 좌찬성이었는데 불행하게도 이황이 태어나고 7개월 만에 죽었다. 그리고 6세 때에 이웃집 어른에게서 천자문을 얻어서 익혔다. 본격적인 수학은 12세 때에 그의 작은 아버지 이우(李堣, 1469~1571)에게서 『논어』를 배운 것이었다. 이우는 1498년 식년문과에 합격하고 이조좌랑, 춘추관기주관, 동부승지 등의 관직을 거쳤고 중종반정 때에 가담하여 정국공신 4등으로 청해군이 되었었다. 하지만 그는 이황이 17세가 되었을 때 죽게 되면서 그와의 공부도 끝이 나고 말았다. 이황은 혼자서 공부하기를 좋아했는데 주위 상황이 더욱 그로 하여금 스스로 공부하는 쪽으로 흘러가게 하였다. 그가 성균관에 들어간 것은 1527년이었고, 그 다음해에 진사회시에 급제하였다. 그리고 1533년에 다시 성균관에 들어가서 김인후(金麟厚, 1510~1560)와 교제하였는데 이것이 이황이 학문의 과정에서 경험하게 된 전부였다.

　이황은 그 스스로 밝히듯이 주자를 자신의 스승으로 여겼다. 아마도 그 자신이 생각하기에 그의 학문적 성취가 주자의 사상에 힘입은 바가 크다고 여긴 것으로 보인다. 과거 응시는 어머니의 당부가 더 강하게 작용하였기에 어느 당파를 따르지 않고 스스로 공부하게 하는 결과로 이어질 수 있었다. 이러한 학문경력이 이황으로 하여금 기존의 붕당이나 권력층과의 차별화를 가능하게 하였다.

이황은 나라와 백성을 위해 결단의 마음과 초심의 자세로 성리학 공부에 임했을 것이다. 갈등과 반목의 조선 사회를 바로 잡기 위해서는 무엇보다도 절대선의 존재가 필요하였다. 그는 주자학문에는 있는 리기, 그 중에서도 리의 절대선에 주목한 것으로 보인다. 이황은 줄기차게 리를 '본연지성', '천지지성' 등으로 부르면서 리의 순선성을 강조하였다. 그는 어떻게 해서든 조선 사회 구성원 모두가 받아들일 수 있는 절대선의 존재를 확보하고 그 선을 그대로 본받아 실천할 수 있는 인간과 인간의 행동방식을 마련하려 하였다. 전 사회의 선을 위해서는 오륜 등의 공동의 생활양식 마련과 실천에 적극적이었다.

이황은 절대선으로는 태극(무극), 리, 성 등에서 찾았다. 태극이나 리나 성은 명칭만 다를 뿐 모두 동일한 절대선이었다. 태극은 만물이 좇아야 하는 절대기준이었고, 리는 모든 마음가짐과 행동거지의 기준이었으며, 성은 사람이나 동물이 따라야 하는 절대가치의 기준이었다. 이것들을 드러나게 하는 것이 기였다. 그러므로 기가 선하기 위해서는 절대선인 리를 그대로 따르거나 그것의 조정을 받아야 했다. 이것이 그가 리(理)와 기(氣), 리발(理發)과 기발(氣發)의 이론을 정립한 이유였다.

사람의 마음 안에는 성(리)과 정(기)가 함께 있다. 성이 외물에 접촉하면 움직여 나오는 데 그것이 정이다. 이황은 성 또는 리의 발이 사단의 정으로 흘러나오면 언제나 선하다고 보았다. 그는 이것을 도심(道心)의 발이라 부르고 언제나 선하다고 믿었다. 반면에 정의 발이나 기의 발은 인심(人心)이 발한 것으로 보고 자칫 악으로 흐르기 쉬우니 반드시 성이나 리에게 조정을 받아야 선할 수 있다고 보았다.

이러한 성리학적 논리가 전국적으로 가르쳐지고 동시에 가정과 사회와 나라에서 실천될 수만 있다면 당연히 조선 사회는 사화의 권력투쟁을 극복하고 선한 사람들이 살아가는 건강한 나라가 될 수 있었다. 성학십도는 학문적 업적을 넘어서 선한 사람이 건강하게 조직적으로 살아갈 수 있는 이상공동체상을 제시한 것이라 볼 수 있다.

2. 이황 이전의 성리학 사상 – 주자 사상을 중심으로

중국의 리기론을 탐색함에 있어 전제로 삼아야 하는 것은 리기론의 출발이 철저하게 가설적 개념 위에 토대하고 있다는 사실이다. 주돈이가 저술한 태극도설 자체가 그가 깨우친 내용을 자신의 생각에 따라 서술된 것에 불과하다. 이 사실은 태극도설의 첫 구절에서부터 드러난다. "태극이무극"(태극이면서 무극이다)라는 것이 그것인데 이 말은 실제 구체물이 아니라 상상의 결과물이라고 볼 수밖에 없다.

그럼에도 불구하고 이 구절은 공맹의 유학에서부터 한의 동중서(董仲舒, 기원전 176년~기원전 104년) 등의 유학사상을 포괄하는 가장 근원적이고 포괄적인 사상의 단초라 할 수 있다. 이 구절에서부터 성즉리 또는 리기론의 기초가 이루어져서 유학의 전체적인 이론이 확장될 수 있었기 때문이다. 성리학이론의 총체적이고 근원적인 개념은 태극이다.

〈태극도설과 태극〉

중국에서 이기론이 성립되기에는 여러 유학자들의 연구업적들이 필요하였다. 이 가운데서도 렴계(濂溪) 주돈이(周敦頤, 1017~1073), 강절(康節) 소옹(邵雍, 1011~1077), 명도(明道) 정호(程顥, 1032~1085), 이천(伊川) 정이(程頤, 1031~1107), 횡거(橫渠) 장재(張載, 1020~1077), 그리고 회암(晦庵) 주희(朱熹, 1130~1200) 등을 빼놓을 수 없다. 이들 가운데서도 주요 인물 두 사람을 꼽는다면 주돈이와 주희(주자)라 할 수 있다. 주돈이는 리기론의 기초를 세운 인물이고, 주희는 리기론을 종합한 인물이다.

주돈이는 그의 저서 「태극도설」을 통해서 태극이 만물의 시원임을 밝히려 하였다.

> "무극이면서 태극이다. 태극이 움직여서 양을 낳고, 움직임이 다하면 고요하게 되고, 고요해서는 음을 낳는다. 고요함이 다하면 다시 움직임으로 돌아간다.

양이 변하고 음이 합해서 수화목금토를 낳고, 오기(행)이 골고루 퍼져서 봄여름가을겨울의 사계절이 운행된다."6)

태극은 '큰'(太) '끝'(極)이나 '기준', '토대' 등을 의미한다. '태'는 너무 커서 더 이상 더할 것이 없다는 의미다. '극'은 저 멀리까지 이어져서 그 끝을 알 수 없다는 뜻이다. 태극은 이처럼 알 수 없을 정도의 큰 끝이지만 분명한 것은 눈으로 볼 수 있다는 것이다. '무극'은 태극이 너무도 넓고 커서 그 끝을 헤아릴 수가 없다는 의미로써 차용된 것이다. '무극이태극'이라고 한 것은 보이지 않는 극에서 보이는 극으로 드러났음을 의미한다. 동시에 보이는 일체의 현상과 보이지 않는 일체의 현상이 모두 다는 알 수 없다는 속성을 드러낸다. 태극은 천하 만물의 일체의 현상이 볼 수 있는 이치를 뜻하면서도 동시에 보이지 않는 일체의 현상으로써의 무극이라는 사실을 분명히 하고 있다.

〈태극과 역〉

이 태극은 움직이면(動) 양을 낳는다. 양이 극성(완전히 자라서)해서 그 극에 달하게 되면 고요함으로 돌아간다. 그리고 고요해서는 음을 낳는다. 그 후에 다시 양으로 돌아가고 양은 다시 음으로 돌아간다. 태극은 이렇게 양과 음으로 쉼 없이 움직인다. 그리고 음양은 음양대로 쉼 없이 교합한다. 음양의 교합이 오행(五行)을 낳는다. 오행은 수화목금토이다. 음과 양이 합하여 처음 낳는 것이 수(물)이고 그 다음이 화(불)이고 목(나무)이고 금(쇠)이고 토(흙)이다. 음양과 오행이 서로 교합하면서 봄·여름·가을·겨울의 4계절이 생겨난다. 태극과 음양과 오행과 사계절의 변화를 『주역』에서는 '역'(易, The

---

6) 周敦頤,「太極圖說」, "無極而太極 太極動而生陽, 動極而靜 靜而生陰 靜極復動. 陽變陰合 而生水火木金土 五氣順布四時行焉."(무극이태극 태극동이생양 동극이정 정이생음 정극부동 양변음합 이생수화목금토 오기순포사시행언.)

Changing)이라고 하였다. "역에 태극이 있다"('易有太極', 역유태극, 주역 계사전 11장)는 것이 그것이다. 역은 태극, 음양, 오행, 사계절 등의 모든 움직임이니 일체의 변화 현상이라 하더라도 틀리지 않는다. 일체의 현상 안에는 태극이 있다는 말이다.

태극이 음양으로 움직이는 것을 주역에서는 양의(兩儀, 두 가지 거동)라 하였다. 양의는 계속 교합하여 사상(四象, 사계절)을 일으키고 사상은 팔괘(八卦, 세상만사의 일)를 형성하고 이 팔괘(의 교합)에 의해 길함과 흉함이 일어난다.[7]

그런데 주돈이는 오행이 이루어지는 과정에서 만물이 저마다의 성품을 갖추는 것으로 보았다.

> "오행이 생겨날 때 만물은 각각의 성품을 이루게 된다. 무극(태극)의 진리와 음양과 오행이 묘하게 합쳐지고 연합한다. 하늘의 도는 남성을 이루고 땅의 도는 여성을 이루어 두 기가 만물을 변화하고 생성한다. (두 기에 의해) 만물이 태어나고 태어나서 변화가 끝도 없게 되었다."[8]

앞에서 언급한 대로 오행은 태극과 음양의 교합을 전제로 한다. 음양에 의해 땅에서 처음 생겨나는 것은 수(水)와 화(火)다. 수와 화는 흙의 작용을 수단으로 해서 금(金)과 목(木)을 생겨나게 한다. 그리고 이들 오행은 각각 다른 특성을 지닌다. 예컨대 수는 습도, 화는 열, 금은 단단함 등의 성품을 가진다. 하늘의 오행은 목화토금수의 순이다. 나무는 인(仁), 불은 의(義), 금은 예(禮), 물은 지(智), 토는 신(信)의 성품을 각각 지니고 있는 것으로 이해된

---

7) 『原本周易』, 「繫辭傳」, "易有太極 是生兩儀 兩儀生四象 四象生八卦 八卦定吉凶 吉凶生大業."(역유태극. 시생양의. 양의생사상, 사상생팔괘, 팔괘정길흉, 길흉생대업).

8) 「太極圖說」, "五行之生也 各一其性 無極之眞二五之精 妙合而凝 乾道成男坤道成女 二氣交感 化生萬物 萬物生生 而變化無窮焉."(오생지생야 각일기성 무극지진이오지정 묘합이응 건도성남곤도성녀 이기교감 화생만물 만물생생 이변화무궁언).

다. 오행은 태극 음양의 작용 속에서 만물이 생성될 때 그 각각의 물에 나뉘어 분배된다.

오행이 배분되는 과정에서 그 비율이 서로 다르게 배분될 수 있다. 나무의 성질이 강할 수도 있고 쇠의 성질이 강할 수도 있고 흙의 성질이 강할 수도 있다는 것이다. 이 배분의 차이에 의해 얼마든지 각각의 물은 다른 특성을 지니게 된다. 태극이나 하늘의(정신적 요소 포함) 오행은 순선하지 않을 수 없다. 하지만 각 물이나 땅에서의 오행의 변화가 진행되는 상황에서는 오행의 특성의 비율이 다를 수 있기에 이로 인해 각각의 물들은 태극의 순수함에서 벗어날 수 있는 여지가 있게 된다.

이상을 자세히 살펴보면 모든 만물이 생겨나게 된 제일원인은 태극임을 알 수 있다. 태극의 동으로 인해 음양이 생겨나고 오행이 생겨나고 만물과 인간이 생겨난 것이다. 그렇다면 인간이나 자연만물이 좇아서 살아가야 하는 기준은 말할 것도 없이 태극이다. 태극 이외에 자연만물이 따라야 할 기준이나 법칙이 있을 수 없다. 그것에 의해서 만물이 생겨났기 때문이다. 이것이 성리학에서 태극이 순선한 제일원인자가 되는 이유다.

그런데 처음 논의를 시작할 때 태극은 너무도 큰 것이어서 그 끝을 알지 못하는 것이라 했다. 이 말은 태극이 양과 음으로 움직인다고 하더라도 논리적으로만 구별할 뿐 현실적으로는 알 수 없다는 말과 같다. 낮의 움직임을 사람이 알 수 없다. 밤의 움직임도 마찬가지다. 사람은 오직 낮이 되었을 때에야 밤을 알 수가 있고, 밤이 되었을 때에야 낮을 알 수 있는 것이다. 어디서부터 낮이고 어디서부터 밤인지를 알지 못한다. 분명히 눈으로 알 수 있게 변하는 것이지만 그 시작과 끝을 알 수 없는 것이다. 그래서 태극이 무극이 되는 것이다. 이런 이유에서 태극은 움직인다고 할 수도 있고 아무런 움직임이 없다고도 할 수 있다. 태극은 보일 수도 있고 보이지 않을 수도 있다는 것도 맞는 말이다. 그러나 보이든 보이지 않든 일체의 변화 속에는 태극이 반드시 내재한다.

〈주자 성리학의 특성〉

주자는 이 변화가 쉼 없이 온 우주 안에서 이루어지고 있는 데도 서로 섞이거나 어그러지지 않고 전개되는 것에 주목하였다. 모든 변화가 태극에서 시원을 가지며 모든 변화 속에 태극이 있다면 모든 변화는 당연히 태극(다움)에 맞는 변화를 해야만 태극의 선을 가질 수 있을 것이다. 이런 의미에서 보면 태극은 만물이 따라야 하는 리(理, 이치)가 된다. 주자는 태극을 과감하게 리(만물의 원리)라고 주장하였다.[9] 태극이 무엇인지는 전혀 알 수 없다. 리 역시 마찬가지다. 하지만 음양의 변화 속에 분명히 존재한다. 오행의 변화 속에도 분명히 존재한다. 그리고 그것은 순선하다. 아무런 계산도 하지 않으며 의도도 없다.

태극이 각각의 물(物)의 시원이기에 개개의 인간이나 사물은 필연적으로 태극(의 이치)를 따를 수밖에 없다. 이런 관점에서 보면 일체의 개물들의 변화는 태극이 각각의 개물에 나뉘어 존재하는 리를 따라서 이루어지고 있다고 할 수 있다. 개물들이 태극 이외의 법칙을 따라 살아가는 것은 불가능하다. 태극이 개물을 '주재'하고 있는 것이다. 리로써의 태극이 개물들에 대하여 주재자가 된 것이다. 주자는 그것을 '천'(天, 하늘)이라 했다.

천으로서의 태극이 개물에 리를 나누어 준 것은 '명'(命), 곧 '천명'이다. 사람과 만물은 태어날 때 반드시 이 (천)명을 받아서 태어난다. 하늘이 내려준 리는 하늘의 입장에서는 (천)명이고 사람의 입장에서는 성이다(중용, "天命之謂性, 천명지위성"). 이 천명이 사람이나 만물에 대해서는 '성', '본성', '천연지성', '본연지성', '천지지성' 등으로 일컬어진다.

한편 리가 어떤 의도나 움직임이 없다고 정의되었기에 리는 그것이 드러나지 않는다면 있는지 없는지를 알 수가 없다. 리가 드러나기 위해서는 수단

---

9) 『朱子語類』 권1, "如陰陽五行錯綜不失條緖 便是理."(여음양오행착종부실조서 편시리. "만약에 음양과 오행의 엮기고 섞임이 그 조리와 차례를 잃지 않는다면 그것이 곧 리다."), 78쪽.

이 있어야 한다. 태극도설의 논리에 따르면 태극이 동정을 통하여 음양을 낳았기에 음양은 태극이 드러나는 수단이 된다. 음양과 오행의 관계가 그러하고 오행과 만물의 관계가 그러하다. 그리고 태극과 음양 이 둘은 태극이 있는 곳에 반드시 음양이 있고, 음양이 있는 곳에는 반드시 태극이 있다. 이것이 성리학의 절대 필연의 조건이다. 모든 현상에 태극(리)이 있는 것이며, 태극이 있는 곳에 모든 현상(기)이 있는 것이다.

주자는 음양과 오행을 '기'(氣) 또는 '기질'(氣質)이라 하였다.[10] 음양이나 오행에서 드러나듯이 기의 본래 모습은 크게 비어 있고 형체가 없다. 하지만 그것이 모이고 흩어지면서 일시적인 변화의 형태를 갖는다.[11] 기는 모이고 흩어지고 물리치고 취하면서 온갖 형태로 드러난다.

태극이 음양과 오행, 사람과 만물의 생겨남으로 드러난다는 의미에서 보면 기는 정신적인 것과 만물을 생겨나게 하는 원초적 실체라 할 수 있다. 그러나 비물질이면서 순전히 원리만 되는 리와 대비하여 보면 기는 물질적 요소이기도 하다. 기가 리를 드러낸다는 점에서는 동일하지만 식물이나 동물, 사람과 사람 등이 그들 각자 안에 있는 리를 드러낼 때는 그 기에 따라서 얼마든지 다를 수 있다는 것은 말할 필요가 없다. 예컨대 오행이 만물의 (본)질로서의 수화목금토로 드러날 때는 비물질적이고 순선할 수 있지만 나무나 금속 등의 물질적 형태로 드러날 때는 그 배율이 달라서 얼마든지 서로 다를 수 있는 것이다.

〈리와 기〉

주자는 리와 기의 관계에서 리는 형이상의 도로서 만물을 낳는 근본이고,

---

10) 『朱子語類』권1, 「理氣」, "陰陽是氣 五行是質." (음양시기, 오행시질,) "음양은 기이고, 오행은 바탕이다."

11) 『性理大全』1, 「正蒙」, "太虛無形 氣之本體. 其聚其散 變化之客形爾." (태허무형 기지본체. 기취기산 변화지객형이. 태허의 형체가 없음이 기의 본체다. 그것이 모이고 흩어지는 것이 변화의 드러나는(객관적인) 모습이다.)

기는 형이하의 그릇으로서 만물을 낳는 도구로 이해하였다. 리는 사물을 낳는 원리이자 법이다. 기는 리가 없이는 존재할 수도 존속해 갈 수도 없다. 하지만 리는 자기 계산이나 의도가 없다. 그래서 기를 의도적으로 컨트롤하려 하지 않는다. 반면에 기는 리를 드러내는 과정에서 양과 음, 화·수·금·목·토 등의 성질을 발동한다. 양의 기질은 굳세다. 음의 성질은 부드럽다. 화의 성질은 건조하고, 수의 성질은 축축하며, 금의 성질은 차갑고, 목의 성질은 따뜻하며, 토의 성질은 둔중하다. 이 일곱 가지가 서로 뒤섞이면서 기의 들쑥날쑥한 배합이 이루어진다. 리는 약하고 기는 강하다. 그래서 리는 기를 생겨나게는 했어도 그것을 관장하지 못한다.[12]

기의 문제점은 그것이 리를 드러내는 것이기는 해도 그 자체에 맑음과 탁함, 빠름이나 늦음, 강함이나 약함 등등의 차이가 있다. 그래서 순선한 리를 기질의 여파로 인해 그대로 드러내지 못할 수 있다. 예컨대 사람의 몸이 외물에 감촉하여 넘어지고 자빠지고 하듯이 순간순간에도 리의 순선함을 잃어버리고 기질의 본래적 특성을 드러낸다. 기(정)의 발은 얼마든지 순선함에서 벗어나서 악하게 될 수 있다. 사회에서 발생된 악행들은 모두 정의 발이 강해서 온 결과라 해도 그다지 틀리지 않는 것이다.

리는 개물에 대해서는 '성' 또는 본성 또는 본연지성, 천연지성으로 이해된다. 리가 만물의 근원이듯이 '성'은 개물에 대해서는 리다. 리가 있는 곳에 기가 있듯이 성이 있는 곳에 기(질)이 있다. 기(질)은 (칠)정으로 이해되었다. 성과 정은 리와 기의 관계처럼 성이 있는 곳에 정이 있고, 정이 있는 곳에 성이 있다. 성 역시 리와 마찬가지로 계탁이나 의도가 없다. 성은 정의 움직임을 통해서 드러난다. 사람의 경우 성은 인의예지(仁義禮智) 사단(四端)으로 이해되었고, 기는 희·노·애·구·애·오·욕(喜·怒·哀·懼·愛·惡·欲)의 칠정

---

[12] "氣雖是理之生 然旣生出則理管他不得."(기수시리지생 연기생출즉리관타부득. "기가 비록 리가 낳은 것이기는 하지만 이미 그것이 생겨 나오면 리가 기를 관리하는 것이 불가능하다.")

(七情)으로 이해되었다. 따라서 성은 이들 칠정의 발을 통해서 드러난다. 이제 남은 문제는 성이 발하는가의 문제와 정의 발이 악한 것인가의 문제를 정리하는 것이다.

〈주자 리기론의 의의〉

주자의 논리의 핵심은 '사단발어리'(四端發於理, 사단은 리에서 발한다) '칠정발어기'(七情發於氣, 칠정은 기에서 발한다) 또는 '사단시리지발'(四端是理之發, 사단은 리의 발이다) '칠정시기지발'(七情是氣之發, 칠정은 기의 발이다)에 있었다. '사단발어리'는 사단이 발할 수 있는 것은 리가 있어서라는 뉘앙스가 강하다. 그 말에는 절대선이 있기에 또는 그 절대선을 의지해서 사람이 수동적으로 선할 수 있다는 의미가 담겨있다. '칠정발어기'는 칠정이 본래적으로 자체 안에 악을 함께 담고 있는 기라는 곳에서 발하는 것을 은연중에 내포한다. 즉 칠정은 기에서 발하는 것이기에 악해질 수 있다는 의미가 담겨 있는 것이다.

주자는 철저하게 리는 절대선이고 그 자체로 의도하거나 계산하거나 하지 않는 순수본연의 존재로 규정하였다. 따라서 리를 받고 태어난 사람이 리를 따라 사단을 발동하는 한 악하게 되는 것은 있을 수 없는 사태다. 이렇게 되면 사람이 악한 행동을 한다면 그것은 기에서 발한 것이 되어야 한다. 주자는 기가 청탁, 장단, 고저 등의 불균형한 것으로 규정하였다. 예컨대 기는 기쁨과 슬픔, 화냄의 지나침, 좋아함과 싫어함 등의 칠정으로 흘러나오는데 그 자체 안에 불균형의 요소가 있어서 어떤 때는 기쁨이 지나쳐서 사태를 그르칠 수 있고, 어떤 때는 슬픔이 지나쳐서 사태를 그르칠 수 있는 것이다.

그래서 주자는 강력하게 사단은 리에서 발한다고 주장한 것이다. 하지만 음양이 태극에서 비롯된 것이듯이 칠정의 발 역시 성에서 비롯된 것임이 틀림없다. 그런데 기에 대해서만 유독 선악이나 미추가 섞여 있다고 보는 것은 문제가 있다. 아마도 주자는 리의 절대선을 확보하기 위해 사람이 악하게 되는 것을 기의 탓으로 돌리기 위해 이렇게 주장하려 한 것으로 보인다.

이러한 주자의 리기론은 두 가지 의미를 지닌다. 하나는 사단의 발이 리에서 발동한다고 함으로써 모든 사람은 언제나 선해야 하는 당위성을 확보할 수 있었다는 것이다. 다른 하나는 칠정의 발이 기에서 발(동)했다고 함으로써 그것이 악으로 흘렀다면 그 책임이 리가 아니라 전적으로 개인적 기의 잘못된 활용으로 귀착시킬 수 있었다. 주자가 성을 보존하고 기질을 순화할 것을 강조한 것도 이러한 사실과 무관하지 않다.

〈이황의 리발과 기발 : 선이든 악이든 개인에게 그 책임을 묻다〉

이황이 주희의 성리학과 결정적으로 다른 것은 이황이 리도 발하고 기도 발한다는 '리기호발설'을 주장한 데 있다. 이황의 논리는 "리발이기수지"(理發而氣隨之)와 "기발이리승지"(氣發而理乘之)로 요약된다.[13] 단언컨대 그의 이 리기론은 성리학 역사상 최초의 주장이었다.

이황은 사단의 경우는 "리가 발동하고 기가 그것을 따르는 것이고", 칠정의 경우는 "기가 발하고 리가 그것을 올라타야 한다는 것이다." 사단은 인의예지의 발동이다. 인의예지는 맹자가 주장했듯이 모두 선하다. 인의예지는 리이자 성이다. 그래서 사단의 발은 늘 선하다. 이황은 이 마음을 도심(道心)이라 했다. 반면에 칠정은 선악이 혼재하고 있는 기의 발이다. 그리고 리의 발보다 기의 발이 더 빠르고 더 격렬할 수 있다. 그래서 기의 발은 악으로 흐를 가능성이 상존한다. 아마도 이황은 사화의 참상이 훈구파 유학자들의 잔인하고 격렬한 기의 흐름으로 인해 빚어진 결과로 보려 한 것 같다. 그들의 발동이 사단의 발이었더라면 결코 마지막까지 아니 수십 년에 걸쳐서 그렇게 복수의 투쟁으로 전개되지는 않았을 것이다.

하지만 어떻게 사람이 리만을 발하고 기의 발을 하지 않을 수 있겠는가.

---

13) 고봉집 Ⅲ, 사칠논변, "四則理發而氣隨之 七則氣發而理乘之."(사즉리발이기수지 칠즉기발이리승지)

이황은 기의 발에 대하여 기꺼이 인정하였다. 단, 칠정의 경우 기가 발했을 때, 다시 말하면 누구라도 기를 발했다면 반드시 리가 그 기를 올라타서 조종을 하자는 제안을 한 것이었다. 인간은 누구든지 사단을 발할 때에는 언제나 선한 사람이 될 수 있으니 마음껏 사단을 발하면 그만이다. 동시에 기를 발하고는 그것이 리를 좇아 리의 원리에 따라 발동하게만 하면 선하게 되는 것이다. 결코 기의 발을 억제할 필요가 없으며 단지 리가 그 기를 올라타서 조종할 수 있으면 그만이다. 예컨대 부모가 자녀의 잘못을 알고 화가 나서 야단을 치다가 그 자녀가 잘못을 인정하고 바른 모습을 보이면 그 즉시로 부모의 화난 마음이 자녀에 대한 사랑(측은)의 마음으로 바뀌는 것은 흔히 일어나는 일이다. 이것이 기(칠정)을 발하고 그 기를 리가 올라타서 조종하는 실례라 할 수 있다.

이황의 리기호발설에 따르면 모든 인간은 리와 기를 발하는 존재로 규정된다. 동시에 선을 행할 수도 악을 행할 수도 있는 존재다. 따라서 누구라도 악한 행동을 하면 그 책임은 전적으로 그 개인에게로 귀착된다. 누구도 예외일 수 없고 거부할 수도 없다. 선행이든 악행이든 일차적으로 개인 한 사람이 책임을 져야 하는 것이다. 이상에서 퇴계의 '리발이기수지'와 '기발이리승지'는 지위고하에 상관없이 모든 사람이 선하게 살아갈 수 있는 생활실천이론체계였다고 결론지을 수 있다.

〈이황과 기대승의 리기론 논쟁〉

이황은 1559년부터 1566년 사이의 7년여에 걸쳐서 고봉(高峯) 기대승(奇大升, 1527~1572)과 더불어 리기론, 특히 리발과 기발의 문제를 가지고 서신왕래를 하는 형식으로 논변을 하였다. 이황은 리발(사단의 발)을 강조하였다. 그리고 리만이 순선하다고 주장했다. 반면에 기대승은 기발(정의 발)을 강조하였다. 그리고 리가 순선한 것은 맞지만 그렇다고 기가 이황의 주장처럼 악을 그 안에 갖고 있다고 보지 않았다. 그가 보기에 발하는 것은 언제나

기 곧 정이다. 기대승은 기가 발하기 전의 그것은 리와 같이 순선하다고 보았다. 순선한 리(사단)나 발하지 않은 기(희노애락의 정)나 같은 개념이라는 것이다. 기대승은 "기쁨, 화냄, 슬픔, 즐거움 등이 발하지 않은 것을 중(성)이다"(중용, "喜怒哀樂之未發謂之中"희노애락지미발위지중)라는 논리를 가지고 사단이든 칠정이든 발하기 전에는 모두 순선하다고 보았다. 그러나 그에게 발하는 것은 오직 정뿐이었다. 고봉은 정만이 발하는데 혹은 리가 (먼저) 감동해서 일어나고 거기에 기가 (나중에) 갖추어지거나 아니면 (정이 발할 때) 기가 (먼저) 감동해서 일어나고 리가 (나중에) 올라타면 그 정의 발은 선하다고 주장한 것이다.14) 이를 통해서 기대승 역시 주자에게서 기발 또는 정의 발이 리발 또는 사단의 발에 비해서 일방적으로 악으로 흐를 가능성이 높다는 전통적 사상에 이의를 제기한 셈이었다.

이황과 기대승의 주장은 겉으로 보기에는 달라보여도 그 내면은 동일하였다. 그것은 두 사람이 모두 어떻게든 사람이 선하게 살 수 있는 이론체계를 제시하고자 했다는 것이다. 이황은 사단이 발하는 것을 강조하였고, 기발을 하더라도 리로써 조절하면 얼마든지 선할 수 있다고 하였다. 반면에 기대승은 정만이 발하는데 그것을 리와 기로 잘 조절을 해서 발하기 이전의 성(리)의 모습과 조화를 이루면 (中節중절) 얼마든지 선할 수 있다는 것이었다. 그럼에도 불구하고 필자는 이황의 리발의 주장이 좀 더 긍정적이고 적극적으로 사람이 선하게 될 수 있는 구체적인 이론체계였다고 주장하고자 한다.

〈이황, 자신의 생애를 리발의 삶으로 가꾸다〉

이황은 경상도 안동부 예안면(지금의 경상북도 안동시 도산면 온혜리)에서 태어났다. 그가 태어난 지 7개월 만에 아버지를 여의였다는 것은 앞에서 서술되었다. 이황은 아버지로 보면 7남 1녀 중 막내였고, 후처였던 춘천 박씨의

---

14) 『고봉집』 Ⅲ. 「사칠논쟁」, "情之發也 或理動而氣俱 或氣動而理乘"(정지발야 혹리동이기구 혹기동이리승.)

자녀로서 보면 5남 가운데 막내였다. 12세 때에 작은아버지 이우에게서 논어를 배운 것이 유학공부의 첫길이었다. 그러나 17세 때에 작은 아버지가 돌아가시면서 이 공부도 끝이 났다. 주로 홀로 공부하는 중에 20세 때는 주역 공부에 몰입한 나머지 생각을 너무 많이 하여 중병을 얻었다. 이황은 이때부터 몸이 약하게 되었던 것 같다. 이런 경험 때문에 이황은 다른 학자들에게 특히 고봉 기대승(1527~1572) 등과 서신으로 교제하는 중에 공부를 하는 것은 좋으나 병에 걸릴 정도로까지 해서는 안 된다고 충고하였다. 그 후 이황은 어머니의 소원에 따라 성균관에 입학하여 소과인 생원과에 급제하고(1528), 34세인 1534년에서야 과거시험에 합격하여 벼슬길에 나서게 되었다. 그 당시 34세는 아주 늦은 나이에 과거를 합격한 것이었다. 이황의 하인들이 그들의 주인이 과거시험에 합격하지 못한다고 비웃었을 정도였다. 문과에 급제하고 승문원부정자가 되고, 그 후 1539년(중종 34)에 홍문관수찬이 되었다. 1540년(중종 35)에는 홍문관 교리에, 1543년에는 성균관 대사성에 임명되었다. 하지만 이 시기가 중종 말년으로 조정이 어지러운 상황이어서 이황은 성묘를 핑계로 낙향하여 학문에 열중하였다. 그것도 잠시 1545년(명종 원년) 6월에 홍문관전한이 되어 다시 벼슬길에 나섰다. 1547년(중종 20)에는 안동대도호부사, 홍문관 부응교, 의빈부 경력 등으로 임명되었다. 하지만 병을 이유로 사직하고 고향으로 내려가 토계(兎溪) 인근에 양진암을 짓고 거주하면서 후학을 가르쳤다. 그곳이 후에 퇴계서원이 되었다. 1548년에는 풍기군수가 되었다. 이때 이황은 안향이 세운 백운동서원을 왕의 사액을 받는 소수서원으로 만들었다. 그때까지 서원은 사비로 설립되고 운영되었는데 소수서원을 계기로 왕이 지원금을 보조하게 되었다. 이때부터 서원의 설립이 용이하게 되어 서원의 수가 늘어나게 되었다. 1552년에는 홍문관 교리, 같은 해 5월에는 사헌부집의, 6월에는 홍문관부응교, 7월에 성균대사성지제교가 되었으나 이황은 그해 11월에 모두 사직하였다. 그 후에도 이황이 관직을 받고 사직하는 일이 계속되었는데 그가 69세가 되던 1569년 모든 관직을 사양하고 퇴계서원에서 후학양성에만 전념하기로 하였다.

이상에서 그의 생 자체가 리발이 작동한 것임이 드러난다. 그의 공부의 과정이 그렇고 관리로 나서는 과정도 그의 리발의 삶을 추측하게 한다. 관직을 사양했다가 다시 왕의 부름을 지속적으로 받을 수 있었던 것은 더욱 이황의 리발의 삶을 말해주고 있다고 할 수 있다.

이외에도 그의 리발의 삶의 또 다른 예화가 있다. 이황의 결혼이다. 그는 첫 번째 아내와는 사별하였다. 두 번째 아내 권씨는 갑자사화에 연루된 권주(權柱, 1457~1505)의 손녀였다. 그녀의 아버지 권질(權礩, 1483~1545)은 연산군을 비방하는 투서 사건에 연루되어 거제도로 유배되었다. 권질은 기묘사화 때도 무고로 연루되어 예안 땅으로 유배를 당했었다. 둘째 부인 권씨는 이렇게 할아버지와 친정아버지가 당하는 고난에 충격을 받아 정신적으로 병을 갖게 되었다. 요사이 말로 하면 정신질환이나 정신이상증이라 할 수 있다. 이런 딸이기에 아버지 권질은 딸의 가련한 처지에 대해 부정의 정을 통절하게 느꼈다. 그리고는 평소에 이황의 인품을 알고 있었기에 그 딸을 이황에게 부탁하였다. 이황은 두말없이 정신질환이 있는 권씨의 딸을 아내로 맞이하고 일생동안 극진히 대하였다. 이런 삶이 이황이 리발의 삶을 살았음을 증명해 주고 있다.

이황이 자신보다 26년이나 어린 후학 기대승과 더불어 리기론과 관련하여 치열하게 논변을 벌린 사실도 이황의 리발의 삶을 보여준다. 이황은 리의 발을 인정하지 않으려 하는 기대승과 그 부분에 있어서는 결코 양보하지 않았다. 그러자 기대승은 자신이 주장하는 기발(정의 발)과 리기론 전체에 대한 이황의 답변을 듣고자 두 사람 사이의 논의를 종합하여 이황에게 보냈다. 하지만 이황은 그 서신에 마지막 해명서를 보내지 않았다. 이황은 단지 그들 둘 사이의 문제를 해결받기 위해서는 뛰어난 후학을 기다리자는 제안으로 답을 대신하였다. 이황의 입장에서 기대승은 제자였다. 기대승이 관직에 등용될 수 있었던 것도 이황이 추천했기 때문이었다. 그럼에도 불구하고 철저하게 학문적 연구결과로 대화를 하고 마지막에도 논쟁 대신에 다른 해결을 기다리자고 했던 것이다. 1566년에 두 사람의 논변이 끝났으니 그 때 이황의 나이는 66

세였다. 노학자로서 기대승에게 모든 예의를 다한 것이었다. 이것이 이황의 리발의 삶의 실제였다.

이황의 리발의 삶의 구도와 그 실천방법은 그의 저술인 『성학십도』(聖學十圖)에 담겨 있다. 『성학십도』는 선조(宣祖, 1552~1608)가 어린 나이로 왕위에 오르자 그를 위해 왕도(王道)의 길을 깨우치기 위해 저술된 책이었다. 이 책이 1568년 12월에 올려졌으니 이황의 말년의 저작이라 하더라도 전혀 무리가 없다. 아마도 1566년 기대승과 사칠논변을 하는 동안 어떻게 하는 것이 바른 삶을 사는 것인가에 대하여 이황 나름의 깨달음을 얻은 것으로 보인다. 이런 깨달음으로 인해 이황은 리와 기에 대해 기대승과 끝없이 논변하는 것보다는 구체적인 실천 방법을 찾고자 하였다. 그때 마침 선조가 1567년에 어린 나이로 왕위에 오르게 된 것이다. 『성학십도』는 어린 왕이 통치를 잘 하도록 도움이 되는 글(차자, 箚子)의 형식으로 바쳐진 것이었다. 특이한 점은 이황이 『성학십도』를 쓰고서 제자 기대승에게 그것을 교정하고 책으로 만들에 조정에 제출하도록 부탁했다는 사실이다. 기대승은 스승 이황의 분부를 따라서 그대로 교정하여 이 책을 선조에게 올렸다. 아마 기대승은 스승의 저서 『성학십도』를 교정하고 출간하는 과정에서 스승 이황이 자신에게 무엇을 가르치려 하는 지를 깨달았을 것으로 보인다. 성학십도는 리발 중심의 삶을 살아가는 체계적인 교육서(안)이자 생활지도서(안)이었다.

3. 리발로 본 『성학십도』

『성학십도』는 이황의 형님 이해가 을사사화의 여파로 죽게 된 이후 18년이 지나서 저술된 책이다. 이때는 조정이나 사회상황이 비록 두려움이나 혼란이 없지는 않았겠지만 그래도 서서히 안정되어 가고 있었다. 마침 어린 선조왕이 즉위하자 그를 돕는다는 명목 하에 이황은 『성학십도』를 저술하였다. 아마도 그는 이 책을 통하여 여 조선의 모든 백성들과 조정과 사회를 선한 사람, 선한 공동체를 이루어 가도록 하기 위해서였을 것이다. 그렇지 않다 하더라도 『성학십도』는 노학자로서 리발의 삶을 산 그의 인생체험이 고스란히 온축된 자서전이자 지도서였다 하더라도 전혀 이상하지 않다.

『성학십도』의 목차에 태극도가 서두를 장식하고 있다는 사실은 조선의 왕과 모든 백성들이 무엇보다도 태극이라는 리를 발하는 삶을 살기를 바라는 마음에서였던 것으로 보인다. 필자가 보기에 제1장 <태극도>와 제2장 <서명도>는 각각 리와 기의 관계를 보이고 있다고 판단된다. 태극도가 리를 드러낸 것이라면 서명도는 리를 가장 리답게 드러내는 기의 역할을 하고 있다는 것이다. 제3장 <소학>과 제4장 <대학>이 서로 리와 기의 관계를 드러낸다. 소학은 일상생활에서의 궁행의 실천을 강조한다. 대학은 우주만물의 근본 이치의 깨달음을 강조한다. 소학과 대학의 관계를 이황이 기발·리발의 의미로 이해한다면 기발을 했을 경우에 리의 근본 선과 원리(대학)으로서 행위들(소학)을 조절하는 것을 의미한다고 볼 수 있다.

한편 제5장 <백록동규도>는 리와 기의 학문내용을 가르치고 실천하게 하는 서원에 대한 소개이다. 이황이 성리학적 교육 그러니까 리기의 교육이 필요함을 인식하고 있었다는 증거다. 제6장 <심통성정도>는 백록동규도에서 가르친 내용들이 개인에게 어떻게 적용되는지를 구체적으로 제시한다. 내용적으로는 리발과 기발의 조화를 강조하고 있다. 제7장 <인설도>와 제8장 <심학도>는 제9장 <경재잠도>와 제10장 <숙흥야매도>와 각각 리기의 관계를 이루고 있다고 할 수 있다. 리로써의 인이 바른 생활태도로 발현되어 서로 조화를 이루어야 하고 역시 리로써의 순선한 마음이 일찍 자고 일찍 일어나는 등의 바른 생활태도로 자연스럽게 드러나야 함을 강조하고 있다고 보기 때문이다.

본서에서는 『성학십도』가 이러한 이황의 리발·기발의 성리학적 사상에 따라 배열되었다고 분석한다. 이황이 학자적 사명감과 사회의 스승으로써 자신의 삶을 바탕으로 어떻게 하면 사람들이 하늘의 이치를 알고 개개인의 삶 속에서 바르게 실천하며 살아갈 수 있을지를 설파하기 위해 성학십도를 저술했다는 것이 필자의 생각이다. 동시에 성학십도의 전체 내용이 리발을 우선으로 하여 기발을 조화시키는 구체적인 응용방법까지 제시하고 있다고 본다. 이러한 관점에서 성학십도의 내용을 보다 자세히 분석할 것이다.

1장 태극도(第一太極圖)는 태극으로 인해 만물이 생겨나는 과정을 서술한다. 이미 설명했듯이 이황은 주돈이의 태극도설의 내용을 그대로 수용하고 있다. 태극을 만물의 근원으로 보며 그 절대선을 인정한 것이다. 오직 사람만이 만물보다 뛰어나고 신령한 것을 받아서 순수하고 지극히 선한 본성(純粹至善之性), 곧 태극(是所謂太極也, 시소위태극야)을 받았다고 인정한다. 순수지선의 성은 아무나에게서 드러나지 않는다. 오직 성인만이 그것을 드러낼 수 있다. 그래서 성인이 만물의 중심(中)과 바름(正), 인(仁, 사랑)과 의(義, 도리)를 정하고 모든 감정을 거기에 맞추도록 주장해서 사람들로 하여금 그것들을 따라 살아가게 한다. 성인은 태극의 전체를 얻었기에 하늘과 땅의 모든 변화와 합할 수 있는 존재이기도 하다.

이상을 정리하면 리발의 관점에서 이황은 성인만이 태극을 온전히 발해서 그대로 드러낼 수 있는 사람으로 보고 있음을 알 수 있다. 형식적으로는 이황이 선조가 성인이 되기를 기대하고 있는 것 같다. 하지만 조금만 더 넓게 생각하면 모든 사람이 성인처럼 지극히 선한 태극, 곧 리를 온전히 받아서 실천하는 사람이 되기를 바라고 있는 것이다. 성인이 되느냐 안 되느냐의 차이는 단지 공경의 삶(敬)이냐 방자한 삶이냐(肆)의 차이에 달려 있다. 따라서 누구나 공경함과 리를 밝혀 욕심을 없애고, 고요하여서는 비우고, 움직여서는 바르게 하면 성인의 공부를 이룰 수 있다. 이황은 누구나 이렇게 리발의 삶을 살 것을 안내하고 있는 것이다.

2장 서명도(第二西銘圖)는 성인이라면 온 우주에 가득 차 있는 모든 존재를 자기 몸을 이루는 근본 물질로 여기는 한편 천지가 지니고 있는 원리를 자신의 본성으로 삼아 살아가야 함을 밝히고 있다. 성인(군자)는 온 세상 사람들을 한 어머니의 뱃속에서 태어난 자들로 여겨 사랑해야 한다. 비록 가정이 다르고 나라 안의 한 사람 한 사람이 다르지만 하나의 리, 곧 태극에서 나온 존재들이다. 한 사람은 나뉘어 있는 개별 존재이지만 근본은 하나다. 주자의 말을 빌리면 성학이란 오직 인을 실현하는 데 있다.(聖學在於求仁성학재어구인). 사람을 사랑하는 것은 사단의 발 곧 리발일 수도 있고 좋아하고 아끼는 기발일 수도 있다. 그러나 핵심은 그것이 인의 실천이어야 한다는 것이다.

3장 소학도(第三小學圖)는 성인이 되려면 무엇을 배워야 하는 가에 대해 밝히고 있다. 먼저 바른 가르침을 세우는 것이 중요하다(立敎). 바른 가르침이란 "하늘의 도는 항상 그러하다"(天道之常천도지상)는 것이다. 천도로서 사람이 지켜야 할 생활법칙으로는 인(仁, 불쌍히 여기는 마음)·의(義, 잘못을 부끄러워하고 미워하는 마음)·예(禮, 양보하고 감사하는 마음)·지(智, 옳고 그름을 구별하는 마음)가 있다. 성인은 하늘의 변화처럼 원칙이 있어야 하고 모든 사람을 대하기를 인의예지의 마음으로 하나 같이 해야 한다.

이러한 마음의 법칙들이 생활 속에서 드러나는 삶의 규칙은 오륜의 실천과 바른 태도의 수련이다. 집안 청소 잘하기, 어른을 바르게 응대하기, 집 안에서는 효도하고 집 밖에서는 공손하기, 그리고 육예(六藝), 곧 예(禮, 예절이나 예식)·악(樂, 음악)·사(射, 활쏘기)·어(御, 말몰기)·서(書, 글쓰기)·수(數, 셈하기) 등을 익히고 실천하여 자기 자신을 닦고 다른 사람을 다스리는 훈련을 해 가는 것이다.

소학장은 어려서부터 기발 중심의 효행, 공손함, 응대하기, 육예의 실천을 교육할 것을 강조한다. 그러나 이러한 행동들이 기반하고 있는 근거는 사단과 천도이다. 그러므로 쇄소응대 등의 기발을 하더라도 반드시 천도와 사단에 일치할 수 있도록 가르쳐져야 한다.

4장 대학도(第四大學圖)는 성인이 하늘의 상도와 인의예지의 사덕을 바르게 드러내고 다른 사람을 새롭게 하며 늘 최고의 선한 생활을 유지해 가야 할 것을 가르친다. 천도와 사덕을 바르게 실천하는 출발점은 격물치지(格物致知)다. 모든 인생은 태어나서 죽을 때까지 사물이나 사태에 직면하기 마련이다. 이 때마다 그 사물이나 사태의 본성, 천도와 사덕이 어찌 되는지를 바르게 살펴야 한다. 이것을 '격물'이라 한다. 격물의 과정에서 어느 시점인가에서 그 사물이나 사태의 본질이 깨달아 알아지게 되면 '치지'(致知)에 이른 셈이다. 격물과 치지를 연결하는 것은 진실한 마음(誠意성의)이다. 사람은 사물이나 사태를 대할 때마다 마음이 달라지거나 잘못된 마음을 가질 수 있다. 그래서 하늘의 상도와 인의예지의 실천만을 마음에 두어야 한다. 이것이 '정심'(正心) 곧 마음을 바르게 하는 것이다. 격물·치지·성의·정심의 과정 속에서 사람의 몸의 자세와 마음가짐이 연단된다. 단지 어떤 특정한 분야로만 연마하는 것은 신체단련이거나 기술연마에 불과하다. 그것은 자칫 기발의 수준으로 그칠 수 있다. 수신은 하늘의 이치와 사단을 실천하기 위한 그래서 태극과 일치하는 몸과 마음의 단련이지 않으면 안 된다. 성인이라면 가정을 가지런히 다스릴 수 있어야 하고(齊家제가), 나라를 다스릴 수 있어야 한다(治國치국). 수신이 되고 제가와 치국이 이루어지면 천하에 평화를 깃들게 하는 것이다(平天下평천하). 성인이 평천하를 이루는 것이야말로 순선하고 본연의 성인 태극이 실현되는 것이다.

이황은 여기에서도 격물치지의 기발이 천도와 인성의 리(발)과 함께 하면서 이루어져야 함을 주장한다. 성인은 언제나 본연의 성 곧 태극을 드러내는 '지극한 선에 머뭄'(止於至善) 수 있어야 한다.

5장 백록동규도(第五白鹿洞規圖)는 중국의 백록동서원에서 시행되던 규칙을 소개하고 있다. 백록동서원은 중국의 당나라 때 이발(李渤, 773~831)이 그의 형 이섭과 함께 생활하기 위해 숭국 남강군의 북쪽 광려산의 남쪽 기슭에 위치한 곳에 서원을 만들고 거기에 기거하면서 시작되었다. 이발은 백록(흰 사슴)을 기르고 있었는데 이 흰 사슴으로 인해 백록선생으로 불렸다. 그의 동리는 백록동이 되었다. 후에 이발이 죽으면서 백록동서원은 없어지고 말았다. 그러다가 남송(南宋, 1127~1279) 때에 주자가 남강군의 지사가 되어 이 백록동서원을 다시 일으켜 세웠다. 그 후 백록동서원은 유학의 이상을 실현하는 본산지가 되었다. 백록동서원은 조선시대 주세붕(周世鵬, 1495~1554)이 풍기에 세운 백록동서원의 모델이기도 하였다.

이황이 백록동서원을 주목한 이유는 두 가지로 보인다. 하나는 백록동서원이 추구한 배움의 자세다. 다른 하나는 배운 것을 실천하는 방법이다. 성인이 되기 위한 배움의 자세에는 박학(博學, 폭 넓은 배움)·심문(審問, 자세히 따져 묻기)·신사(愼思, 신중하게 생각하기)·명변(明辯, 밝게 분별하기)이 있었다. 실천의 방법으로는 독행(篤行, 배운 대로 독실하게 실천하기)을 강조하였다. 구체적으로는 진심으로 충성되게 말하고(言忠信언충신), 말 대로 실행하고(實行), 독실하되 언제나 공손해야 하고(篤敬독경). 자신의 이익을 따지지 않고(不謀己利), 바른 의리를 지니고(正其義정기의), 리를 밝히고(明其道명기도), 자신의 공적을 계산하지 않는 것이었다(不計其功불계기공).

박학·심문·신사·명변·독행은 언충신·행독경·정기의·명기도·불계기공과 관련지어 이해하면 전자는 리의 발이고 후자는 기의 발이라 할 수 있다. 이곳에서도 이황은 자신의 철학인 리발과 기발의 조화를 강조하고 있는 것이다.

6장 심통성정도(第六心統性情圖)는 성인이라 할지라도 모든 공부의 시작과 끝은 마음의 작용임을 밝혀서 공부의 귀결이 마음의 다스림에 있음을 밝히고 있다. 마음이 성과 정을 거느린다(心統性情심통성정). 마음이 고요하고 본래 그대로 있으면 성이다(寂然不動爲性적연부동위성). 이 마음이 외물이나 사태에 접촉하고 통하게 되어서 밖으로 나오는 것이 정이다(感而遂通爲情감이수통위정). 성에는 인예의지신의 다섯 요소가 있다. 인의예지신은 사람이 태어날 때 오행의 목화금수토의 빼어난 것을 각각 받은 것으로 목(木)은 인(仁), 화(火)는 예(禮), 금(金)은 의(義), 수(水)는 지(智), 토(土)는 신(信)이 된다. 이 각각의 성이 외물에 감동하고 통하게 되어 밖으로 나오는데, 인은 불쌍히 여기는 마음으로, 예는 공경의 마음으로, 의는 마땅함에서 벗어나는 것을 부끄러워하고 미워하는 마음으로, 지는 옳고 그름을 분별하는 마음으로, 신은 성실한 마음으로 각각 나온다. 성이 되고 정이 되고 하는 것은 마음이 통제한다. 이 과정에서 성이 그 본연의 순선한 성이기 위해서는 외물에 감통되더라도 그 본성을 잃지 않아야 한다는 것이다. 본연의 성은 마음이라는 기를 통해서 나온다. 마음은 몸이라는 기와 떨어질 수 없기에 순수본연의 성은 기필코 몸이라는 기를 통해서 나올 수밖에 없다. 성이 기를 빌어서 나오기에 그 순선함이 기로 인해 손상을 입을 수 있다는 것이 문제다. 그러므로 배우는 사람은 성을 알아서 그 본성을 지키려 해야 하고, 기의 문제점을 알고서 기가 성을 해롭게 하지 않게 하는 공부를 해야 한다.

그러나 현실적으로 사람이 성과 정이 발하는 과정을 분명하게 구별하여 알 수는 없다. 예컨대 사람이 꽃을 보고 아름답다고 느낄 때, 그것이 마음속에서 인이 먼저 발한 것인지 눈으로 꽃을 보는 순간 아름답다고 느끼는 정이 먼저 발한 것인지를 분별하기란 여간 어려운 일이 아니다. 눈으로 보고 인의 마음이 발동했다면 기가 먼저 발하고 인이 그 기를 조정한 것이고, 인이 먼저 발동해서 그 결과로 눈을 통해 그 꽃이 아름다움을 알게 되었다면 그 경우는 인이 먼저 발하고 기가 그 뒤를 따른 것이다. 성과 정(리와 기)가 발할 때 일정한 법칙이 있는 것은 아니다. 따라서 어떤 발이든 순수본연의 리를 잃지 않거나 그것에 조화를 이루는 것이 중요하다. 이황이 사단의 경우는 리가 먼저 발하고 기가 순종하여 리를 따르거나(理發而氣隨之^{이발이기수지}), 칠정의 경우 기가 먼저 발하고 리가 거기에 올라탈 때 선할 수 있다고 주장한 것(氣發而理乘之^{기발이이승지})은 이러한 문제에 대한 종합정리였다.

마음은 한순간도 고정되지 않는다. 사람이 살아 있는 한 마음은 움직인다. 끝없이 성과 정이 발동한다. 이 순간마다 성과 정 곧 리와 기를 조절해서 본연의 태극을 드러내면 선한 것이고, 그렇지 않으면 악하나. 그래서 심동성정(心統性情, 마음이 성과 정을 통제한다)이 필요하다. 그 핵심은 리로써의 성이 마음에서 발하여 그 순선함을 유지하는 것이 최우선이다. 동시에 정이 발했을 경우에는 그 맑음과 흐림(淸濁^{청탁}), 순수와 잡박(섞임)의 차이를 극복하기 위해 성이 올라타서 정을 조절해야 한다. 사람이 마음을 조절하지 않으면 비록 본연의 성으로써의 태극을 받은 사람이라 하더라도 얼마든지 악해질 수 있음을 경계하고 있는 것이다.

7장 인설도(第七仁說圖)는 사단, 곧 인의예지 중에서도 인이 나머지 성을 다 포괄하는 것임을 밝히고 있다. 인은 천지가 만물을 낳는 마음으로 만물을 받아들인다(仁者天地之生物之心인자천지지생물지심). 만물은 낳고 낳는다. 낳고 낳는 마음이 천지의 마음이다. 태극도 리도 아무것도 바라지 않으면서 오직 만물을 낳는 마음을 가지고 있다. 사단의 마음 중에서 인(의 마음)이 이렇게 낳고 낳는 마음이다. 낳음의 본성이 사랑의 이치이자 인의 바탕이다(所謂生之性 愛之理 仁之體소위생지성 애지리 인지체). 그러므로 배우는 자는 마땅히 인의 마음을 배우고 실천하는 것을 그 목적으로 해야 한다. 사람이 만물을 낳아 기르려는 인의 마음을 닦지 않으면 안 된다. 인의 실천, 곧 낳고 낳는 마음이야말로 본연의 성을 그대로 드러내는 덕목이다.

이상을 통해서 이황은 사람이 인을 발하여 끝까지 인의 마음을 간직하거나 낳고 낳는 마음을 가져서 천지의 마음으로 돌아갈 것을 가르치고 있다.

8장 심학도(第八心學圖)는 마음에 도심(道心)과 인심(人心)이 있음을 보여준다. 도심은 늘 순선하다. 하지만 인심에는 탁함이 있어서 잘못될 수 있다. 배우는 사람은 도심을 기르고 보존해야 하고 인심은 막아야 한다. 마음은 비어 있으면서도 신령하고(虛靈허령), 알고 깨달을 수 있으며(知覺지각), 신령하여 밝히 알 수 있다(神明신명). 그래서 마음이 한 사람의 몸을 주재한다고 하는 것이다. 배우는 사람이 마음을 공부해야 하는 이유도 여기에 있다. 도심의 마음공부는 사람의 욕심을 막고 천리를 보존하는 마음을 갖게 한다. 오직 인의 마음에만 집중하여 거기에서 벗어나지 않을 때 도심을 기를 수 있다. 그 방법이 '경'(敬)이다.

이상에서 이황은 경의 자세와 도심의 마음이 표리를 이루도록 하여 배우는 자들(백성 포함)로 하여금 리와 기의 조화를 공부하도록 안내하고 있다.

9장 경재잠도(第九敬齋箴圖)는 배우는 자세를 공손하고 목욕재계 하듯 깨끗이 씻는 것을 교훈하는 잠언(경계의 말)을 그림으로 표현하고 있다. 9장의 경은 이전의 심학에서 마음을 주재하는 경의 공부를 강조한 것과는 조금 다르다. 심학을 위한 경은 마음의 흐트러짐을 경계하기 위함이다. 반면에 본장에서의 경은 의복을 바르게 입는다거나(正其衣冠정기의관), 사물을 바라봄에 있어 진중하게 한다거나(尊其瞻視존기첨시), 문을 드나들 때 손님을 맞이하듯이 한다거나(出門如賓출문여빈), 움직임과 고요함에서 차이가 없게 하고(動靜동정), 겉으로 드러나는 것과 마음속이 다르지 않는 자세를 갖추는 것(表裏표리) 등을 말한다. 언행, 태도, 생각 등등에서 늘 표리부동한 요소가 있는 지를 생각하면서 배우고 실천하여 순선한 태극과 간극이 있는지 혹은 차이 나는 점이 있는 지를 스스로 경계하는 것이 경이다.

경재잠도 역시 8장의 심학도와 각각 기발과 리발의 짝을 이루어 어떻게 공부해 가야 하는지를 가르치고 있다고 볼 수 있다. 겉으로 갖게 되는 일체의 행위가 결국 도심의 순선함을 이루기 위한 것과 상관관계를 이루기 때문이다. 도심을 보존하는 것도 공경하고 가지런한 생활(敬齋경재)를 실천하기 위해서 이다. 도심의 보존과 경재의 실천이 각각 리발과 기발의 조화를 통한 선한 생활을 담보한다는 말이다.

10장 숙흥야매도(第十夙興夜寐圖)는 아침에 일찍 일어나서 밤에 잠자리에 들 때까지의 일상생활의 요점을 제시하고 있다. '숙'은 '숙오'(夙寤)로써 일찍 깨어나는 것을 말한다. '흥'은 눈을 뜨자마자 잠자리에서 벌떡 일어나는 것(晨興신흥)을 말한다. 배우는 사람은 닭이 울면 눈을 뜨고 일어나야 한다(鷄鳴而寤계명이오). 깨어나면 다시 여러 생각들이 움직이게 되어서 자칫 마음가짐이 흐트러질 수 있다. 지난 잘못도 생각하고 오늘 새롭게 할 것을 생각하면서 흐트러지지 않게 하게 해야 한다. 적극적으로는 마음과 태도를 바르게 해서 근본을 회복해야 한다(貞而復元정이복원). 이 근본이 회복되었을 때 하루가 진정으로 시작된다. 겉으로는 세수하고 이를 닦고 의관을 갖추는 것으로 시작한다. 그리고서 성현의 글을 읽고 제자와 문답을 하고 정정한다. 이 과정에서 배우는 사람은 마음을 두 갈래 세 갈래로 흐트러지게 해서는 안 된다. 낮에는 책도 읽고 쉬기도 한다. 저녁이 되면 사람은 나태해지게 되고 정신은 혼미해지기 쉬우니 주의할 필요가 있다. 밤이 깊어지면 잠자리에 든다. 손을 가지런히 하고 발을 모아서 잠자리에 드는 것이다. 이래야 다른 잡생각이 없이 마음과 정신이 돌아와서 쉴 수 있다(不作思惟心神歸宿부작사유심신귀숙). 성인이 되고자 하는 자는 날마다 이렇게 생활하고자 해야 한다.

이상에서 『성학십도』에 나타난 이황의 성리학사상을 다시 정리하면 다음과 같다. 이황은 태극을 가장 순선한 절대선으로 간주하였다. 이 태극이 만물의 존재의 근원으로서는 리가 되며 각각의 물에 대해서는 (본)성이 된다. 태극, 리, 성을 드러나게 하는 것은 기다. 태극이 리라면 음양은 기이고, 성이 리라면 정은 기가 된다. 리와 기는 서로 떠나지 않으며 서로 합하여 하나가 되지도 않는다. 성이 드러나는 것은 기(정)을 통해서다.

성과 정은 결코 하나이지도 않고 그렇다고 서로 떨어져 작용할 수도 없다. 성이 드러나는 곳에 정이 있고 정이 있는 곳에 성이 있기 마련이다. 사랑이라는 본래의 순선한 성(태극이기도 하다)과 포옹이나 키스 등과 같은 정이 늘 함께 하고 떨어지지 않는다. 그렇다고 순수한 사랑의 존재와 그것이 드러나는 정이 하나는 아니다. 사랑과 그 드러남으로써의 포옹이나 키스 등은 사랑이 있는 거기에 정으로서의 애정의 표정이나 행위 등으로 있는 것이다. 성의 본질은 드러나지 않고 알 수도 없다. 그것은 정표나 정감의 행위로 드러날 뿐이다. 예컨대 애정(기)이 성(리)의 본성과 일치하는 것이면 그 애정은 순선하다. 하지만 그것이 성과 일치하지 않으면 악한 것이다.

이미 언급했듯이 이황의 성리학적 생활태도는 사단의 경우에는 '리발이기수지'(理發而氣隨之)를 따르고 칠정의 경우에는 '기발이리승지'(氣發而理乘之)라는 행동원칙으로 정리된 바 있다. 성학십도는 이에 대한 구체적인 증거와 그 실천방법을 제시하는 것이다. 태극이 수장으로 되어 있는 것은 리발이기수지를 강조하기 위함이고, 숙흥야매잠은 기발이이승지를 강조하기 위함이다. 사람의 마음가짐이나 행동은 언제나 성이 발하는 '리발'이거나, 아침에 일어나는 것과 같은 '기발'이거나의 둘 중 하나다. 선행을 실천하기 위해서는 '리발'이든 '기발'이든 반드시 발해야 한다. 하지만 이황은 할 수만 있다면 '리발'을 강조하려 하였다. '기발'의 경우라면 그의 말대로 리가 그것을 올라타서 조정하면 그만이다.

이것이 한국유학사상 최초로 사람이 선하게 마음 쓰고 선하게 행동할 수 있는 실증적인 리기론이었다. 이것이 퇴계 이황의 위대함이자 학자적 업적이다. 그는 이러한 이론과 그 구체적 실천방법을 논리적이고 조직적으로 체계화함으로써 시대의 스승이자 지식인으로써 자신의 책무를 다했다고 평가받기에 조금도 부족함이 없다.

4. 『성학십도』 이후의 성리학 흐름

『성학십도』는 격랑의 인생을 살아내고 학자와 관리로 인생을 보낸 후 후학들을 가르친 경험 등을 종합해서 저술된 책이었다. 저술의 시기로 보아 성학십도는 혼란의 사회를 정리하고 새로이 바른 사람이 되어 바르게 통치하는 지혜를 제시하기 위한 것으로 추측된다.

하지만 조선사회는 불행하게도 『성학십도』를 중심으로 한 교육, 정치, 사회윤리 등을 계속 형성해 가지 못했다. 이 대신에 심의겸과 김원효를 중심으로 하는 서인과 동인의 대립과 갈등으로 인해 붕당의 길로 들어갔다. 그 후 동인은 다시 남인과 북인으로 나뉘었고 서인은 노론과 소론으로 나뉘었다. 물론 영정조의 탕평책 등 화합을 모색되었으나 끝까지 조선의 조정과 성리학계는 붕당으로 이어졌고, 끝내 조선왕조의 몰락과 일제에게 나라를 빼앗기는 결과를 가져오고 말았다.

돌이켜 보면 성리학은 그 자체로는 이러한 결과가 올 수밖에 없는 이론적 구조를 가지고 있었다고 볼 수 있다. 태극, 리 또는 성은 절대선으로 전제되었다. 성, 리, 태극 등이 절대적으로 선하지 않으면 성리학이 말하는 인간과 사회 정치 등의 선을 담보할 수단이 없게 된다. 성이나 리는 사단과 칠정의 발, 또는 리와 기의 발에 의해 드러날 수 있다. 성리학에서는 성이나 리의 바른 드러남의 실재를 일반적으로 자연의 현상 등에서 찾고자 하였다. 그래서 자연의 변화나 하늘의 변화는 늘 선한 것으로 인정되었다.

그런데 성이나 리가 개인이나 사회에서 바르게 실천된 증거를 찾기란 쉽지 않았다. 이황의 성리학적 행동체계에도 불구하고 붕당의 다툼이 계속된 것이 그 증거다. 이런 문제를 해결하기 위해 공자는 요·순 임금이나 문왕 등을 최고의 선을 실천한 존재로 상정하였다. 맹자는 이들과 함께 공자를 선을 실천한 존재로 인정하였다. 시간이 지나면서 선의 실천자에 대한 의식이 확대되었다. 점차로 유학경전들에 정통하고 그 가르침에 따라 사는 사람 정도로까지 확장되었다.

   선의 개념이 근본부터 흔들리게 된 것은 중국에서부터 시작된 천자 사상이라 할 수 있다. 왕이 하늘의 자식이라는 뜻인데 아마도 절대왕권의 확보를 위해 왕을 하늘이 낸 자로 규정하기 시작한 것으로 보인다. 왕의 아들이 천자고, 그 아들이 또 다시 천자고, 그 자식의 자식이 천자가 된다. 이렇게 되어 천자의 계층이 형성되었다. 왕실과의 혼인을 통해서 천자의 귀족계층이 될 수 있다. 귀족출신이거나 과거에 합격하여 관리가 되어도 귀족계층이 될 수 있다. 시간이 지나면서 이들이 소위 양반 계층을 형성해 갔다. 어느 시점에서부터 그들은 스스로를 천의 계층으로 여기기 시작했다. 천의 계층에 귀족과 양반 등이 포함되면서 이들 모두 천의 계층을 형성하게 되었다. 그리고 그들은 스스로의 천의 계층에 어울리는 행동양식 등을 제정하였다. 그리고 다른 계층의 사람들은 양반의 계층에 들어오지 못하게 하기 시작했다. 천의 순선함을 빌어서 양반계층은 자신들이 천자의 후손들이기에 선하다고 강변해 나갔다. 반면에 천의 계층에 들어오지 못하는 평민이나 천민은 천한 존재라 하였다. 그들이 보기에 평민은 평민으로, 천민은 천민으로 행세해야 한다. 양반이 양반답지 못하게 행동하거나 평민이 평민답지 못하게 행동하면 각각 천륜을 어기는 것이다.

   하지만 냉정히 따져보면 요순이나 문왕, 그리고 공자 정도가 유학계의 성인의 반열로 인정되고 있다. 문제는 진정으로 요순이나 문왕 또는 공자가 성즉리의 성이나 리를 그대로 발하고 실천한 존재들이라 할 수 있는가이다. 솔직히 요순이나 문왕이 실존인물인지조차 의심된다. 구체적으로 성인의 길을 행했다는 것도 왕위를 선양했다는 정도다. 그들이 각각 나라 전체를 하늘의 마음으로 다스렸는지는 아무도 모르고 실증도 없다.

   여기에 성리학의 심각한 문제점이 드러난다. 태극이 순선함으로 만물의 근원으로 존재한다는 실체적 증거가 절대로 필요한 데 이 사실을 증명할 길이 과거에도 없었고, 지금도 없다는 것이다. 그러면 태극, 리, 성의 순선함도 무너질 수밖에 없다. 자연히 이기론 역시 존속될 수 없다.

이황과 이이 이후 조선의 유학이 붕당과 당쟁으로 흐른 것도 절대선의 실존과 실체를 증명할 수 없다는 것과 무관하지 않다. 이미 언급했듯이 다산(茶山) 정약용(丁若鏞, 1762~1836)은 리기를 해체한다. '리'(理)를 이치나 판단 또는 옳고 그름을 따지는 행동이고, '기'(氣)는 기운이나 혈기 정도로 이해하였다. 그는 리와 기를 선험적 선의 개념이나 경험 이전에 존재하는 형이상학적 실재로 인정하려 하지 않았다. 혜강(惠岡) 최한기(崔漢綺, 1803~1877)는 "기가 있으면 리가 있고, 기가 없으면 리가 없다"고 하여 우주의 시원과 존재를 기로 설명하려 하였다. 리는 기가 운행되는 일종의 조리(條理, 원리)로 이해하였다. 그가 보기에 천·지·인·물 즉, 우주만물은 기의 운행으로 이루어질 뿐이었다. 기에는 운화의 기(運化之氣)와 형질의 기(形質之氣)가 있다. 운화의 기는 천기(天氣, 하늘의 기, 천체의 법칙 등)이고, 형질의 기는 인기(人氣, 사람의 기, 즉 도덕질서 등)와 물기(物氣, 사물의 기, 즉 물질의 성질) 등이다. 형질의 기는 죽게 되면 운화의 기로 돌아간다. 인간이나 자연물의 죽음은 단절되지만 우주는 그대로 존재하고 있는 현실을 설명한 것이다. 기가 리라는 객관적 원리에 따라 스스로 움직이는 것이지 리가 기를 주재하는 것으로 보지 않은 것이다.

주지하듯이 이후의 성리학의 명맥은 조선왕조의 몰락과 함께 몰락의 길을 갔다. 성리학은 리기의 순선함에 대한 실체적 증거와 확신이 흔들리면서 이황의 생각과는 전혀 다르게 해체와 몰락으로 접어든 것이었다. 태극과 성과 리의 본질이 흔들리면서 조선의 성리학은 퇴락의 길을 가야했다.

〈성리학의 가치〉

하지만 기억할 것은 성리학이 어떻게 해서든 절대선의 문제를 해결하기만 했다면 여러 가지 장점을 지니고 있었다는 사실이다. 2019년 7월 6일 아제르

바이젠의 수도 바쿠에서 열린 제43차 유네스코 세계문화유산위원회가 우리나라의 서원 9곳15)을 세계문화유산으로 지정하였는데, 이 사실은 조선사회의 성리학사상과 성리학적 인간, 성리학적 생활태도 등이 세계인이 인정하는 인류 보편의 문화가치를 지니고 있다는 것을 증명해 준다. 그러므로 오늘을 사는 대한민국의 국민은 이러한 문화유산의 가치를 오늘에 되살려야 하는 사명이 있다 하겠다.

성리학의 가치는 모든 공동체 구성원이 절대선 또는 절대선의 가치를 공통으로 인정했다는 데 있다. 성리학자들과 조선사회 구성원들은 리의 절대선을 설정하여 선한 공동체를 이루고자 하였다. 사화가 일어난 것도 생각을 달리 하는 두 파가 서로 자신들의 이념이 절대선이라고 신봉한 데서 비롯되었다고 볼 수 있다. 붕당이든 당파든 각자의 절대선의 가치를 중심으로 세력다툼을 하였다. 이러한 경향은 오늘날 우리나라의 여당이나 야당의 행적이 모두 나름의 절대선을 전제로 상대당을 비판하는 모습에서도 드러난다. 여당이나 야당이 모두 국민의 이름으로 상대를 비판한다. 각자 붕당을 이룰 수 있는 절대선을 상정하는 것이다. 촛불혁명도 그렇고 지역감정도 그렇다. 하지만 리와 마찬가지로 우리 민족의 선의 추구에는 공상적인 요소 내지 실체가 없는 빈 이념을 좇는 성향이 강하다. 이렇게 절대선으로 믿었다가 그것이 아니다 싶으면 격렬하게 비판하거나 지지를 거두어들인다. 그리고는 또 다른 절대선을 찾아 나선다. 성리학의 경우 어차피 절대선이 존재하지 않는 가공의 이론이었다면 사회적 합의에 의해 적당하게 절대선을 규정하는 방법을 찾아낼 필요가 있다. 처절하게 절대선만을 추구하는 것이 조선의 몰락을 가져왔다. 여기서 벗어나야 한다. 절대선을 서로 공유하되 상대의 사람들을 서로 인정하고 존중하는 것을 배우는 것이다.

---

15) 세계유산으로 지정된 '한국의 서원' : 소수서원(경북 영주), 도산서원(경북 안동), 병산서원(경북 안동), 옥산서원(경북 경주), 도동서원(대구 달성), 남계서원(경남 함양), 필암서원(전남 장성), 무성서원(전북 정읍), 돈암서원(충남 논산) 등 9곳.

둘째로는 리기의 논리에 따라 교육을 체계화했다는 것이다. 조선의 교육은 가정, 학교, 사회, 국가의 이념이 서로 일치되게 했던 교육목표를 가지고 있었다. 관학과 사학의 교과과정과 교육체제가 일치하고 어린이부터 성인에 이르기까지 일관된 교육목적과 실천을 실시하였다. 교육과정과 교육목적이 가정 학교 사회 나라 전체로까지 일관되게 전개된 교육은 세계 어느 곳에서도 그 유례를 찾기 어려울 정도였다.

문제는 성리학이 자체적으로 비판하고 대안을 찾아낼 수 있는 논의 구조가 결여되어 있었다는 것이다. 어차피 리가 절대선이 아니기에 오륜의 실천을 중심으로 현실적으로 생활실천을 여유 있게 하는 것이 바람직하였다. 즉, 리가 절대선이기에 누구든지 기를 마음껏 발휘하게 해서 리에 맞출 수 있게 하는 게 나았다는 것이다. 성리학은 리를 지켜야 한다는 일념 하에 절대적으로 기를 억제한 것이 문제였다. 지금도 우리 민족은 대통령으로부터 갓 태어난 어린이에까지 기를 살리는 것이 중요한다. 교육의 의미에서 이해하면 운동이든 예술이든, 농사나 생활기술이든, 학문의 길로 나아가든 제대로 된 기를 발휘하게 하고 스스로 그것을 리와 조화시키도록 하는 교육이 필요하다.

오늘날 대한민국의 교육은 주로 대학입시를 위해 줄 세우기에 집중하고 있다. 대학입시 여부가 경제적 부나 생존의 문제와 직결된다고 보기 때문이다. 사람은 배우고 경제적 행위를 해야 한다. 그러나 성리학에서는 대학에 입학하는 행위(기)가 반드시 왜 그렇게 입학해야 하는 지의 근원적 원인(리)의의 조화를 이룬 것이 아니면 안 된다고 가르친다. 돈을 버는 행위와 돈을 벌어야 하는 근원지와의 조화가 필요한 것이다. 공부해서 행복하기 위한 것이라면 행복의 사태(기)와 행복의 근본 의미(리)와의 조화를 이루어야 하는 것이다.

셋째로, 성리학은 오륜의 실천을 상호 신뢰(信신)으로 하게 함으로써 이웃의 정을 느끼게 해 주었다는 것이다. 가정 안에서는 부모와 자녀 사이에는 친함이 있어야 했다. 이 친함의 정은 친척과 이웃으로 확대되고, 교사와 학생, 어른과 어린이 등의 사이로 확대된다. 남편과 아내, 상사와 부하직원에 대해서도 친함이 확대된다. 의리의 정, 차례지킴의 정, 신의의 정들이 개인적으로 사회적으로 확대되었다. 이 모든 정은 반드시 서로 믿을 수 있는 진실함을 담는 것이어야 했다.

  오늘 우리 대한민국이 국민과 정부, 여당과 야당, 사장(상사)과 부하직원, 교사와 학생 등등의 관계 속에서 서로에 대한 믿음을 회복시켜야 한다. 대한민국 국민 사이에서 믿음이 담겨 있는 정을 나누고 공감하는 인간관계를 실천해가야 한다.

  마지막으로 서원교육은 교육의 장점과 문제점을 동시에 보여주었다. 장점은 어디에서든 동일한 교재와 내용으로 교육했다는 것이다. 단점으로는 지역적으로 또는 학풍에 따라 소규모로 모이면서 붕당화 되었다는 것이다. 서원은 오늘날 대한민국의 교회와 대비된다. 교회들이 서원의 역할을 닮아가는 경향이 있다는 것이다. 교회들이 지역마다 흩어져서 성경이라는 동일한 교재로, 주일학교라는 형식으로 비슷하게 교육하고 있다. 동시에 교파마다 노회마다 붕당화되는 경향을 보이고 있다는 것이다. 이러한 현상은 개 교회가 아니라 그리스도의 몸으로서의 한 교회, 다양한 지체들의 모임, 그 안에 모든 개 교회들이 귀속되어야 한다. 하나님의 영원한 말씀, 진리의 말씀 안에 대한민국 전 교회에서 읽혀지고 있는 일체의 교리서나 교육교재, 성경공부 교재 등등이 귀속되는 것이 필요하다.

제3장

장 칼뱅의 칼뱅주의사상

본장에서는 칼뱅주의를 조망하기 위해 칼뱅의 일생, 기독교강요의 출판과정, 그리고 기독교강요의 내용들을 간략히 분석한다. 분석 후에는 필자의 관점에서 칼뱅주의가 지니는 현대적 의의가 제시된다. 이러한 탐색들을 통하여 성리학적 생활양식, 자본주의 생활양식, 민주주의 생활양식 등등이 혼재되어 있는 대한민국 사회 속에서 어떻게 하면 그리스도인이 칼뱅주의의 신앙으로 살아가야 할지가 간접적으로 드러나고 있다.

1. 칼뱅의 일생

〈어린 시절에서 청년기까지〉

칼뱅은 로마 가톨릭 교리가 중심이 되는 중세의 사회배경 속에서 태어나고 자랐다. 그는 이황보다 8년 뒤인 1509년에 프랑스 노용에서 태어났다. 네 형제의 맏아들로 태어났는데 어머니가 일찍 돌아가셨다. 그의 아버지 제라르 카우뱅(Gérard Cauvin)은 가톨릭교회 등록기록관이었다. 그래서 칼뱅은 12세(1521)에 주교의 서기가 되어 성직록16)을 받을 수 있었다. 그때 칼뱅은 교회에 헌신하겠다는 의미로 삭발을 하기도 하였다. 그의 아버지는 칼뱅이 로마 가톨릭의 사제가 되기를 원했으나 로마 가톨릭 교회와 갈등을 겪게 되면서 칼뱅이 법학을 전공하기를 원했다.

1523년 8월에 칼뱅은 공부를 위해 파리로 이주하였다. 두 달 후에 그는 마르세 대학에 입학하여 당대 최고의 라틴어 교사 중에 한 사람인 마뛰랭 코르디엘(Mathurin Cordier)에게 라틴어를 배웠다. 이 대학은 로마 가톨릭 교회의 정통주의 요새로서 혹독한 신앙 훈련을 시키는 곳으로 유명했다. 칼뱅이 1536년에 기독교강요 초판 『Christianae religionis institutio』를 라틴어로 저술할 수 있었던 것도 이때 라틴어를 배운 덕이었다.

이 과정을 마치고 그는 파리대학교의 몽테규 대학(Collège de la Montaigu)에 철학도로 입학하였다. 이곳에서 그는 에라스무스(Desiderius Erasmus, 1466~1536)와 라벨레(François Rabelais, 1483/1494 사이~1533) 등으로부터 인문주의와 종교개혁에 대한 영향을 받게 되었다. 하지만 그의 아버지가 1525년(혹은 1526년) 칼뱅에게 몽테규 대학에서 오를레앙 대학으로 옮겨서 법학을 공부하게 하였다. 몽테규 대학을 벗어난 것이 칼뱅에게는 교회의 정통주의로부터 폭넓은 신앙관을 갖는 계기가 되었다. 1529년에는 부르즈(University of Bourges)대학에 입학하여 거기에서 인문주의 법률가 앙드레아 알키아티(Andrea Alciati, 1492 -1550)를 만날 수 있었다. 당시 세상의 조류는 인문주의로 흐르고 있었는데 특히 고전에 대한 연구가 강조되고 있었다. 칼뱅 역시 이곳에 18개월을 머무르면서 인문주의 영향을 받아 그리스어를 공부하였다.

〈회심과 개혁 신앙으로의 전환〉

20세 초반에 칼뱅은 인생의 극적인 전환기를 맞이하였다. 그것은 칼뱅 자

---

16) 성직록은 성직에 부여된 종교적 의무(officium)를 수행하는 성직자에게 교회가 부여하는 물질적인 직봉(職俸, praebenda)을 가리킨다(교회록이라고도 한다). 성직록의 수입원은 교회가 갖고 있는 동산과 부동산, 신자단체나 국가에서 규칙적으로 지불하는 금품, 신자들의 헌금, 사례금, 수당 등으로 이뤄진다(가톨릭 사전).

신의 고백대로 갑자기 회심하게 된 것이었다. 회심의 정확한 시기는 알려져 있지 않은데, 대략 두 시기로 나뉜다. 하나는 1533년 칼뱅이 사제직을 그만 두었을 때이다. 그는 로마가톨릭교회가 제공하는 성직록을 두 번이나 수령할 정도로 로마가톨릭 정통교리에 심취했고 사제도 되고자 했었다. 그러던 그가 사제직을 그만 둔 것이다. 그의 회심이 가톨릭사제를 버리게 한 것이라고 보아도 전혀 이상하지 않아 보인다. 또 하나는 파커(T.H.L. Parker)의 주장에 따라 1529년 말이나 1530년 초에 회심한 것으로 보는 것이다. 파커는 칼뱅의 『시편 강해』(1557)에 기록되어 있는 내용 하나를 그 증거로 제시하였다.

> "하나님께서는 갑작스럽게 내 마음을 바꾸셔서 내 마음을 복종하는 마음으로, 가르침을 받는 마음으로 바꾸셨습니다. 이 마음의 틀은 내가 어렸을 때에 그랬을 거라고 생각되는 가르침을 받았던 어떤 틀보다도 더 단단한 것이었습니다. 이렇게 하나님의 진정한 선하심을 맛보고 알게 되고 나서 나는 하나님의 진정한 선하심으로 나서리라는 욕망을 강하게 불태우게 되었습니다. 그로 인해 비록 내가 지금까지 공부한 것들을 버린 것까지는 아니지만 더 이상은 존중의 마음으로 대하지 않게 되었습니다."

또 다른 증거는 칼뱅이 영적 · 심리적으로 괴로워하던 극심함 애통으로부터 벗어났다는 고백에서 찾고 있다.

> "내가 낙담해 있었던 불행, 더 크게는 영원한 사망이라는 관점에서 나를 위협했던 그 극심한 절망으로 인해 겁에 질려 있을 때 나는 의무감에 싸여 나 자신을 하나님의 길에 맡기는 것을 최선의 일로 삼게 되었습니다. 나는 지난날 나의 삶을 정죄합니다. 나의 지난날의 삶은 탄식과 눈물뿐이었습니다. 오 하나님! 나 같은 미천한 자에게 남아 있는 것이라곤 변명이 아니라 성경에 있는 사막의 땅으로 던져버리는 그 두려운 버림을 당신의 말씀대로 저에게 내리지 않기를 간구하는 일입니다. 하나님의 놀라우신 인자하심으로 사막의 땅으로부터 나를 건져주시는 것, 그것만이 나에게 남아있을 뿐입니다."

칼뱅의 신앙의 결정적인 요소는 세상의 모든 인간은 다 타락하여 스스로는 구원을 얻을 수 없다는 것이었다. 인간의 구원은 오직 하나님께만 있다는 고백이었다. 이 교리는 성인의 구원능력을 인정하는 로마교회와 정면으로 배치되는 것이었다. 이러한 길을 선택하는 한 칼뱅은 더 이상 로마교회의 사제로 있을 수가 없었다. 이제 그가 로마 가톨릭 교회를 떠나는 것은 시간문제였다. 그 결정적 사태는 1533년 11월 1일 소위 만성절(All Saints Day)에 일어났다.

〈친구 코프의 총장 취임연설문〉

칼뱅이 1533년 다시 파리로 돌아왔을 때 왕립대학(Colège Royal, 후에 파리대학Collège de France이 됨)은 인문주의자이자 종교개혁자의 성향을 가진 교수들과 보수적이고 나이가 많은 교수들 사이에서 긴장감이 감돌고 있었다. 무엇보다도 칼뱅의 친구였던 니콜라 코프(Nicolas Cop, 1501~1540)가 1533년 10월에 파리대학의 총장으로 추천이 된 것이 긴장감의 이유였다. 그는 같은 해 11월 1일에 총장취임 연설을 하였는데 이 연설이 인문주의와 종교개혁 성향을 지닌 교수들과 로마 가톨릭 경향의 보수 교수들 사이의 긴장을 폭발하게 하였다.

칼뱅과 코프는 몽테규 대학에 재학하는 동안에 친구로 지낸 사이였다. 코프는 당시 프랑스 국왕의 주치의의 네 아들들 중에 하나였다. 칼뱅과 코프 두 사람은 모두 프랑스 출신이었지만 스위스의 개혁교회 사상을 공유하고 있었다. 코프의 취임연설은 로마 가톨릭 교회의 개혁과 갱신을 담고 있었다. 즉 총장취임 연설이 신학적 향취가 짙게 배어있었던 것이다. 그런데 코프는 신학자가 아니고 의사이자 철학자였다. 그런 사람이 총장취임연설문에 담겨 있는 정도의 신학적 지식을 혼자서 갖추고 있었다고는 인정하기 어려웠다. 코프의 연설문에는 또한 루터적 사상과 에라스무스적 사상 사이의 절충이 담겨 있었다. 그래서 고프의 연설문 작성과정에서 칼뱅이 관여했을 것이라는 의심을 사게 되었다.

어쨌든 코프의 총장취임연설문에는 세상의 모든 지혜를 없애고 인간을 인간답게 만드는 철학 곧 그리스도 자신에 의해 세상에 보내졌다는 기독교 철학과 믿음을 통해서 은혜로 의롭게 된다는 사상이 담겨 있었다. 교회가 분열이 없이 평화적으로 내적으로 개혁할 것을 요구하였다. 연설문에는 성모 마리아를 존숭할 내용도 담겨 있었다. 율법에 대해서는 복음에 대립되는 것으로보다는 하나님의 자비와 약속으로 이해하며 나아가 율법을 복을 받는 전제로 이해하려 하였다. 한편으로 기독교철학을 지나치게 주장하느라 복음에 대한 이해를 놓치고 있는 스콜라 신학자들을 비판하기도 하였다. 마태복음의 산상수훈과 여러 복음서들, 즉 고린도전서 갈라디아서 사도행전 등의 말씀을 이용하여 복음의 은총을 강조하기도 하였다. 의를 위하여 박해를 받는 자는 복이 있다고 하면서 자신의 박해를 두려워하지 않음도 드러내었고, 심지어 순교까지도 두려워하지 않는다고 천명하였다. 이렇게 하여 코프는 비신학자로서 종교문제에 대한 자유로운 토론을 요구하였으며 무익한 궤변만을 늘어놓는 스콜라신학자들을 비판하였다. 코프의 연설문에는 성령·하나님의 말씀·복음·진리·구원·하나님의 사랑·칭의·성화·죄인의 용서·선의·그리스도의 자녀됨·그리스도의 중보직 등의 개념들이 담겨 있었다.

정통가톨릭 신앙의 사제들이나 스콜라신학자들은 그것도 만성절에 이처럼 자신들에게 모욕이 되는 연설문을 들으면서 폭발하였다. 그들은 이틀 뒤인 1533년 11월 3일에 파리의회에 코프를 이단자로 고발하였다. 코프는 프랑스 국왕이나 파리대학의 지지를 얻지 못했다. 이 때문에 그는 스위스 바셀로 피신하였다.

〈개혁신앙의 길을 걷기로 하다〉

친구 코프의 어려움 외에도 칼뱅은 가톨릭교회와 갈등을 빚었던 아버지와 형으로 인해 괴로움을 겪어야 했다. 칼뱅의 아버지 제라르 코뱅(Gérard Cauvin)은 찰리 드 앙게스트 주교의 사제보좌(apostolic secretary)의 직을 담당하고 있었다. 그가 재정문제로 사제단과 사이가 나빠지면서 결국 파면을 당했다. 코뱅은 파면에서 벗어나지 못하고 정죄된 채로 1531년에 죽게 되었다. 그의 형 샤를(Charles)은 로마 가톨릭 교회의 사제였다. 하지만 형 역시 교회 관리와의 싸움이 원인이 되어 감금 상태에 있다가 교회로부터 결국 파면을 당했다. 그는 1534년에는 이단으로 고소를 당했으며 이 문제로 박해를 받다가 1537년에 비참하게 죽었다. 그가 1536년 기독교강요 초판을 발행한 그 다음해였다.

칼뱅의 아버지와 형이 로마 가톨릭 교회로부터 파면을 당했다는 것은 그 당시 교회의 예식으로는 장례를 치를 수가 없고, 교회가 제공하는 매장지에 안장될 수도 없으며, 일체의 교회행사나 사회행사에도 참여할 수 없음을 의미하는 것이었다. 그 당시 교회로부터의 파면은 개인과 그 가정에 대한 철저한 배제이자 저주였다. 교회가 저지르는 이러한 잔혹한 현실을 목도하면서 청년 칼뱅은 로마 가톨릭 교회가 성도의 슬픔과 고통에 아무런 위안을 주지 못한다는 사실을 뼈저리게 체험하였다.

칼뱅이 아버지의 부당하고 비참한 죽음, 친구 코프가 로마 가톨릭 교회의 개혁을 주장했다가 국외로 추방당한 일, 형 샤를의 죽음 등등의 시련들이 그를 변화시키는 계기가 되기에 충분했다. 1530년에 칼뱅 자신이 로마 가톨릭 교회를 뛰쳐나왔다. 프랑스 안에서 프로테스탄트 그리스도인들을 상대로 한 폭력이 광범위하게 행해지고 종교적 긴장이 분출되자 그는 프랑스를 떠나 스위스의 바젤로 피신하였다. 그가 없을 때에 프랑스 안에서 프로테스탄트 신앙인들에 대한 횡포가 프랑스 국왕과 원로원(의회), 사제들의 의해 자행되었다. 칼뱅의 개혁교회 사상을 지지한다는 이유에서 수많은 사람들이 정치적으로 종교적으로 박해를 받았던 것이다.

『기독교강요』는 개인적으로나 국가적으로 자행되는 신앙인들에 대한 박해가 극렬해지고 있을 때 저술되었다. 기독교강요의 저술 동기는 숭엄(경건)하고자 열정에 불타는 사람들에게 참 거룩함의 기초 사항들을 전달하기 위해서였다. 그리고 프랑수와 1세 왕이 그를 둘러싸고 있는 악한 사람들 때문에 그의 통치 중에 경건의 교리를 몰라서 실정하게 되는 것을 막기 위해서였다. 또 다른 저술 동기는 그리스도를 알고자 굶주리고 목말라 하는 프랑스 일반민들을 위해서였다. 칼뱅은 말씀을 확신하고 있었는데 이것이 그의 적들(로마가톨릭 사제)이 가장 증오하는 것이었다. 그는 자신이 저술하는 『기독교강요』가 로마 가톨릭교리 신봉자들이 그의 재산을 몰수하고 국외추방하거나 아니면 파문 등의 징계에 처할만한 바른 교리라고 확신하였다.

2. 『기독교강요』의 이해

〈『기독교강요』가 출판되기까지〉

 칼뱅은 프랑스 안에 있는 복음주의 신앙을 가진 수많은 사람들이 고통 받는 것을 목격하였다. 그리고는 이들 고통 받는 신앙인들의 고통당하는 이유가 그들의 신앙이 의롭기 때문이었음을 변호하기 위해 저술에 착수하였다. 또 다른 하나는 로마교회로부터 고통 받는 사람들이 바른 신앙 체계 안에서 자유로운 신앙생활을 할 수 있는 길을 제공하기 위해서였다. 당시 로마교회 신학자들이나 사제들, 대학 관계자들은 스스로를 뛰어난 지식과 권위를 가진 자로 여기고 있었다. 이들에게 칼뱅은 하나님을 먼저 알아야 그들 자신을 알 수 있다는 것을 깨우치려 하였다. 그는 인간이 인간을 판단하는 것을 중지하고 하나님을 먼저 알고 난 후에야 자신의 처지를 알 수 있다고 외쳤다. 지식의 근본이 창조주 하나님을 아는 데 있다고 주장한 것이다. 이를 통하여 로마 가톨릭교회의 의식구조를 철저하게 부정하고 '인간 알기'의 새로운 이정표를 제시하고자 하였다.

 『기독교강요』의 핵심은 기독교교리, 곧 개혁 신앙의 본질과 동료 신앙인들을 변호하는 것이었다. 기독교강요 전체를 흐르는 기본 사상은 성경은 영원한 정확무오의 진리라는 것이다. 『기독교강요』 초판은 1536년에 라틴어로 출판되었다. 그것은 주로 어린이 신앙인들을 대상으로 기독교신앙을 가르치기 위한 것이었기에 교리문답 형식이 중심이었다. 그 후 7차례에 걸쳐 수정과 보완이 거듭 이루어졌고, 마침내 1559년에 최종판(라틴어판)이 출판되었다.

프랑스어로는 그 다음 해인 1560년에 번역되었다. 그 후에 영어, 독일어 등으로 번역이 이루어졌다.

〈『기독교강요』의 구조〉

『기독교강요』는 4권의 책으로 구성되어 있다. 제1권은 창조주 하나님, 제2권은 구속주 하나님, 제3권은 성화의 주 하나님(또는 성령의 내적 사역), 제4권은 거룩한 보편교회(또는 성령의 외적 사역) 등으로 구성되었다.

주제별로 구분하여 보면 하나님과 우리 자신에 관한 지식, 성경의 필요성과 신빙성, 참 하나님에 대한 설명, 삼위일체, 창조, 섭리, 타락한 인간, 인간과 하나님과의 관계, 율법, 구약과 신약의 관계, 그리스도의 위격, 그리스도의 사역, 믿음, 회개, 그리스도인의 삶(자기부인과 묵상), 칭의, 선행과 확신, 그리스도인의 자유, 기도, 선택이 주는 위로(예정론), 최후 부활, 참된 교회, 교회의 권위와 권징, 세례, 성만찬, 교회와 국가 등의 26개 주제로 정리될 수 있다. 본서에서는 넓게는 각 4권을 중심으로 그 내용을 이해하고 주제별로는 상황에 따라 여러 주제들을 한꺼번에 모으는 형식으로 하여 간략하게 이해한다.

<제1권> 주권자 하나님

기독교강요 제1권의 전체 주제는 '주권자 하나님' 또는 '창조주 하나님'이다. 제1장의 첫 머리의 글 곧, "하나님을 아는 지식과 사람을 아는 지식은 서로 상관되어 있다." "인간이 자신을 아는 지식이 없이는 하나님을 아는 지식은 있을 수 없다."17)는 구절은 모든 지식의 근원이 하나님께 있음을 드러

---

17) 여기서 인간이 자신을 안다는 것은 창조주 하나님에 대하여 한없이 초라한 피조물임을 아는 것이고, 구속주 하나님에 대하여는 그에게로 도저히 다가갈 수 없는 죄인임을 아는 것을 말한다.(필자 주)

낸다. 그래서 인간이 하나님을 창조주로, 세상을 다스리는 분으로, 선과 의의 원천이자 근원으로 아는 그 자체가 경건이고 예배가 된다.

하나님을 알게 하는 지식은 우주가 펼쳐지는 과정 속에서나 우주가 끊임없이 다스려지는 과정 그 자체 안에서 밝히 빛나고 있다. 인간은 이 속에서 자연스럽게 하나님을 알 수 있다. 하나님을 확고부동하게 믿게 될 때 그런 사람을 종교 또는 경건한 자라 또는 하나님을 예배하는 자라 하는 것이다. 하나님이 창조주시며 온 우주 안에 계시며 그것을 다스리는 분이라는 사실을 알 때 인간은 자기 자신이 그 분의 피조물이며 그 분을 예배해야 하는 존재로 알게 된다. 우주와 자연이 하나님에 의해 창조되고 유지되고 다스려지는 것을 알아야만 인간도 그의 피조물로써 그에 의해 다스려지는 존재임을 알 수 있는 것이다.

칼뱅에게 '안다'(knowledge)는 의미는 "지금도 계속 계심"(being)이나 "실재하심"(existence)을 포함한다.18) 그것은 간단하게 혹은 순전히 형식적으로의 "앎"을 의미하지 않는다. '창조주'(Creator)는 삼위일체의 하나님, 창조와 섭리 등을 포함하며 하나님이 그 스스로 계시기만 하는 분이 아니라 사역하시고 활동하셔서 자신을 드러내시는 분임을 강조한다. 따라서 하나님을 안다는 것은 '실제 살아계시며 선명하게 보이시는'(existential apprehension) 분처럼 하나님을 느끼고 깨닫는 것을 뜻한다. 동시에 그것은 마음과 몸으로 '인지'(recognition)하거나 전적으로 '인정'(acknowledgment)하는 것을 의미한다.

〈성경의 권위와 진리성〉

하나님께서는 당신 자신을 알게 하는 것들을 성경 안에서 허용하신다. 성경은 하나님을 창조의 하나님, 구세주 하나님이라고 선포한다. 성경은 또한 하나님이 그 성경 안에서 말씀하고 계신다고 선언한다. 하나님이 성경 안에

---

18) John Calvin, John T. McNeill(ed), *Institutes of the Christian Religion* 1, (The Westminster Press, 1967.) 주1) 참조(35-36쪽).(이하는 "Institutes"로 한다.)

서 말씀하신다는 이 진리로 인해 성경은 권위를 갖고 있는 것이지 결코 교회의 가르침이나 교회전통에 근거하지 않는다. 성경의 권위는 그 안의 모든 말씀이 하나님께로부터 온 것으로 믿는 데서 성립된다. 성경의 내용 역시도 그것의 권위를 드러낸다. 예컨대 모세에 관한 것, 모세의 기적, 율법과 예언, 하나님을 선하시고 정의로우시다는 증언들, 하늘과 땅의 창조주이시라는 말씀들이 모든 피조물에게 알려진 것과 일치하기에 성경이 권위가 있다.

그러므로 누구든지 창조주 하나님을 알고자 하거나, 주권자 하나님께로 오고자 한다면 성경의 안내와 가르침을 받아야 한다. 반드시 성경의 인도와 교훈이 있어야 한다. 성경을 통해 창조주 하나님을 알고 그분에게로 갈 수 있기에 성경은 진리이어야 한다.

성경을 진리로 확증해 주는 분은 성령이다. 성령께서 성경을 진리로 깨닫고 믿을 수 있도록 함께 하실 때 성경은 진리가 된다. 그런데 성령의 도우심을 받고자 하는 사람이라면 반드시 성경을 읽어야 한다. 우리가 성경을 읽을 때 성령이 역사하고, 성령이 깨우쳐주실 때 더욱 성경을 읽을 수 있게 된다. 말씀과 성령은 이렇게 연결되어 있으며 순환적이다. 어느 것이 먼저인지는 알 수가 없다. 차례가 있는 것도 아니다. 분명한 것은 어떠한 성령의 역사도 말씀을 떠나서는 있을 수 없다는 사실이다. 동시에 어떠한 말씀도 성령의 깨우침이 없이는 진리로 드러나지 않는다는 것이다.

아담, 노아, 아브라함, 그리고 모든 족장들에게 일생동안 하나님을 친숙하게 알 수 있게 해 준 것은 하나님의 말씀이었다. 이들에게 우주의 존재와 다스림을 통해서 창조주 하나님을 아는 것은 비교적 쉬운 일이었다. 하지만 그들이 죽음에서 생명으로 옮기기 위해서는 구속주 하나님을 알아야 한다. 성경이 영혼을 살리시는 내면의 지식 곧 하나님을 구속주로 알게 하는 것이다.[19] 그리스도의 구속의 신실함은 하나님의 말씀인 성경 곧, 하늘의 가르침

---

19) For, that they might pass from death to life, it was necessary to recognize God not only as Creator but also as Redeemer, for undoubtedly they arrived at both from the Word. (institute, 70쪽)

에서 시작되어야 찬란히 빛날 수 있다. 이 의롭고 건전한 가르침을 받기 위해서 우리는 성경을 읽지 않으면 안 된다.

〈유일하신 하나님〉

성경만으로 하나님을 아는 데 완전무결하다. 그래서 성경은 하나님을 알겠다고 또는 알게 하겠다고 그분을 형상화 하지 말라고 명령한다. 어떠한 형상도 하나님일 수 없다. 하나님은 영이셔서 믿음의 주체요 예배의 주체이시기에 우상이나 형상으로 드러낼 수가 없다. 하나님의 형상화는 인간이 하나님을 소유하겠다는 욕심에서 비롯된 것일 뿐이다. 출애굽 당시 구름과 불기둥, 모세가 본 떨기나무 불꽃 등도 결코 하나님의 모습이 아니다. 로마교회의 성인의 형상화나 마리아 형상화 등은 라헬이 아버지의 우상을 훔친 것(창 3:19)에 지나지 않는다. 이것들은 다 인간의 욕심으로 인해 하나님의 형상을 만들어낸 것일 뿐이다.

성경은 하나님만이 유일하신 하나님이라고 가르친다. "주도 하나이요 믿음도 하나이요 세례도 하나이요 하나님도 하나이시니"(엡 4:5). 유일하신 하나님이란 하나님의 신성이 하나님 이외의 어떤 다른 것으로 옮겨질 수 없음을 의미한다. 사람은 세례를 통하여 한 분 하나님을 믿는 믿음과 경건으로 인도된다. 믿음이 하나이고 하나님이 한 분이시기에 이리저리 둘러볼 필요가 없다. 연합하거나 동거해야 할 분은 하나님 한 분 뿐이시다.

예수님은 "아버지와 아들과 성령의 이름으로 세례를 주"(마 28:19)라고 말씀했다. 세례가 하나이고, 믿음이 하나라면 당연히 우리는 한 믿음으로 아버지와 아들과 성령을 믿어야 한다. 한 분 하나님은 아버지와 아들과 성령으로 분별되신다. 한 분 하나님에게는 각각의 삼위의 실재성이 계신다. 하나님께서 자신을 삼위(성부=아버지, 성자=아들, 성령)의 다른 특별한 특징으로 특정하신 것은 한 분 하나님을 우상화나 다양한 형상들로부터 분명하게 구별하기 위해서이다. 성부, 성자, 성령의 하나님은 모두 영원성을 지녔기에 시간상의 선후를 알 수도 없고 알 필요도 없다. 하지만 성령은 성부하나님께서 성자예수님을 독생자로 낳으셨다는 것을 분명히 한다. 성령에 대해서는 성부하나님과 성자예수님이 함께 보내셨다고 말씀하신다. 이에 대한 근거로 칼뱅은 인간의 마음이 본성적으로 처음에는 하나님을 생각하고, 다음으로는 하나님께로부터 나온 지혜를 생각하고, 나중에는 그가 계획하신 것들을 수행하는 능력을 생각하고 싶어 한다는 사실을 제시한다. 우리가 하나님을 부를 때 특별한 설명을 붙이지 않은 한 그 하나님은 성부뿐만 아니라 성자와 성령까지도 함께 부르는 것이다. 성부와 성자가 연결될 때에는 아버지와 아들의 위가 구별된다. 성부의 고유성에는 시작과 근원의 본성이 있기 때문이다. 하지만 아버지(the Father)는 그 자신의 본성으로 아버지임을 구별하심에도 불구하고 아들(the Son) 안에서 온전히 드러내신다. 그래서 아들을 하나님의 보이는 본체(ὑπόστασις 휘포스타시스, 히 11:1)라고 하는 것이다. 하나님의 영광의 광채(히 1:3), 즉 아들 안에서 환히 빛나고 있는 영광의 광채는 아버지 안에 있는 것이었다. 말씀이 하나님과 함께 계셨다는 말이다(요 1:1). 성령에 대해서도 동일한 이유로 아버지의 영광의 광채이다. 하지만 세 하나님은 본질이 다른 것이 아니라 세 개의 실체본성 곧 '위'(person)를 가지고 있다. '위'는 실체(ὑπόστασις)나 실재하는 것(οὐσία 우시아)을 의미한다. 하나님의 세 위는 결코 개념상의 구분이 아니다. 삼위의 하나님에게는 그 위에 합당한 실재가 있다. 그럼에도 불구하고 삼위의 하나님이 각각의 실체적 신성을 가지고 있으면서도 완전하신 하나님이시며, 또한 유일하신 한 하나님이시라는 사실이다. 칼뱅은 이를 '삼위일체'(trinity)와 '위'(person)라고 표현하였다. 삼위일체의 하나님이 이렇게 성경에 의해서 검증되고 인정되고 있는데 이 말씀들을 긍정하지 않는다면 그것은 사악한 일이다.[20]

---

20) 삼위의 하나님은 각 위로써 완전하시고 신성하시고 영원하신 하나님이시다. 삼위의 하나님은 모든 뜻이 서로 일치하시고 모든 활동이 서로 연합하신다. 인간으로서는 한 분 유일하신 하나님이라고 할 것밖에 없다. 이 하나님을 어떻게 무슨 방법으로 형상화할 수

〈창조와 섭리〉

　창조와 섭리는 서로 분리되어 있으면서도 결합된다. 창조와 관련해서는 모세의 증언대로 하나님이 우주를 만드신 분이자 창시자이시다(창 1:1). 하나님이 우주를 창조하셨다는 사실은 믿는 자들에게 인류와 만물의 궁극적 근원이 무엇인지를 알게 한다. 하나님께서 창조하신 것을 아는 지식은 우리로 하여금 이집트나 수많은 지역에서 형성된 괴기한 창조 이야기들에 저항할 수 있게 한다. 하나님께서 우주를 시작하셨음을 알게 되기만 한다면 그런 사람들에게는 하나님의 영원함이 더욱 환하게 빛날 수 있다.

　창조는 하나님이 만물을 주장하시는 주인이심을 증명해 준다. 하나님께서 하나님의 지혜와 의로움을 모범으로 보여주시기까지는 태초에는 아무것도 있을 수 없었다. 보이는 것이나 보이지 않는 것이나 모두 하나님의 창조 이후에 있게 된 것들이다. 천사도 하나님의 지으신 것들이다. 하지만 악은 인간의 타락에서 비롯된 것이다.[21] 영원하시며 선하신 하나님은 악을 만드실 수 없다.

　하나님이 창조하신 우주만물은 믿는 자들에게 하나님을 알게 해 준다. 그렇게 하나님을 알아가는 것이 그들에게는 기쁨이다. 믿는 자들은 또한 경건한 생각을 가지고 하나님께서 무슨 목적으로 그런 것들을 창조하셨는지를 묵상해야 한다. 무엇보다도 우리는 하나님께서 자신의 말씀과 자신의 영으로 무(無)로부터 하늘과 땅을 창조하신 것을 배워야 한다. 하나님이 모든 종류의

　　있겠는가. 형상화는 도대체 말이 되지 않는다(語不成說어불성설). 인간이 하나님, 예수님, 성령님, 삼위일체의 하나님 등등으로 부를 수 있는 것 그 자체로 영광이요 축복이다.(필자주)

21) 인간이 하나님의 창조를 믿지 않고 다른 존재가 창조했을 것으로 곡해하고 하나님을 인정하지 않는 것이 악이다. 아담과 하와가 하나님의 지혜와 같아지고자 한 사실은 그들이 하나님을 믿지 않았거나 하나님과 같아지려는 속셈이었다. 이것이 악이다. 인간이 어떤 일이나 사태에서든 그것에 대하여 하나님께서 주관하실 것이라고 끝까지 믿지 않으면 안 믿은 그 부분이 악(죄)가 되는 것이다. 천사들의 타락도 그들이 하나님을 그들의 주인으로 믿지 못하고 하나님의 지위에 오르고자 한 악(죄)에서 비롯된 것이다. 하나님은 결코 악을 지으실 수 없는 분이다.(필자 주)

생물체들과 무생물체들을 지으셨다는 것, 그들을 수없이 많은 종류로 구별하시고 각각의 피조물들에게 본성을 주셨다는 것, 그들에게 역할들을 맡기시고 거처할 곳을 주셨다는 것 등을 배워야 한다. 인간과 만물은 필연적으로 죽음을 향하는 존재들임에도 불구하고 하나님께서 마지막 날(the Last Day)까지 모든 종이 보존될 수 있게 준비하셨다는 사실과 그것들을 기르시고 새로운 기운을 주시고 계신다는 사실을 배우지 않으면 안 된다.

창조는 하나님이 행하신 작업들이다. 하나님의 측량할 수 없는 지혜와 권능과 공의와 선하심이 그것들 안에서 빛나고 있다. 믿는 자들은 이 사실을 참믿음으로 바라보아야 한다. 그들은 창조에 대하여 다른 생각을 할 것이 아니라 우주의 규칙을 따르고 그것들을 자신들에게 적용해야 한다. 우주의 규칙은 하나님의 권능이자 하나님이 세우신 법칙들이다. 이 거대한 우주 속에서 모든 만물과 천체의 빠른 변화를 관장하시는 하나님의 능력을 날마다 순간마다 느낄 수 있어야 한다.

창조의 순서에서 드러나듯이 하나님은 사람을 위해서 피조물들을 창조하셨다. 먼저 빛을 만드셨고 바다와 육지를 만드셨고, 식물과 동물을 만드셨고, 마지막으로 사람을 만드셨다. 창조의 순서에서 드러나듯이 모든 만물의 창조가 사람이 살 수 있는 조건이 되도록 진행된 것이다. 하나님께서는 얼마든지 이 모든 것을 단번에 다 창조하실 수 있었음에도 불구하고 그렇게 하셨다. 이것이 창조의 섭리다.

이 섭리는 자녀들인 인간을 위하시는 아버지의 깊으신 생각이다. 그러므로 천지를 지으신 하나님이라고 부르는 자들은 만물이 그의 것임을 인정해야 한다. 하나님은 만물에게 고루 나눠주시고 양육하시고 가르치시고 기쁨으로 돌보아주시는 분이심을 인간은 믿어야 한다. 하나님은 우리를 버리시는 분이 아니심을 믿어야 한다.

하나님의 섭리는 하나님께서 우주와 자연과 인간 등 일체를 창조이래로 지금까지 다스리고 있는 과정 전체에서 드러나고 있다. 그 섭리는 하나님의 전지전능한 능력이라 할 수 있다. 섭리는 모든 일에 대한 하나님의 적극적인 지배이자 일반적이며 질서정연한 지배와 동일하다.

하나님의 일반섭리가 우주와 자연만물, 전 인류의 존속과 관련된 것이라면 하나님의 특별섭리는 개인 지향적이며 특별한 행동이나 사건 등과 관련된다. 칼뱅은 하나님의 섭리사상과 관련해서 모든 만물은 하나님의 은밀하신 계획에 의해서 관리되고 그것이 지적인 것이든 의지적인 것이든 하나님이 명하신 것이 아니라면 아무것도 일어날 수 없다고 주장한다. 동시에 만물의 다스려짐이 하나님의 명령에 의한 것이기에 하나님의 섭리는 결코 사람들이 말하는 운명일 수 없다.[22]

하나님의 섭리는 창조와 분리되어 따로 작동될 수 없다. 우주만물을 창조하신 하나님께서 섭리하신 것이 결코 우연일 수 없는 이유다. 그렇다고 사람이 악을 저질러 놓고서 그 악이 하나님의 섭리에 의한 것이라고 핑계 댈 수

---

[22] 칼뱅은 하나님의 섭리와 관련하여 세 가지 사항에 주목할 것을 제안한다. 하나는 과거와 미래를 다 관련지어보면서 섭리를 고찰해야 한다는 것이다. 다른 하나는 만사가 결정되는 원리(섭리)가 어떤 때는 중간 매개를 통하여 작동하거나(거쳐 가는 과정으로), 어떤 때는 중간 매개 없이 작동하기도 하고, 어떤 때는 중간 매개와 반대로 작동하기도 한다는 것이다. 마지막으로는 섭리는 철저하게 하나님께서 전 인류에 대한 당신의 관심, 특히 교회를 통치하실 때 하나님의 경계를 드러내는 것이라는 관점이다(Institute, 210).

하나님의 섭리를 알 수 있는 인간은 존재하지 않는다. 인간은 누구도 하나님의 섭리를 하나님처럼 알 수 없다. 그렇기 때문에 인간은 자신에게 일어난 일이 반드시 하나님의 섭리대로 된 것이라고 주장할 수 없다. 그렇다고 어떤 일이 하나님의 섭리에 따른 것이 결단코 아니라고도 주장할 수도 없다. 하나님의 섭리를 인간은 알지 못하기 때문이다. 하나님의 섭리와 관련해서 인간이 할 수 있는 유일한 일은 어떤 일이든지 그것을 하나님의 섭리라고 믿느냐 믿지 않느냐의 선택뿐이다. 인간이 어떤 일이든 하나님의 섭리로 믿으면 그것은 하나님의 섭리가 되고 믿지 않으면 하나님의 섭리가 되지 않는다. 그에 대한 최종 판결은 오직 하나님 한 분에게만 달려 있다. 그러나 우리가 기억할 것은 하나님의 섭리는 영원히 변함없이 창조와 함께 가는 진리라는 사실이다.

'하나님의 예정도 동일하다. 인간은 누구도 하나님의 예정에 대하여 간섭할 수도 없고 알 수도 없다. 인간은 오직 그것을 믿느냐 믿지 않느냐를 결정할 수 있을 뿐이다. 말할 필요도 없이 하나님의 예정하심은 인간의 믿음 여부에 전혀 상관없이 영원히 진리로 존재한다. 섭리와 예정을 해결해 주는 한 가지 도구는 하나님이 주신 믿음(의 선택)뿐이다. 하나님께서 '나' (우리)를 하나님의 자녀로 미리 정(예정)하셨다는 것을 믿으면 구원이요 영생이다. 믿는 것 외에 다른 길은 없다. 그래서 '오직 믿음' 이다(필자 주).

없다. 하나님께서 결코 악을 지으시지 않았기 때문이다. 도적이나 살인자나 행악 자들이 하나님의 섭리의 도구일 수는 있어도 자신들의 악행이 하나님의 섭리에서 비롯되었다고 핑계할 수는 없는 것이다.

이와는 반대로 하나님을 믿는 자들에게 하나님의 섭리는 하나님이 주시는 위로(solace)다. 하나님은 의로운 자를 요동치도록 내버려 두시지 않는다. 하나님은 그들의 피난처요 요새요 의뢰해야 할 분이시다(시 91:1). 참새 한 마리도 하나님의 뜻이 없이는 땅에 떨어지지 않는다(마 10:29). 악한 원수들 사이에서일지라도 하나님의 섭리는 우리를 건져내신다. 그러므로 하나님의 섭리를 확신하는 자들은 그 마음에 하나님을 신뢰하는 즐거움으로 가득 차게 된다.

<제2권> 구속주 하나님

기독교강요 2권의 전체 주제는 그리스도 안에서 드러나는 구속주 하나님을 아는 지식에 관한 것이다. 구속주 하나님은 구약의 조상들에게는 율법을 통하여 나타내셨고 신약의 우리에게는 복음을 통하여 나타내셨다.

〈타락과 원죄〉

칼뱅은 구속주 하나님에 대한 논의를 아담의 타락과 인류의 타락에서부터 시작한다. 하나님께서 처음 사람을 하나님의 형상대로 지으신 것은 인간이 (도)덕에 대한 열정을 지니고 영생에 대하여 묵상하도록 하기 위함이었다.[23] 이 사실은 인간으로 하여금 스스로 무슨 능력이 있는 양 자랑하지 못하게 만든다. 하지만 인간이 자신을 알 수 있는 지식, 예컨대 자신이 죄인이라고 깨달아 알게 되는 지식은 하나님의 형상을 닮은 지식에 의한 것임이 분명하다.

---

23) "In the beginning God fashioned us after his image that he might arouse our minds both to zeal for virtue and to meditation upon eternal life" (institute, 242).

인간은 하나님의 형상을 닮은 지식으로 인해 한편으로는 자신이 타락한 자임을 자각하고 좌절 내지 절망하기도 하고, 다른 한편으로는 진정한 겸손과 함께 하나님을 찾는 새로운 열정으로 불타오를 수도 있다.

아담이 하나님의 말씀을 경멸하고 스스로 교만해져서 선악과를 따먹는 죄를 저지름으로써 그는 하나님이 그에게 주셨던 모든 은총을 다 잃어버렸다. 이 은총들은 그만을 위한 것이 아니라 그를 통해 태어날 모든 인류를 위한 것이었다. 그래서 아담에게서 태어나는 모든 후손들은 모두 하나님이 주신 은총들을 다 잃어버리게 되었다. 이것은 썩은 나무뿌리에서 썩은 나뭇가지가 자라는 것과 같다. 아담에게서 시작된 썩음은 조상들에게서부터 그의 후손들에게로 옮겨지는 영원한 흐름이 되었다. 그러므로 원죄란 인간 본성이 유전적으로 부패하고 썩는다는 그 자체이자 이 부패와 썩음이 우리의 영혼 구석구석에 퍼져 있어서 하나님의 진로를 받게 된 것이라 할 수 있다. 지금도 원죄는 우리 마음속에서 성경이 "육체의 일"(갈 5:19)이라고 부르는 일들을 하도록 우리를 미혹한다. 그리하여 범죄의 열매가 아직 맺어지지는 않았지만 아담의 후손들은 이 죄의 열매의 씨앗을 가지고 태어나게 되었다. 그것이 인류의 죽음이다.

하나님께서 분노하시는 이유는 하나님 자신이 하신 일 곧 사람을 만드신 일을 사람이 망하게 했기 때문이다. 이것은 하나님이 주신 본성이 악한 것이 아니라 이 본성을 하나님의 뜻과 다르게 빌굉하게 한 깃에서 비롯되었다. 따라서 칼뱅은 원죄가 아담 한 사람에게만 해당하는 것이 아니고 죄악 속에서 태어난 모든 사람 각 개인에게 해당하는 것임을 분명히 한다. 어거스틴(Augustinus of Hippo, 354~430) 역시도 이 부패한 본성 곧, 하나님의 은혜가 없는 곳 어디에서든지 우리 몸에 대하여 왕노릇 하는 부패한 본성을 개개인에 대하여 '본질적'(natural)이라 부르기를 주저하지 않는다.

〈이성은 자유의지가 아니다〉

철학자들은 이성이 인간의 마음속에 있어서 등불처럼 모든 대화를 밝혀주면서 의지를 관리하고 있다고 생각한다. 인간이 이 이성을 가지고 있기에 자유롭게 상상할 수 있다고도 한다. 철학자들은 그것을 일종의 자유의지로 여긴다. 하지만 인간이 자신 안에 이성이 지배하는 왕국을 세우는 일이 쉽지만은 않다. 인간이 한 번 쾌락에 빠져들거나 선한 일들을 향해 거짓된 상상으로 치닫게 되면 적절하지 못하게 기울어지는 경향이 있기 때문이다. 키케로(Marcus Tutlius Cicero, BC 106~BC 43)는 인간의 이성이 본질적으로 희미한 불빛이기에 인간의 사악한 생각이나 관습에 의해서 쉽사리 사라진다고 보았다. 그런데도 철학자들은 개개의 인간이 이 이성을 가지고 있다는 이유에서 '자유의지'(free will)라고 외치기를 즐긴다. 일반인들 역시 이런 논리에 물들어 있기는 마찬가지다.

자유의지를 주장하는 근본 이유는 인간의지의 능력을 말하기 위해서다. 토마스(Thomas)는 자유가 의지에 종속하기에 자유의지란 결국 '선택의 힘'(a power of selection)이라고 불러야 하며, 논리적으로는 자유로운 '이해'와 의지의 '경향'(appetite)이 뒤섞여서 나타나는 것이라고 하였다. 이 자유의지는 인간이라는 특성에서 볼 때 감각적인 의지, 정신적 의지, 그리고 영적인 의지로 구분된다. 로마교부들이 자유의지에 대하여 알아내고자 한 것은 이들 의지 중에서 어떤 것이 신성한 법(교회법)에 복종하는데 촉진제가 될 수 있는가였다. 로마교회학교에서는 감각 의지는 인간 안에 본성적으로 내재하고 있는 것이어서 결코 없앨 수 없는 것으로 보았다. 반면에 정신적 자유의지와 영적 자유의지는 죄로 인해서 상실된 것으로 보았다.

반면에 칼뱅은 어거스틴의 논리를 받아들여 비록 처음 지음을 받았을 때는 인간이 많은 자유의지들을 가지고 있었지만, 인간이 자유의지를 잘못 사용하여 선악과를 따 먹은 후로는 부패되어서 하나님의 은혜가 없이는 자유의지를 논할 수 없게 되었다고 주장한다. 칼뱅에게 아담과 하와의 범죄 이후의 자유의지란 죄를 짓는 일에 대해서만 해당되는 말이 되었다. 하나님을 아는 초자연적 선물은 파괴되었고, 하나님의 형상을 닮은 인간다움의 본성적 재능들은 부패되었다. 이성 중에 남은 것이라곤 겨우 인간과 짐승을 구분할 수 있을 정도의 능력이었다. 칼뱅이 보기에 타락한 인간은 비록 이성적 존재라 하더라도 겨우 짐승들과 구분될 수 있는 정도의 이해를 지닌 존재이거나 짙은 무지로 인해 이 빛조차 질식되어 있는 그런 존재였다. "빛이 어둠에 비치되 어둠이 깨닫지 못하더라"(요 1:5). 이러한 사정은 의지의 경우에도 동일하다. 인간의 의지가 악한 욕망에 매여 있기에 결코 자유의지를 이용해서 의를 찾을 수는 없다.

〈타락한 인간과 하나님의 은혜〉

하나님의 나라로부터 쫓겨나면서 아담은 하나님을 아는 은총들, 하나님의 형상을 닮은 본래적 재능들을 다 잃어버렸다. 그것의 회복은 아담에게 거듭남의 은혜가 있을 때이다. 거듭난다면 그는 이 모든 선물들을 회복할 수 있다. 하나님의 은혜에는 믿음, 하나님 사랑, 이웃 사랑, 거룩함과 의를 향한 열심 등이 있는데 이것들은 모두 인간 밖, 인간의 본성을 넘어선 것들이다. 이 모든 것들을 우리 안에 회복시켜주실 수 있는 분은 오직 그리스도 한분이다.

하나님은 우리의 돌아옴을 늘 기다리신다. 고통을 통해서 또는 재앙을 통해서 우리가 하나님을 기억하고 돌아오기를 기다리신다. 이를 통해 우리를 겸손하게 하신다. 우리가 완고하게 목을 곧게 하면 하나님은 우리를 잠시 버려두신다. 늘 상주하시는 하나님이 버리신 그 순간을 인간은 잘못 알고 자유의지의 힘을 가지고 있다고 착각한다. 하나님은 인간이 돌아오기를 기다리시지만 인간은 돌아갈 능력을 완전히 상실했다.

인간이 하나님께로 다시 돌아오기 위해서는 하나님의 은혜가 필요하다. 이때의 하나님의 은혜는 거듭남과 관련해서는 성령께서 인간의 의지를 이끌어가고 규제하는 규율이라 할 수 있다.[24] 하나님의 은혜는 인간의 타락한 의지

---

24) "Hence it appears that God's grace, as this word is understood in discussing regeneration, is the rule of the Spirit to direct and regulate man's will." (institute, 335쪽)

를 파멸시키는 것이 아니라 회복시킨다. 그래서 하나님의 은혜로 거듭난 인간이 선한 일을 하는 것은 그 일이 하나님께로부터 시작된 것은 분명하지만 그럼에도 불구하고 인간의 것이라 할만하다.

〈세상의 지혜, 율법, 십계명 등은 하나님을 알게 한다〉

우주의 질서는 학교와 같다. 이 학교를 통하여 인간은 경건을 배울 수도 있고, 이 경건으로부터 영생으로 완전한 복락으로 나아가는 것도 배울 수 있다. 하지만 하나님을 배반한 이후에는 이 모든 것이 하나님의 저주가 되었다. 따라서 세상의 지혜를 가지고서는 하나님의 지혜를 알 수 없다. 바울은 셀 수 없이 많은 기적들로 꽉 차 있는 저 거대한 우주라는 극장을 하나님의 지혜라고 부른다. 그것을 바라보면서 우리의 지혜로 하나님이 계심을 알 수 있다는 것이다. 하지만 아는 것만으로 그쳐서는 유익함이 없다. 그를 통해 하나님은 그리스도를 믿으라고 우리를 불러내신다. 중재자 그리스도를 모른 채 하나님을 아는 지식만으로는 누구도 구원에 이를 수 없다(롬 1:16, 고전 1:24).

율법(의 제사들)은 분명하면서도 공개적으로 믿는 자들에게 구원을 바라볼 것을 가르친다. 그것은 하나님께서 약속의 메시야를 기다리며 준비하는 마음을 가지라고 주신 것으로 이해된다. 그리스도의 오심이 더디더라도 끝까지 마음을 갖추고 그리스도에 대한 열망을 불태우며 그분에 대한 기대를 높이도록 하기 위해서다. 하지만 칼뱅은 인간이 율법의 준수가 불가능하며 다 지킨다 하더라도 그것이 구원에는 미치지 못한다고 상기시킨다. 그 일은 하나님만이 가능할 수 있다(마 19:26). 율법은 우리에게 우리의 나약함과 죄인 됨을 비쳐주면서 하나님의 도움을 찾게 한다. 그것은 우리를 가르치고 훈계하고 꾸짖고 바르게 하여 선한 일을 하도록 만들고 준비시킨다. 그것은 폐해질 수 없으며 오직 그리스도만이 이 율법을 온전히 지켜 완전하게 하실 수 있다.

십계명은 각각의 계명을 주신 이유나 목적을 고려할 때 더욱 분명해진다. 제5계명(네 부모를 공경하라)은 하나님께서 공경하도록 지명한 사람들에게 공경을 보이도록 하기 위해서 주신 명령이다. 하나님께서 공경하도록 지명한 사람들을 공경할 때 하나님은 기뻐하신다. 첫째 계명은 하나님 홀로 예배를 받으시기 위해 주신 것이다(출 20:2-3; 신 6:4-5). 첫째 계명이 담고 있는 실질적 전제는 하나님의 거룩함을 예배하는 참 경건을 가지라는 것이다. 하나님의 거룩함에 대한 진실한 경건을 가지고 하나님을 예배할 때 하나님은 기뻐하신다. 공경하라는 명령이나 섬기라는 명령을 지키는 것이 하나님을 기쁘시게 하는 것이라면 그 반대로 하는 것은 하나님을 기쁘시게 하지 못한다. 이런 사실에 근거하여 칼뱅은 십계명의 주심은 무엇이 하나님을 기쁘시게 하고 무엇이 하나님을 기쁘지 않게 하는 지를 가르쳐 주는 것으로 이해한다.

율법과 십계명은 우리에게 생활을 거룩하게 하여 하나님과 결합하고 하나님에게서 떨어지지 않게 하기 위해서 주신 것이다. 율법을 해석한다는 것은 결국 율법 안에 담겨 있는 계명들 속에서 경건과 사랑의 일체의 의무들을 찾아내고 발견하려는 것이다. 더 나아가서 인간은 하나님의 형상을 드러내는 삶을 살고자 해야 한다. 작은 율법을 범하는 것조차 믿는 자에게는 치명적이다.

구원은 오직 그리스도가 행하시는 속죄를 통해서만 가능하다. 그리스도가 모든 민족이 복을 받게 되는 씨앗이 되는 이유다(갈 3:14). 그리스도는 한나가 이스라엘에 아직 왕이 있지 않은 때에 "자기 왕"(삼상 2:10)이라 부른 자이며, 하나님께서 친히 "내가 나를 위하여 충실한 제사장을 일으키니…"(삼상 2:35)라고 하신 그 제사장이다. 구약 성경의 믿음과 이 약속이 모두 그리스도에 의지하고 있는 것이다.

구속을 위해서는 하나님과 우리 인간들 사이의 관계를 회복시킬 중재자가 필요하였다. 하나님에게 속한 자가 아니면 타락한 인간을 하나님과 다시 화평하게 할 수 없다. 동시에 하나님이 한 분이시기에 중재자도 한 분이어야 한다. 그분이 인간이신 예수 그리스도다(딤전 2:5). 성령은 특히 우리가 어디에서 중재자를 찾아야 하고 어떤 길을 통해서 그에게로 나아가야 하는 지를 괴로움 없이 알게 하기 위해 그를 '사람'이라 불렀다.[25] 그가 완전하시고 순결하신 하나님과 타락한 인간 사이를 중재한다.

〈구원자 그리스도와 세 직무〉

그리스도는 다윗의 혈통을 따라 나신 육신을 가진 인간이다.(롬 1:3) 그는 종종 자신을 '사람의 자식'(人子, son of man)라고 불렀다. 그는 혈과 육으로 나신이다. 그러나 그는 죄가 없다. 그가 성령에 의해서 잉태되고 성령에 의해서 거룩하게 되었기 때문이다.

그리스도가 하나님의 아들이시면서 인자가 된 것은 실체의 혼재(confusion of substance)가 아니라 위(삼위의 위격)의 연합으로써(by unity of person)이다. 그리스도의 신성이 그의 인성과 결합되고 연합되어 있고 또한 신성과 인성이 공평하게 구별된 특성을 유지하면서 두 본성이 한 분 그리스도를 이룬다.[26] 신성으로서는 창세전에 그리스도가 아버지와 함께 영화를 가졌던 것이고(요 17:5), 아버지와 함께 일한다는 것이며(요 5:17), 보이지 않는 하나님의 형상으로 모든 피조물보다 먼저 나셨음(골 1:15)을 들 수 있다. 인성으로는 자신을 "하나님의 종"이라고 한 것, 키가 자라며 하나님과 사람에게 사랑을 받은 것(눅 2:5), 자신의 영광을 구하지 않는다고 한 것, 마지막 날은 모른다고 한 것, 자신의 뜻대로 하지 않는다고 한 것 등등을 들 수 있다.

그리스도는 그래서 하나님의 아들이자 사람의 아들이다. 하나님의 아들로서는 성령에 의하여 태어난 유일한 아들이었다. 하늘에 올라가서 하나님의 우편에 앉으셨다. 사람의 아들로서는 처녀에게서 나셨고, 죽임을 당하고 지옥에까지 가는 순종의 삶으로 우리 인생들을 구속하였다. 그리스도는 하나님의 은혜에 합당한 자요 우리의 구원을 위해서도 합당한 자다.

은혜의 구원을 완성하기 위해 하나님께서 그리스도에게 부여하신 직무는 세 가지였다. 하나는 선지자직무를 감당하는 것이었다. 하나님은 그리스도를 만민의 인도자로 명령자로 삼으셨다(사 55:4). 여호와의 영이 그의 위에 임하

---

25) "the Spirit calls him 'man'."(Institute, 465)

26) "For we affirm his divinity so joined and united with his humanity that each retains ite distinctive nature unimpaired, and yet these two natures constitute one Christ." (Institute, 482)

여 그리스도로 하여금 겸손한 자들에게 복음을 전하고, 상한 마음을 치료하게 하셨다. 그리스도는 성령에 의해 전령자로 하나님의 은혜의 증언자로 기름부음을 받았다. 이러한 가르침을 주신 이유는 그리스도에게 모든 부분에서 완전한 지혜가 담겨 있음을 알게 하기 위해서다.

둘째로 왕의 직무다. 그리스도가 영적으로 영원히 통치하신다는 사실이 이것을 증명한다. 영원한 통치는 다윗에게 약속되었던 것인데 그리스도로 말미암아 성취되었다. 다윗의 왕권은 솔로몬 이후 약화되기 시작하여 패망하고 말았다. 하지만 그리스도의 통치는 영원하다. 우리의 행복은 천국생활에 속하는 것과 같다. 그리스도는 자기 백성에게 영원한 영혼구원을 위해 필요한 모든 것을 풍성하게 하시고 영적 적수들의 공격에 굴복하지 않고 견딜 수 있는 용기로 강하게 하신다. 동시에 성령의 능력에 힘입어 우리는 사탄과 세상과 모든 해로운 일들로부터 승리할 수 있다. 불행과 배고픔과 추위와 비난과 다른 모든 고통들도 견디어낼 수 있다. 그리스도는 자신을 풍성하게 하지 않고 자신의 풍부한 것으로 배고픈 자들과 목마른 자들에게 쏟아 부어 주신다. 성경은 그리스도를 '주'라고 부른다. 아버지 하나님이 그리스도를 우리 위에 세우시고 아들을 통하여 하나님의 통치권을 행사하시기 때문이다.

마지막으로는 제사장직무의 수행이다. 순결하시고 흠이 없는 중보자이신 그리스도가 자신의 거룩함으로 우리를 하나님과 화목하게 한다. 다른 하나는 우리의 죄를 속죄하고 하나님의 진로를 돌이키고 우리가 하나님께 은혜를 입도록 하나님과 우리 사이에 끼어드는 역할을 해야 한다. 그리스도는 멜기세덱의 반차를 따르는 영원한 제사장이시다. 그의 탄원으로 우리가 은혜를 입었다. 중보자를 통하여 거룩하게 된 자들은 누구든지 하나님을 기쁘시게 할 수 있다.

그리스도는 이 직무를 하나님께 드리는 온전한 복종을 통해서 완수하였다. 그의 복종은 전 생애를 통한 것이었다. 하나님의 거저주시는 은혜가 그리스도를 중보자로 허락하셨으며[27] 그리스도의 일생을 통한 복종이 우리의 죄를 향한 하나님의 진노를 없게 만드셨다. 하나님의 거저주시는 은혜와 그리스도의 온전한 복종이 우리의 구원에 간섭된 것이다.

그리스도는 죽으시고 부활하셨다. 이것이 복종이며 전적으로 그의 공로다. 하지만 그리스도는 자신의 공로를 하나님 아버지께 결코 자랑하지 않는다. 이러므로 "하나님이 그를 지극히 높여 모든 이름 위에 뛰어난 이름을"(빌 2:9) 주셨다. 이것이 구속주 그리스도의 참 모습이다.

<제3권> 성화의 주 하나님

기독교강요 제3권의 전체 주제는 일반적으로 "성화의 주 하나님" 또는 "성령의 내적 사역" 등으로 알려져 있다. 본서에서는 전자를 주제로 삼았다. 여기에서는 우리가 그리스도의 은혜를 받는 방법, 그리스도의 은혜를 받았을 때 오는 이익, 그리고 그 후에 어떤 결과들이 뒤따르는 지 등이 진술되고 있다.

〈성령을 통한 그리스도와의 연합〉

칼뱅은 우리가 그리스도의 은혜를 받기 위해서는 그리스도를 우리 밖에 거주하게 해서는 안 된다고 강조한다. 그리스도가 하나님께로부터 받은 모든 선물에 함께 참여하기 위해서는 그가 우리의 소유가 되고 우리 안에 거하셔야 한다. 우리는 성장하여 그리스도와 한 몸을 이루어야 한다. 복음을 통해서 누구에게나 제공되는 그리스도와 함께함을 누리는 것은 차별 없이 주어지는 것이 아님을 우리 이성이 가르쳐준다. 성령의 비밀스러운 에너지를 타오르게 하고 깊이 파고드는 것이 반드시 필요하다. 이것이 우리가 그리스도와 그의 모든 은덕(benefits)를 즐길 수 있는 길이다.

그리스도는 물과 피로 세상에 오셔서 우리의 구원을 헛되지 않게 하셨다.

---

27) "Apart from God's good pleasure Christ could not merit anything; but did so because he had been appointed to appease God's wrath with his sacrifice, and to blot out our transgressions with his obedience."(Institute, 529)

성령이 이 사실을 증언한다. 그리스도의 이름과 성령으로 말미암아 물과 피로서 씻음을 받아 우리가 거룩하게 될 수 있었다(고전 6:11). 성령이 묶는 끈이 되서서 그분의 이끌림으로 그리스도께서 우리를 그 자신과 효율적으로 연합하게 하신다.[28]

그리스도는 특별한 방식으로 즉, 우리를 세상으로부터 떼어내어 영원을 상속하는 자들로 모으기 위해서 성령을 부여받아 세상에 오셨다. 그래서 성령은 거룩한 영이시다. 성부 하나님은 성자 하나님이신 아들을 위해서 우리에게 성령을 주신다. 성령은 아들 그리스도의 영이시기도 하다. 하나님은 요엘 선지자를 통해서 '그날에' 하나님의 영을 모든 육체에 부으시겠다고 약속하셨다. 영원한 하나님의 말씀으로서의 그리스도는 하나님과 동일한 영으로 연합하여 계신다. 그가 영원한 하늘나라의 상속자들을 불러 모으기 위해서 오셨고, 그 능력을 성령을 통해 행하시는 것이니 그리스도의 영은 생명을 주는 영(a life-giving spirit)이다(고전 15:45).

〈성령의 사역〉

성경 안에서 적용되는 주제들을 주목해보면 성령은 인류의 구원의 시작과 구원을 통해 온전한 새롭게 됨과 관련되어 논의되고 있음을 알 수 있다. 성령은 양자를 삼는 영이시다(롬 8:15). 성령은 하나님께서 친히 낳은 사랑하는 그 외아들 안에서 우리 인생들을 품어 안으셨다. 성령은 또한 상속자들을 보증하고 인증하는(the guarantee and seal) 영이시다. 성령은 의의 싹을 틔워서 열매 맺게 하신다. 성령은 의의 싹을 내도록 하기 위해 우리를 깨끗하게 하고 거룩하게 하신다. 그래서 자주 '물'로 표현된다. 성령은 또한 기름(oil)과 기름부음(anointing)의 영이시다. 성령은 은혜를 강물 같이 쏟아부어주신다. 사악한 욕망들은 불태워버리신다. 그 대신에 하나님을 사랑하고 열정적

---

[28] "To sum up, the Holy spirit is the bond by which Christ effectually unites us to himself."(Institute, 538)

헌신을 불타오르게 하신다. 우리 안에 있는 어떠한 선한 일들도 성령의 은혜의 열매들이다.[29] 성령이 없다면 인간의 재주란 어두운 마음의 열매 아니면 왜곡된 마음의 일들을 지어내기만 할 것이다.

성령의 최고의 사역은 믿게 하시는 일이다. 믿음으로만 성령은 우리를 성경의 빛 안으로 이끌어 가신다. 성령은 마음 안의 교사시다. 성령의 수고를 통해서 구원의 약속이 우리 모두의 마음속을 관통할 수 있기 때문이다. 하나님이 우리를 택하신 것은 성령의 거룩하게 하심과 진리를 믿는 믿음으로 된 것인데 거룩하게 하고 믿게 하는 것은 모두 성령의 사역이다. 주 안에 있는 자가 주가 자기 안에 있다는 것을 믿을 수 있는 것도 성령이 하시는 일이다.

〈믿음이란 무엇인가〉

믿음은 한 분 하나님을 바라보는 것이다(faith looks to one God). 좀 더 덧붙이면 하나님이 보내신 예수 그리스도를 아는 것이다. 이 믿음이 필요한 이유가 있다. 하나님은 타락한 인간에게 자신을 알리시기 위해 율법을 주셨다. 인간이 그것을 다 지키면 하나님과의 관계가 회복될 수 있으나 그 중에 지극히 작은 것이라도 어기게 되면 죽음의 형벌을 면할 길이 없다. 인간은 타락 후에는 본성적으로 의를 행할 수 없게 되었다. 율법을 지킬 수도 없고 심지어 율법으로 나아가려 하지도 않게 되었다. 그러나 하나님은 무한하신 선하심과 은혜로움으로 우리를 불쌍히 여기시며 도우려 하신다. 하나님의 은혜로 나아가기 위해서는 우리가 굳은 믿음으로 이 은혜를 부여안고 확고한 소망으로 이 은혜 안에서 안식할 수 있어야 한다. 이것을 가능하게 하는 것이 '굳은 믿음'이다. 하나님의 무한하신 은혜를 믿는 것만이 하나님이 주시는 은혜의 자리로 나아갈 수 있을 뿐이다.

---

29) "Accordingly, whatever good things are in us are the fruits of his grace, …."(Institute, 541)

믿음은 성령의 사역이다. 믿음이 하나님을 바라보는 것이자 하나님이 보내신 예수 그리스도를 아는 것으로 정의되는 한 이를 알 수 있게 하는 분은 성령 한 분이시기 때문이다. 그래서 믿음의 유일한 근원은 성령이 된다.

하지만 믿음은 동시에 성경에 토대해야 한다. 믿음이 하나님을 바라보는 것이자 그리스도를 아는 것이기에 그것은 결단코 성경으로부터 분리될 수 없다. 믿음을 말씀과 분리시키려 하는 것은 태양과 태양으로부터 나오는 빛을 분리시키려는 것이나 마찬가지다. 성경은 아무리 그것이 우리 안에 나뉘어 알려 진다 하더라도(각 권, 각 절로) 일종의 거울과 같다. 이 거울에 비추면서 믿음으로 하나님을 바라보아야 한다. 믿음은 하나님의 존재를 아는 것은 물론 우리를 향하신 하나님의 뜻이 무엇인지를 아는 것과도 관련된다. 하나님의 뜻을 전하는 성경의 진리성을 확신하지 못하면 그 말씀은 믿음은 믿음이 아니다. 만약에 성경의 진리성을 의심한다면 그 믿음은 흔들릴 수밖에 없다.

믿음은 또한 하나님을 찾게 한다. 하나님의 진실하심에 동의하게 하는 것이 믿음의 역할이다. 우리의 구원이 하나님에게 달려있다는 것을 믿는 그 믿음이 우리로 하여금 하나님을 찾게 만든다. 하나님을 찾기 위해서는 하나님 아버지가 자비로우신 분임을 증명해 주는 은혜의 약속이 필요하다. 은혜와 진리가 성경에서 짝을 이루는 것도 그 때문이다. 선하심과 진실하심도 짝을 이룬다. 진리와 구원이 짝을 이룬다. 온전한 믿음 역시 우리를 향하신 하나님의 자비하심과 그것을 확고하고도 확실하게 아는 것으로 짝을 이루는 것이다. 그러므로 우리의 믿음은 그리스도 안에서 값없이 주어진 진리의 약속 위에 있어야 한다. 또한 그것은 성령으로 말미암아 우리 마음에 드러나고 확증되어야 한다.[30] 믿음의 궁극적 목적은 우리가 향해야할 목적지와 그 목적지로 가는 길을 제시하려는 데 있다. 하나님으로서의 그리스도는 우리가 가야

---

30) "Now we call it a firm and certain knowledge of God's benevolence toward us, founded upon the truth of the freely given promise in Christ, both revealed to our minds and sealed upon our hearts through the Holy Spirit." (Institute, 551)

할 목적지가 하나님임을 가르쳐주었고, 인간으로서의 그리스도는 거기로 가는 길(그리스도 자신)을 우리에게 가르쳐주었다.

〈믿음이 회개를 낳는다〉

믿음은 회개를 낳는다. 믿음이 회개보다 먼저다. 언제나 회개가 믿음을 뒤따르고 믿음에서 생겨난다는 것은 논쟁의 여지가 없다.[31] 죄의 사면과 용서는 복음의 선포를 통해서 모든 인간에게 주어진다. 그렇게 될 때 죄인들이 사탄의 압제와 죄의 멍에, 그리고 악의 불쌍한 노예상태로부터 자유로워져서 그곳을 건너 하나님 나라로 들어가게 된다.

세례 요한과 예수님이 공통으로 "회개하라 천국이 가까웠느니라"라고 선포했다. 이 사실에서 드러나는 것은 결코 회개가 먼저가 아니라는 것이다. 천국이 먼저고 회개가 뒤따른 것이다. 광야에서 외치는 소리도 주의 길을 예비하라는 것이었다(마 3:3; 사 40:3). 믿음이 회개의 기원이라 할 때 믿음과 회개 사이에 어떤 시간상의 길이가 있다는 말은 아니다. 자신이 하나님께 속한 사람이라는 것을 모르는 사람은 스스로 회개할 수 없게 된다는 의미에서 차이를 말할 뿐이다. 먼저 하나님의 은혜를 깨닫지 못하면 그 사람은 자신이 하나님께 속한 자라는 것을 확신할 수 없다. 이 확신(믿음)이 없이는 회개할 수 없는 것이고, 하나님이 자신을 긍휼히 여기신다고 믿지 못하면 하나님을 경외할 수 없는 것이다. 하나님이 그 사람의 복종을 기뻐하신다고 확신하지 못하면 율법을 지킬 수도 없다.

〈회개란 우리의 삶이 하나님께로 돌아가는 것〉

회개와 믿음은 분명히 다른 단어들이다. 바울도 "유대인과 헬라인들에게

---

31) "Now it ought to be a face beyond controversy that repentance not only constantly follows faith, but is also born of faith." (Institute, 593)

하나님께 대한 회개와 우리 주 예수 그리스도께 대한 믿음을 증언한 것이라" (행 20:21)고 함으로써 회개와 믿음을 구별하고 있다. 그러나 참 회개는 믿음을 떠나서 단독으로 성립될 수 없다. 어원으로 보면 히브리어의 '회개'는 '돌아섬' 또는 '돌아감'이고 헬라어로는 "우리 자신들에게서 떠나서 하나님께로 돌아가는 것"과 "우리의 이전 마음을 벗어던지고서 새로운 마음을 입는 것"을 의미한다. 칼뱅은 이들을 종합하여 회개를 이렇게 정의한다. "회개란 우리의 삶이 하나님께로 진정으로 돌아가는 것이고, 하나님을 순전하고 가장 열정적으로 경외하는 마음에서 일어난 돌아감이다. 회개는 우리 몸과 옛사람을 철저하게 죽이고 성령으로 소생하게 되는 바로 거기에 있다."[32]

회개는 열매를 가져온다. 삶이 거룩해지고 죄를 고백하게 하고 죄의 사면을 받게 하며, 평생 동안 이런 일들을 실행하게 한다.

한편 회개 역시 성령이 우리를 하나님의 자녀임을 증명해 주고 구원의 사역을 감당하며, 그리스도는 우리의 구속주가 되어 하나님과 우리의 중재자가 되시고, 성경이 이 모든 사실을 증명해 준다는 의미에서 보면 인간의 회개는 처음부터 끝까지 하나님의 거저 주는 선물이다. 이와 관련하여 칼뱅은 다윗의 고백을 예로 든다. "하나님이여 주의 인자를 따라 내게 은혜를 베푸시며 주의 많은 긍휼을 따라 내 죄악을 지워 주소서"(시 51:1).

〈거듭남과 의롭다함(칭의)〉

죄를 고백하고 용서받음은 거듭남이다. 거듭남의 목적은 믿는 자들이 생활 속에서 하나님의 의로우심과 그들의 복종 사이에서 조화와 일치를 이루고 있음을 분명히 하려는 데 있다. 거듭남을 통해 그들이 하나님의 자녀(입양)가 되었음이 확실하게 된다. 하나님과 연합함은 결코 우리의 본성이 선해서가

---

[32] "… it is the true turning of our life to God, a turning that arises from a pure and earnest fear of God; and it consists in the mortification of our flesh and of the old man, and in the vivification of the Spirit."

아니라 하나님이 우리를 불러 모으시기 때문이다. 우리가 하나님과 연합한다는 것이나 하나님의 부르심을 우리가 따르는 것은 하나님의 거룩함 때문이고 하나님이 악이나 부정함과는 사귀지 않으시기 때문이다. 이와 함께 그리스도의 구속의 활동과 인격이 그리스도인들로 하여금 하나님의 일을 하게 되는 동기가 된다.

죄를 용서받고 거듭나서 거룩한 하나님과 연합된 삶을 살기 위해서는 인간이 의롭다는 인정을 받아야 한다. 율법 아래에서 인간은 저주를 받았다. 죽음의 선고를 받은 것이다. 이 죄로부터 벗어나서 의롭게 되어야만 하나님과 사귈 수 있다. 저주의 인간이 의롭게 되기 위해서는 죄를 용서받게 하고 그들을 의롭게 할 의가 필요하다. 이 의는 죄의 무리에서 벗어난 다시 말하면 죄가 없는 사람이 인간의 죄를 대신 갚아주고 그를 죄 없는 사람이라고 증언하는 것을 필요로 한다. 이를 해낼 수 있는 사람은 아무도 없다. 인간은 누구나 죄를 범한 자들이요 저주받은 자들이기 때문이다.

죄가 있는 곳에는 반드시 하나님의 진노와 화가 있다. 죄가 있는 한 누구도 하나님께로부터 심판과 징계를 면할 수 없다. 의롭다함을 받기 위해서는 이 심판과 징계로부터 죄인이 아니라는 판결을 받아야만 한다. 사람이 하나님 앞에서 의롭다고 판결을 받아야 의롭게 되는 것이다. 이것이 사람이 하나님 앞에서 의롭다 하심을 받는다는 것, 곧 법적으로 무죄판결을 받는 것이다.

하나님께서는 완전히 타락하여 도대체 하나님의 의를 생각할 수도 없고 다가올 수도 없는 인간을 사랑하셨다. 이 사랑으로 인해 하나님께서는 당신의 징계를 받아야만 하는 인간들을 불쌍히 여기셨다. 하나님께서는 이 불쌍한 인간들을 의롭게 하시기 위해 그리스도를 세상에 보내셨다. 그리스도가 십자가를 지심으로 하나님의 진노를 대신하셨다. 그리스도께서 우리 대신에 죄의 값을 치루셨다. 하나님께서는 그리스도의 의를 보시고 우리가 그리스도를 믿을 때 그의 의를 우리에게 전가시키신다. 하나님은 우리가 그리스도를 하나님의 아들과 구주로 믿을 때 그리스도의 죽음과 부활을 보시고 우리를 의롭다고 판결하신다. 우리가 의롭다고 인정받는 과정에서 우리가 하는 일은 아무것도 없다. 오직 하나님의 은혜다. 내용상으로 말하면 의롭다함(칭의)란 하나님이 기뻐하셔서 의로운 사람이라고 우리를 받아주시고 용납해주심이고, 절차상으로는 하나님께서 불쌍한 인간들에게 긍휼의 은혜를 베푸시겠다고 계획하셨고, 그에 따라 그리스도의 의로움이 하나님과 인간 사이에 개입하여 죄의 용서가 성취되면서 인간이 의롭다함을 받게 된 것이다.

〈의롭다함을 받은 사람의 선행과 기도〉

칼뱅은 믿음으로 의롭다함을 받은 사람만이 선한 일을 할 수 있고 선한 일을 해야 한다고 외친다. 이미 의롭다함을 받은 사람은 그리스도와 연합하였고 또한 하나님의 자녀다. 그리스도와 연합하여 하나님의 자녀라고 믿는 사람 곧, 의롭다고 칭함을 받은 사람은 자신이 의롭게 살아갈 때 하나님께로부터 큰 보상을 받게 될 것을 안다(눅 6:23). 그 사람은 하나님께서 각 사람에게 행한 대로 보상, 곧 영생의 보상을 해 주시는 것을 안다(롬 2:6-7).

아브라함의 행위는 이 사실을 증명해 준다. 아브라함은 이스마엘이 생기기도 전에 친아들 이삭을 얻으리라는 하나님을 믿고 그 약속을 받았다. 하지만 그가 이삭을 아들로 얻은 것은 훨씬 먼 후의 일이다. 아브라함이 이삭을 얻어서 그 증거 후에 하나님을 믿은 것이 아니고 하나님이 주실 것을 믿은 것이다. 이 믿음으로 아브라함은 의롭다함을 받았다. 그가 이삭을 제물로 바친 것은 자신이 하나님을 믿어 의롭게 된 결과로 구원에 합당한 선한 일을 행한 것이었다. 야고보가 아브라함이 행함으로 그의 믿음이 증명되었다고 했을 때 행함이 있어서 의롭게 되었다는 것을 말하는 것이 아니다. 야고보는 의롭다함을 받은 사람이 자신의 행위를 통해 그 믿음이 증명되지 않을 것을 염려해서 행함으로 증명해야 함을 강조한 것이었다. 참된 믿음으로 말미암아 의롭다함을 받은 자들은 그저 아무것도 없는 상상만으로 믿음의 가면을 쓰는 것이 아니라 자기들의 의를 순종과 선행으로 증명해 보여야 하는 것이다.[33]

의롭다함을 받은 사람이 할 수 있는 선행 중에 하나는 '받을 것을 믿고'

드리는 기도다. 기도는 첫째로 하나님을 찾게 하고, 그를 사랑하게 하고, 섬기게 하며, 열렬한 소원으로 우리 마음을 불타게 한다. 둘째, 부끄러운 욕망이나 소원이 우리 마음에 들어오는 것을 막아준다. 셋째, 하나님의 은택을 감사와 찬송으로 받아들이게 한다. 넷째, 기도는 구한 것을 받음으로(받게 될 때) 하나님이 응답해 주신 것을 깨닫고 더욱 간절히 바라게 한다. 다섯째, 기도를 통해 얻은 축복을 더 큰 기쁨으로 받아들이게 한다. 마지막으로 기도는 하나님의 섭리를 체험하게 하여 그것을 확증시켜 준다. 모든 기도를 그리스도의 이름으로 하는 것은 그가 하나님과 우리 사이에서 영원히 중보자가 되시기 때문이다.

〈미리 선택하심은 하나님의 주권〉

칼뱅은 사람이 죄를 용서받고 의롭게 되어 바르게 살아가는 일체가 하나님을 아는 지식에서 비롯되었음을 줄기차게 외쳐왔다. 구원 역시 하나님의 거저 주시는 샘솟는 은혜로 인해 흘러넘친다. 칼뱅은 이러한 전 과정이 하나님의 영원하신 선택으로 이해한다. 그것은 하나님의 미리 정하심(God's predestination) 또는 하나님의 계획하심(God's plan)으로 이해되더라도 전혀 이상하지 않다.

우리는 예정을 하나님의 영원하신 작정이라 부른다. 이 영원한 작정을 따라 하나님은 그가 각각의 사람에게 되게 하고자 하는 것을 친히 완벽하게 이루어 가신다.[34] 하나님은 어떤 사람들에게는 구원을 어떤 사람들에게는 그것을 금지하셨다. 칼뱅은 이 영원한 예정을 하나님의 주권으로 이해한다. 하나님이 이스라엘을 자신의 백성으로 택하신 것이 그 증거다. 이스라엘은 하나

---

33) "Those who are justified by true faith prove their justification by obedience and good works, not by a bare and imaginary semblance of faith." (Institute, 816)

34) "We call predestination God's eternal decree, by which he compacted with himself what he willed to become of each man." (Institute, 926)

님 보시기에 합당한 자격을 지닌 민족이 전혀 아니었다. 그들을 선택한 이유는 오직 하나님이 그들을 사랑하셨기 때문이었다. 하나님 자신의 주권적 선택이었던 것이다.

개인의 경우에서도 마찬가지다. 하나님은 에서와 야곱이 어머니 뱃속에 있을 때에 즉, 그들이 선한 행위나 악한 행위 등을 하기도 전에 야곱은 사랑했고 에서는 미워하셨다. 이것은 하나님만이 하실 수 있는 일이다. 그래서 이 선택은 하나님의 주권이자 예정이 된다. 이스라엘 민족이 전체적으로는 택함을 받은 것이 맞지만 개개인의 경우에서는 영원한 구원에서 떨어져 나가는 자들이 많았다.35) 에서와 야곱이 이스라엘 족속의 사람으로는 선택되었다고 볼 수 있지만 개인의 경우로는 에서는 버림을 받았고 야곱은 택함을 받은 것이다. 그 이유는 하나님이 사람들과 언약을 맺으시면서 즉시 그들에게 중생의 영을 주셔서 그들로 하여금 마지막까지 언약 가운데서 인내할 수 있도록 하지 않으시기 때문이다. 예컨대 에서는 부자로 살았고, 그의 가족은 번창하였다. 반면에 야곱은 하나님의 택하심은 입었으나 장자권을 택하고 나서는 수많은 역경과 고난, 비참한 도피, 슬픔, 쓰디 쓴 근심 속에 살아가야 했다.

하나님의 택하심은 결코 인간의 공적을 미리 아시고 한 것이 아니라 하나님의 주권적 목적에 의한 것일 뿐이다. 하나님의 은혜는 선택 받을만한 자격이 있는 자들을 찾는 것이 아니고 선택한 자들을 선택에 합당하도록 만들어 가신다. 그것이 은혜다. 바로 이 하나님의 은총이 우리가 그리스도의 확신시켜 주심과 지키심을 받아들일 수 있게 하는 시작점이다.36)

---

35) 민족적 택함과 개인적 택함은 얼마든지 일치하지 않을 수 있다. 하나님께서 이스라엘 민족을 자기 백성으로 주권적으로 선택하신 것이고 개개인 역시 주권적으로 선택하셨다는 사실 그 자체다. 본문은 하나님의 선택 사실을 그대로 기술하고 있는 것에 불과하다. 누구도 하나님의 선택과 예정에 대하여 이의를 제기할 아무런 권한을 갖지 못한다. 인간들은 하나님이 (스스로 말씀해 주시지 않는 한) 누구를 선택했는지를 전혀 모르기 때문이다(필자 주).

36) "God's gift is the beginning of our reception into the surety and protection of Christ."(Institute, 940).

하나님의 예정은 하나님의 은밀한 비밀이다. 그러므로 하나님의 예정하심을 탐구하는 것은 하나님의 비밀의 세계를 즐기는 것이나 마찬가지다. 하나님의 예정하심의 비밀을 알 수 없을 때는 사실 그대로 잘 모르겠다고 말하더라도 조금도 잘못되지 않는다.

칼뱅은 그리스도의 최후의 부활을 예정론 뒤에서 논의하면서 예정론의 의의를 더욱 확실히 한다. 그는 그리스도는 의의 태양이자, 복음을 통해 빛나고 있으며, 죽음을 이기고 생명의 빛이 되었다는 바울의 증언을 수용한다(딤후 1:10). 우리의 생명이신 그리스도가 나타날 때 그리스도인들도 영광 중에 그와 함께 나타난다(골 3:3~4). 육체의 부활을 인정한 것이다. 나아가서 칼뱅은 부활의 근거로 하나님의 무한 능력을 제시한다(빌 3:21). 그리스도의 부활은 택함을 받은 자들이 하나님과 연합하겠다는 열망을 동기화시킨다. 동시에 그리스도의 부활은 예정론에서 말하는 영원한 선택에 대한 확증이기도 하다. 부활에 참여하지 못하는 것은 하나님이 영원한 선택을 하실 때 일부를 유기했다는 것에 대한 증거가 된다. 그리스도의 부활로 인한 우리의 부활은 하나님과 함께 지내는 영원한 즐거움이 된다. 반면에 이 부활에 참여하지 못하는 자에게는 그리스도의 부활이 하나님께로부터 소외되는 영원한 불행이 된다.

<제4권> 거룩한 보편교회

기독교강요 제4권의 전체주제는 일반적으로 거룩한 보편교회 또는 성령의 외적 사역에 대한 설명으로 이해되고 있다. 필자는 거룩한 보편교회의 관점에서 분석하고자 한다.

〈교회의 필요성과 사명〉

믿는 자들은 이미 복음 안에 있는 믿음을 통하여 그리스도가 우리의 소유가 되었고 그리스도의 구원과 영원한 축복에 참여하는 자가 되었다. 하지만 우리는 무지와 게으름, 게다가 변덕스러운 성향을 가지고 있어서 외부의 도움을 필요로 한다. 이 도움을 통하여 우리 안에서 믿음을 계속 생기게 하고 자라게 하여 그리스도의 구원과 그의 영원한 축복에 이를 때까지 향상시켜 갈 수 있다. 하나님은 우리의 연약함을 위해 도움이 될 것들을 준비해두셨다. 복음전파가 활활 타오르도록 하기 위하여 하나님께서 이 보배를 교회 안에 맡겨두신 것이다. 목사와 교사를 세우시고(엡 4:11) 그들의 입을 통하여 하나님의 말씀을 가르치게 하였다. 하나님께서 당신을 우리의 역량에 알맞게 맞추어주시는 놀라운 섭리 속에서 우리를 당신에게로 가까이 이끌려오도록 하기 위한 길(교회)을 처방해 놓으신 것이다.

교회는 하나님이 당신의 자녀들을 품고서 도움과 섬김을 통해 그들을 양육하시려는 곳이다. 하나님은 자녀들이 어머니 같은 교회의 돌봄을 통해 성숙해 가서 마침내 믿음의 목표에 이르는 것을 기뻐하신다. 하나님이 그들의 아버지로 선택된 모든 자들에게는 교회가 가히 그들의 어머니가 될 수 있는 것이다(갈 4:26).

두 종류의 교회가 있다. 하나는 양자됨의 은혜를 입어 하나님의 자녀이자 성령의 거룩하게 하심으로 말미암아 그리스도의 참된 지체들(의 모임) 자체를 가리킨다. 이 교회는 보이지 않는다. 다른 하나는 땅 위에 흩어져 있는 사람들 가운데 한 분 하나님과 그리스도를 예배한다고 고백하는 자들의 무리를 지칭하는 교회다. 이들은 세례를 통하여 믿음 생활을 시작하고, 성찬에 참여함으로써 참된 교리와 사랑으로 하나가 되며, 주의 말씀 안에서 일치하며, 말씀 전하는 일을 위하여 그리스도께서 제정하신 사역을 보존하는 무리들을 가리킨다. 여기에는 외식자들도 뒤섞여 있을 수 있다.

하나님의 영이 우리 위에 계시고 우리 입에 넣어 주신 하나님의 말씀이 결코 우리에게서 떠나지 않아야 한다. 그러기 위해서는 가르침이 필요하다. 교회가 그 역할을 감당한다. 그리고 하나님은 우리가 교회의 가르침을 통하여 하나님의 아들을 믿는 것과 그를 아는 지식이 하나가 되어 완전한 인간이 되고 그리스도의 믿음의 분량에까지 자라기를 원하신다(엡 4:10-13).

〈교회의 표지와 거룩함〉

하나님의 교회란 하나님의 말씀이 순전하게 전해지고 경청되는 곳이며, 그리스도의 가르침대로 성례가 집행되는 곳이다. 그리스도의 이름으로 두 세 사람이 모이더라도 그곳에 그리스도가 계신다. 보이는 교회는 모든 민족들의 각각의 모임이다. 장소에 따라 다르고, 형편에 따라 이름도 사역도 다를 수 있다. 하지만 교회가 말씀의 사역을 감당하고, 말씀을 존경하며, 성례를 집행하는 곳이어야만 교회로써의 참 표지를 지니고 있다고 할 수 있다.

말씀의 사역과 성례의 집행이 바르게 이루어지는 교회에서는 그 효과가 바르게 나타난다. 그것은 교회에 거짓이 없고 교회가 애매모호하지 않다는 것이다. 교회의 권위가 무시되지도 않는다. 만약에 교회의 권위를 무시하고 교회를 떠나는 자가 있다면 주님께서는 그를 배반자로 또는 배교자로 간주하신다.

교회의 거룩함 역시 그리스도와 관련되어 있다. 그가 교회를 사랑하시고 그 교회를 위하여 자신을 주셨다. 그가 물로 씻어 말씀으로 깨끗하게 하사 자기 앞에 영광스러운 교회로 세워서 티나 주름 잡힌 것이나 흠이 없게 하셨다(엡 5:25-27). 그리스도께서 이미 교회를 거룩하게 하시고 날마다 역사하시면서 주름 잡힌 것을 부드럽게 흠결을 깨끗하게 하시는 것이다. 이러한 사실에서 보면 교회의 거룩함이란 이미 그리스도가 거룩하게 하셨지만 현실적으로 아직 거룩하지는 못하고 날마다 거룩함을 향해 나아간다는 의미에서의 거룩함이라 할 수 있다.[37]

교회가 받은 열쇠는 성도들에게 죄의 용서를 받게 하여 하나님과 화목하게 하는 것, 그리스도의 믿음의 분량까지 자라게 하는 것 등이다. 목사와 장로들이 할 일도 이것이다. 그들은 할 수만 있다면 집집마다 다니면서 죄의 용서를 통한 하나님과의 화목을 전해야 한다. 교회는 아무리 경건한 자라도 반

---

37) "The church is holy, then, in the sense that it is daily advancing and is not yet perfect." (Institute, 1031)

드시 죄의 용서를 받아야 하며, 이 은혜가 교회 안에 속해 있기에 교회를 떠나서는 안 된다는 것, 성도들에게 목사와 장로의 말씀 선포와 성례 안에서 베풀어진다는 것을 계속해서 가르쳐야 한다. 동시에 교회는 율법을 통한 은혜와 선지자들의 약속을 통한 은혜, 그리고 신약의 약속된 은혜가 계속 이어짐으로써 거룩함을 유지할 수 있다.

이런 사명을 감당하기 위해서 교회에는 목사와 교사, 교회의 도덕적 문제를 치리하고 교정하는 장로, 구제와 봉사를 담당하는 집사 등이 있다. 제롬은 감독, 장로, 집사, 신자, 예비신자 등의 다섯 가지 직분을 제시하였다.[38]

〈교회의 머리와 하나의 교회〉

교회의 머리는 베드로가 아니다. 베드로가 천국의 열쇠를 받았다는 것은 다른 모든 사도들을 대표해서 받은 것이다. 예수님이 주신 천국의 열쇠는 결코 베드로 개인의 것이 아닌 것이다. 베드로가 대표로 "주는 그리스도시오 하나님의 아들이시"라고 고백한 것은 베드로의 열정적 신앙과 용기 있는 신앙을 보여주는 것은 맞다. 하지만 그가 다른 사도들을 대표해서 예수님에게 말하고 대답한 것은 그 이면에서는 다른 사도들의 양보가 있었다고 보아야 할 것이다.

---

38) "Jerome, in setting forth five church orders, lists bishops, presbyters, deacons, believers, and catechumens." (목사, 장로, 집사, 신자, 예비신자 등을 제시한다, Institute, 1069쪽)

그런데 제롬은 성직자와 수도승으로 지내는 자들에게는 특별한 지위를 제시하지 않는다. 필자는 그 이유가 교회 안의 다섯 가지 신분이 단절되어 계층으로 이루어진 것이 아니라 상호 연계된 것으로 해석하고자 한다. 즉, 제롬은 목사는 장로나 집사, 성도, 또는 예비신자와의 교류 속에서 그들의 순전함과 열정을 배우고 장로나 집사 등은 목사나 성도나 예비신자의 신앙열정이나 직무수행 등을 보면서 스스로를 배우는 교류와 연합의 관계를 이루어가는 것을 의도했다는 것이다, 결코 오늘날 우리나라 교회에서 보편화되었듯이 목사가 서열 상 장로보다 높고, 장로가 집사보다 높은 것으로 인식되는 것은 참 교회에서 있어서는 안 될 일이다, 그들의 역할 즉, 하나님께로부터 받은 바 사명이 다른 것뿐이다(필자 주).

예수님은 베드로가 주는 그리스도시오 하나님의 아들이시라고 고백한 그 반석 위에 교회를 세우셨다. 즉, 예수님 자신이 반석이었던 것이다. 교회 안에서 자라야 할 분량의 최고치는 그분의 분량이다. 그러므로 그리스도가 교회의 머리다(엡 4:15). 이 머리로부터 교회의 온 몸이 각 마디를 통하여 도움을 받음으로 연결되고 결합하여 역사하면서 그 몸을 자라게 한다.

온 교회와 교회 안의 온 직분이 하나인 것은 한 하나님 안에서와 그리스도를 믿는 믿음 안에서 하나가 되기 때문이다. 목사와 장로 등으로 구별이 있는 것은 오직 그리스도가 우리 안에 계시면서 각 사람에게 그분의 선물의 분량대로 나누어주신 것에서 비롯된 것일 뿐이다. 그리스도가 교회 안에 임재하시는 것도 은혜요, 각 사람 안에 거하는 것도 은혜요, 죽었다가 살아난 것도 은혜요, 하늘로 가신 것도 은혜다. 목사도 은혜요, 교사도 은혜요, 장로도 집사도 모두 은혜다. 교회마다에 서열을 부여하는 것도 있을 수 없다. 작은 교회든 큰 교회든 모두 그리스도의 은혜일 뿐이다.

〈교회법과 재판권〉

그런데도 로마가톨릭교회의 교황주의자들은 소위 교회법(ecclesiastical constitutions)을 제정하고서 온갖 수단과 방법을 다 사용하여 성도들을 옥죄었다. 그들의 교회법은 예컨대 마음에 정당한 기도를 하기보다는 특정한 시간에 무의미한 말들을 길게 반복하지 않는 것(참회)을 더 큰 악행으로 본다. 교회법의 법령을 조금이라도 어기면 옥에 가두고, 유배를 보내고 불이나 칼로 죽인다. 그들의 교회법은 하나님을 멸시하는 자들에 대해서는 그다지 거칠게 다루지 않으면서 자기들을 반대하는 자들은 인정사정없이 무자비하게 핍박한다. 교회법에 제정되어 있는 의식들은 웃음거리에 지나지 않는 것들인데도 불구하고 그러하다.

그리스도를 토대이자 머리로 하는 교회에서의 재판의 목표는 죄악들을 막거나 아니면 발생한 추문 등을 씻어내려는 데 있다.[39] 이를 위해서 감옥을 보내거나 세속의 형벌들을 사용할 필요가 없다. 영적 권세는 칼을 사용하는 권세와는 완전히 다르다. 재판의 시행은 한 사람의 결정에 의해서가 아니라 합법적인 회의(a lawful assembly)의 결정을 따라야 한다. 출교조차도 물리적 방법이 아니라 하나님의 말씀의 능력으로 처리되어야 한다. 그리스도의 가르침을 웃음거리로 만들지 않기 위해서 자신들이 믿음의 가족에 속해 있다고 고백하는 사람들은 그의 가르침을 따라서만 판단되어야 한다.

칼뱅은 거룩한 종이었던 암브로시우스 시대에서조차 이미 성직자들끼리 교회의 재판을 담당함으로써 교회가 부패되었다고 개탄하였다. 성직자만의 재판담당은 교회 전체에게 주어진 권세를 한 사람이 자기의 것으로 만들어서 폭정의 만용으로 나아가는 길을 연 것이었다. 또한 그것은 교회의 것을 교회에게서 빼앗아 자신이 차지하고 그리스도의 영께서 친히 제정하신 장로회의를 억누르고 해체시킨 것이나 다름없었다. 주교들이 세속의 권력을 가진 것이나 스스로 면책특권을 가진 것도 전적으로 교회법의 타락이다.

〈교회 권징의 필요성과 목적〉

권징의 필요성은 그리스도가 머리되고 하나인 교회를 그대로 유지하기 위해 교회질서를 바르게 하려는 데 있다. 목사는 모든 사람들에게 그리스도께 은혜를 입은 것에 대해 빠짐없이 가르쳐야 하며 동시에 그가 보기에 그의 가르침을 무례히 대하고 열의를 보이지 않는 자들에게서 그 가르침이 지켜지도록 요구할 수 있는 권한과 수단을 가지고 있어야 한다. 권징의 권한은 바울이 말하는 대로 "공중 앞에서나 각 개인 앞에서 거리낌이 없이"(행 20:20) 전하여 가르치는 자(목사)에게, "밤낮 쉬지 않고 눈물로 각 사람을 훈계"하는 자에게, 그 자신이 "모든 사람의 피에 대하여 깨끗한" 자에게 있는 것이다.

권징의 목적으로는 첫째, 더럽고 수치스러운 삶을 사는 자들을 그리스도인

---

39) "First, this is the aim of eccleciastical jurisdiction: that offenses be resisted, and any sacndal that has arisen be wiped out," (Institute, 1217)

으로 불러서 하나님의 존귀를 가리는 일이 없도록 하기 위함이다. 둘째, 선한 사람들이 악한 사람들과 어울려서 부패해지지 않도록 하기 위함이다. 셋째, 자신들의 부패한 모습을 부끄러워하며 회개하도록 하기 위함이다. 권징은 대상이 누구이든 행해져야 한다. 군주와 평민, 성직자들과 평신도 등의 구분이 없이 권징이 행해져야 하는 것이다. 하지만 권징이 가혹해서는 안 된다. 권징을 엄격히 시행하되 '온유한 심령'(ἐν πνεύματι πραΰτητος 엔 프뉴마티 프라오테토스)으로 해야 한다. 권징(징계)를 받는 사람이 근심에 압도당하지 않도록 특별한 주의를 기울여야 한다(고후 2:7). 교회의 권징은 진리를 배반하는 악에 대하여는 단호하게 시행되되 끝까지 "평안의 매는 줄로 성령이 하나 되게 하신 것"(엡 4:3)을 지켜낼 수 있어야 한다. 바울 사도는 죄악을 단호히 꾸짖으면서도 "서로 용납하라"(forbearing one another)고 명령하였다(엡 4:2).

이러한 권징이 사도들이 창안한 것이 아니다. 그들은 권징의 모범을 율법과 선지자들의 모범에서 가져왔다.[40] 모세나 여호수아 중대한 일이 있을 때는 이스라엘 백성들을 불러 한 곳에 모여서 간구하거나 금식을 하였다. 이런 행사들을 통하여 사람들이 마음을 일깨워 의무를 행하게 되고, 의무와 순종을 지속할 수 있었다. 중대한 신앙논쟁, 큰 전염병이나 전쟁, 기근, 하나님의 진노 등이 나타날 때 선지자(목회자)들이 공적으로 모여서 기도하고 금식하였다. 교회의 권징이 거룩한 규례로써 시대를 막론하고 유익하게 집행되어야 하는 필요성과 당위성도 여기에 있다.

〈성례와 그 의의〉

성례 역시 우리의 믿음에 도움을 주는 요소로서 우리로 하여금 복음을 전하는 일에 관여하게 한다. 성례는 외적으로 드러나는 표지로써 주께서 우리 양심에 우리를 향하신 당신의 선하신 뜻으로 이루어진 약속들을 확증시켜 주

---

[40] "However, even the apostles were not the first authors, but took their example from the law and the Prophets." (Institute, 1241)

셔서 우리의 약함을 도와주시는 증표다. 우리의 입장에서는 주님을 향한 우리의 경건을 주님 앞에서와 그의 천사들 앞에서와, 사람들 앞에서 입증하는 것이다.41) 성례는 어원으로 보면 'μυστήριον'뮈스테리온을 'sacramentum' 사크라멘툼으로 번역된 것이다. 뮈스테리온은 사람의 비밀을 의미하는 데 사용되지만, 하나님께 대하여는 '신비'로 적용되었다.

성례는 주의 거룩하신 말씀을 확증하기보다는 그 말씀을 믿는 믿음 안에서 우리를 세워주는 역할을 한다. 하나님의 진리는 그 자체로 든든하고 확고하기에 성례와 같은 외적인 확증을 전혀 필요로 하지 않는다. 그런 의미에서 보면 성례는 오직 우리의 약한 믿음을 받쳐주고 지탱하는 역할을 하고 있다. 즉, 세례는 우리의 몸에서 죄를 씻어주는 것이 아니라 하나님을 향한 선한 양심의 간구(appeal)다(벧전 3:21).

성례의 의의는 그것이 하나님의 말씀이나 언약에 대한 증거로 작용한다는 데 있다. 아브라함이 할례(성례)를 행한 것은 이미 그가 믿음으로 의롭다함을 받았는데 할례는 그 언약에 대한 인증의 차원이었다. 성례는 말씀을 우리에게 그림처럼 보여준다. 믿는 자들이 성례를 바라볼 때 눈으로 보이는 차원에서만 그치는 것이 아니라 성례 속에 감추어져 있는 고귀한 영적 신비들을 경건하게 바라보게 되는 것이다. 그래서 성례는 언약의 증표(tokens of the covenant)라 할 수 있다.

성례의 종류에는 아담과 하와에게 수신 생명나무, 노아에게 보이신 무지개, 아브라함의 연기 나는 화로, 기드온의 양털, 히스기야의 해시계 그림자를 뒤로 물러나게 하신 것 등등이 있다. 교회에서는 우리의 내적 믿음을 장려하고 일깨우고 확증하게 하는 의식들이나 그들의 신앙을 사람들 앞에서 증거하게 하시는 의식들(ceremonies)을 들 수 있다. 차이가 있다면 "옛 율법에 속한

---

41) "······that it(the sacraments) is an outward sign by which the Lord seals on our consciences the promises of his good will towards us in order to sustain the weakness of our faith; and we in turn attest our piety toward him in the presence of the Lord and of his angels and before men."(Institute, 1277)

성례들은 구주를 약속한 것뿐이었으나 우리의 성례는 구원을 베푼다"거나 아우구스티누스의 말처럼 "모세의 율법에 속한 성례는 그리스도를 예고했으나, 우리의 성례는 그리스도를 선포한다."[42] 그리스도가 세상에 오심으로 할례와 결례, 희생제사가 그 의미를 잃게 되었다. 아울러 기억할 것은 성령이 하나님의 은혜를 가져다주시며 우리들 가운데 성례를 받을 여지를 주시고 성례들이 열매를 맺도록 하시는 분이시라는 사실이다.

〈세례〉

세례는 그리스도 안에 접붙임을 받아 하나님의 자녀의 일원으로 인정받기 위한 입문의 표시다. 세례를 통해서 그리스도의 회(집단)에 받아들여지게 된다. 세례는 하나님을 믿는 우리의 믿음을 돕기 위해서, 그리고 우리가 사람들 앞에서 행할 수 있게 하는 믿음을 돕기 위해서 시행된다.

세례는 우리의 입장에서는 죄로부터 깨끗이 씻음 받았다는 증거이자 하나님 앞에서 우리의 죄가 다시는 기억되거나 그로 인해 탄핵 당하지 않는다는 증거다. 또 다른 하나는 우리가 그리스도 안에서 죽고 새 생명을 얻었다는 증표이며, 우리가 그리스도와 연합하였음을 보증하는 증표다.

그러나 사람의 부패함은 그 자신이 죽지 않는 한 결코 우리의 몸에서 떠나지 않는다. 세례란 인간의 부패, 곧 우리의 육체를 죽이는 일에 대하여 세례를 받은 것을 의미한다.[43] 육체를 죽이는 일이 세례와 함께 시작되었고, 지금도 날마다 계속되고 있으며, 앞으로도 계속되다가 인생을 끝마치고 주께로 나아가는 그때에 완결될 것이다.

---

42) "The sacraments of the Mosaic law foretold Christ, but ours tell forth Christ." (Institute, 1302).

43) "This we must believe: we are baptized into the mortification of our flesh, which begins with our baptism and which we pursue day by day and which will, moreover, be accomplished when we pass from this life to the Lord." (Institute, 1312).

〈성찬〉

성찬(the sacred supper of Christ)은 하나님께서 우리를 종이자 자녀들로 받아주셨다는 사실을 전제로 해서만 바르게 이해될 수 있다. 하나님께서는 위대하신 아버지로써의 의무를 감당하시고자 일평생 동안 우리를 건강하게 자라게 하시는 일까지 도맡으셨다. 그런데 하나님께서는 이것으로 그치지 않으시고 당신의 외아들의 손을 통하여 교회(우리)에게 또 다른 성례(성찬)을 내려주신 것이다. 이 성찬은 영적 향연으로써 그리스도가 자신이 생명을 주는 떡임을 증명하는 예식이다. 이 떡으로 인해 우리 영혼은 진실하고 복되며 죽지 않는 양식을 공급받는다.[44]

성찬은 그리스도와 경건한 자들이 비밀스럽게 연합되어 있음을 가시적으로 보여주는 증표다. 떡과 포도주가 육신의 생존을 보존해 주듯이 그리스도가 우리의 영혼을 먹이신다는 표식이다. 그리스도께서 우리의 구원을 위해 자신의 몸을 죽음에 맡기셨다는 것이 이 성찬을 통해 증명된다.

'먹는 것'과 '마시는 것'이 그리스도를 믿는 것이라고 하더라도 틀린 말은 아니다. 하지만 칼뱅은 먹고 마시라는 그리스도의 명령이 믿음 그 이상의 의미를 담고 있다고 본다. 그것은 그리스도에게 참여해야(partaking) 한다는 것이다. 먹고 마시듯이 그리스도에게 참여하라는 것이다. 그리스도를 알고 멀리서 보기만 해서는 안 된다. 떡을 먹어서 충분하게 우리 몸에 보충을 하듯이 우리의 영혼도 진실로 깊숙이 그리스도에게 (그가 행한 모든 일과 그가 받은 모든 하늘의 축복 등에 – 필자 주) 참여하는 자가 되어야 한다.[45]

---

[44] "To this end, therefore, he has. through the hand of his only-begaton Son, given to his church another sacrament, that is, a spritual banquet, wherein Christ attests himself to be the life-giving bread, upon which our souls feed unto true and blessed immortality." (Institute, 1360).

[45] "As it is not the seeing but the eating of bread that suffices to feed the body, so the soul must truly and deeply become partaker of Christ that it may be quickened to spiritual life by his power." (Institute, 1365).

먹는 것은 당연히 믿음으로 먹는 것이다. 하지만 단순히 먹고 마시는 것을 믿는다고 하면 그것은 – 지금 현실적으로 믿음이 있는 것이 아니고 앞으로 있을 수 있는 – 가상의 믿음(필자 주)을 의미한다는 것이다. 성찬에 참여하는 자라면 '믿는 안에서'(in believing) 그리스도의 몸을 먹는 것이어야 한다. 그리스도의 몸이 믿음에 의해서만 우리의 것이 되기 때문이다. 지금 (성찬에 참여하여) 먹고 마시는 것이 믿음의 결과이자 효과이어야 한다.[46]

성찬의 거룩한 신비에는 두 가지가 있다. 하나는 우리의 연약함에 알맞게 물질적인 표징을 통하여 보이지 않는 것들을 드러낸다는 것이다. 다른 하나는 그러한 상징들을 통하여 신령한 진리를 제시한다는 것이다. 이 진리가 가지고 있는 의미는 의미화(signification), 그 의미화가 의존하고 있는 물질(실체), 그리고 이 두 가지에서 나오는 능력이나 효과의 세 요소를 따져볼 때 더욱 분명하게 드러난다.

〈성찬의 의미와 기능〉

성찬에 참여한다는 것이 지니는 의미(화)는 우리가 그리스도께 참여하는 것을 진정으로 누리는 것을 드러낸다는 것이다. 즉, 그리스도의 살과 피를 마시는 의미화는 우리가 그리스도의 십자가에서 구속과 의를 소유하는 것을 눈에 보이게 해 주며, 그의 죽으심에서 생명을 소유하게 되는 것을 분명하게 해 준다. 성찬의 참여를 통하여 우리는 그리스도와 한 몸을 이루어 자라가며, 실체이신 그리스도(its substance)에게 참여한 자들이 되고, 그리스도의 모든 은택들에 참여하는 과정을 통해 그의 능력을 느끼게 된다.

그리스도는 하늘로 올리셨다. 재림 때까지 거기 계신다. 하나님 아버지의 오른 편에 계셔서 아버지의 권세와 위엄과 영광 가운데서 통치하시기에 공간적으로 전혀 매이지 않으신다. 그러므로 우리가 성찬에 참여하여 그리스도와

---

46) "……; I say that we eat Christ's flesh in believing, because it is made ours by faith, and that this eating is the result and effect of faith." (Institute, 1365).

한 몸을 이룬다는 것은 떡과 포도주라는 물질을 먹고 마시기 때문에 결코 아닙니다. 우리에게 성찬을 통하여 그리스도와 하나 되게 하는 것은 오직 그리스도의 영뿐이다. 주님은 우리에게 성령을 통하여 이런 은택을 베푸셔서 우리로 하여금 몸과 영혼이 그와 하나 되게 하신다. 연결의 끈이 성령이시다. 그로 말미암아 우리가 그리스도와 하나로 연합한다. 성령은 그리스도 자신의 모든 품성과 소유 전체를 우리에게 전달해 주는 통로와도 같으시다.[47]

그래서 로마교회의 화체설(transubstantiation), 곧 성찬에 참여할 때 그리스도의 몸이 물질적으로 임한다는 교리는 거짓이다. 영혼과 몸은 분리되지 않는다는 이유에서 그리스도가 친히 자신의 몸이라고 말씀하신 떡이기에 그것이 그리스도 자신이라고 여겨 숭배하는 것도 잘못이다. 성찬 때에 그리스도가 떡 속에 또는 포주 안에 임재 한다는 것도 거짓이다.

그리스도의 임재는 위엄으로 섭리로 은혜로 이루어질 뿐이다. 그의 몸은 하늘에 계신다. 그리스도가 "이것은 내 몸이니 받아 먹으라"고 하신 것은 약속과 명령이다. 성찬은 이렇게 약속과 함께 제시된 명령을 준행하는 자들에게 주신 것이다.[48] 그러므로 성찬의 기능은 그리스도를 기념하는 것이니 곧, 그의 죽으심을 기념하게 하는 것이다(고전 11:26). 둘째로 성찬은 그리스도의 죽으심이 우리의 생명이라는 것을 선포하도록 하기 위한 것이다. 셋째로는 주께서 이 성찬을 통하여 어떤 것보다 강력하게 우리로 하여금 순결하고 거룩한 삶과 사랑과 평화와 화목을 지향하도록 일깨우시고 감동하게 하신다는 것이다.

---

[47] "The bond of this connection is therefore the Spirit of Christ, with whom we are joined in unity, and is like a channel through which alll that Christ himself is and has is conveyed to us." (Institute, 1373).

[48] "Let us therefore remember that this promise was given to those who observe the command joined to it, …" (Institute, 1414)

〈영적 나라와 세속 나라의 통치〉

성경이 분명하게 가르치는 것은 그리스도의 영적인 나라가 그리스도의 은혜 안에서 우리가 거두게 되는 영적 열매라는 사실이다. 이곳은 "유대인이나 헬라인이나 종이나 자유인이나 남자나 여자나 다 그리스도 예수 안에서 하나"(갈 3:28)가 되는 나라다. 그들 사이에 차별이 없다. 이러한 영적 통치는 이 땅에서 이미 시작되었으며, 덧없이 죽을 인생들이 영원토록 썩지 않을 미래의 복락을 예고해 주고 있다.

국가의 통치는 하나님께 드리는 외형적인 예배를 존중하고 보호하며, 교회를 변호하고, 시민의 의에 맞도록 사회적 행실을 형성하고, 서로 화목하게 하고, 국가 전체의 평화와 안정을 도모하는 등의 목적을 갖는다.

믿는 자들이 국가의 통치 안에서 살아가는 것은 그곳에서 순례자의 길을 가며 참된 본향을 사모하는 것과 마찬가지다. 이 순례의 삶을 돕는 장치들을 빼앗긴다면 우리는 인간성 자체를 빼앗긴 것과 같게 된다. 그렇다고 이 때문에 교회가 세상에 대하여 권력을 가져야 한다는 주장은 잘못이다.

대신에 통치자는 하나님의 대리인으로 인정하고 무슨 일을 하든지 하나님의 뜻에 맞는 것인지를 늘 고려하면서 통치하는 것이 필요하다. 그는 하나님을 두려워하고 장차 반드시 그 앞에서 심판 받게 될 것을 기억해야 한다. 또한 바른 법을 세우고 바르게 집행하는 것이 필요하다. 모세의 율법은 도덕법률(Moral laws), 의례법률(ceremonial laws), 그리고 사법법률(judicial laws)로 구분된다. 이 법들은 하나님이 만드셨다. 하나님은 법의 제정자가 되시고 동시에 운영자가 되시기를 원하신다. 통치자가 기억해야 할 일이다. 그리스도 역시 입법자가 되셔서 유대민족을 그의 보호하심과 보살핌 속에 두시려 하셨다. 그리스도는 그의 민족을 향하여 그들에게 맞는 법을 제정하셨다.

믿는 자들이 통치자에게 순종하거나 거역하는 것은 오직 하나님을 향한 순종을 해치지 않는 범위 안에서 이루어져야 한다. 예컨대 여로보암이 금송아지를 만들었을 때 이스라엘 백성들은 그것을 거역했어야 했다. 솔로몬의 증언대로 "왕의 진노는 죽음의 사자들과 같다"(잠 16:14). 하지만 "사람보다 하나님께 순종하는 것이 마땅하니라"(행 5:29)는 말씀을 기억해야 한다. 그리스도께서 우리 구속을 위하여 극심한 값을 치루시고 구원하셨다. 우리가 세상의 악한 욕망의 종이 되어서는 안 되며, 그들의 불경에 굴복해서는 안 된다.[49]

3. 기독교강요의 의의와 우리의 사명

기독교강요 초판은 1536년 3월 스위스 바젤에서 출판되었으며 총 6장으로 구성되어 라틴어로 출판 되었다. 1539년에는 총 17장으로 확대되고 역시 라틴어로 출판되었으며, 1541년에는 프랑스어로 출판되었다. 1543년에는 총 21장으로 확대된 증보판이 출판되었고, 1550년에는 약간의 내용이 증보되어 출판되었다. 1559년에 최종판이 라틴어로 출판되었다. 이 최종판은 이듬해에 1560년에 프랑스어 출판되었다. 영어판은 1561년에 출판되었고, 독일어판은 1572년에, 에스파냐어판은 1597년에 각각 출판되었다.

칼뱅은 1535년에 로마가톨릭사제들과 프랑스정치가들의 박해를 피해서 스위스의 바젤로 피신하였다. 그 다음해에 그는 이곳에서 기독교강요 초판을 출판하였다. 그는 초판의 서문을 통해서 프란시스 1세 왕(Fransis Ⅰ of France)에게 프로테스탄트 신앙인[50]들의 호소를 들어줄 것과 프로테스탄트

---

[49] 하나님 나라의 통치와 세상 나라의 통치는 믿는 자들이 세상에 사는 한 한순간도 벗어날 수 없는 생활세계이다. 이러한 상황은 국가의 통치를 넘어서서 우리의 전 생활영역으로 확장된다. 출생에서부터 시작해서 교육 또는 학문의 전 영역에서, 직업 등의 생활전선에서 쉼 없이 하나님의 통치와 세상의 통치가 충돌하고 있다. 믿는 자는 어떤 경우에든 세상의 욕망에 굴복해서는 안 되고 세상의 불경에 굴종해서는 안 될 것이다.(필자 주)

[50] 프로테스탄트(protestant)라는 용어는 1529년 신성로마제국의 슈파이어 의회에서 생겨났다. 마틴 루터와 울리히 츠빙글리가 제안한 종교개혁의 프로그램을 지지했던 제후들과 도시들이 투표에서 소수파가 되었다. 헤센의 필립 백작(Landgraf Philip)이 신성로마제국 내에서 복음주의에 동조적인 자유시와 영주들을 규합하여 전통적인 다수파가 내린 교령에 저항하는 운동을 벌였다. 그들은 연대감을 유지하기 위해 자신들이 공유한 개혁의 신념들을 확증하는 「항의서」(protestant)를 발행하였다. 그 후 이 항의서는 독일이나 신성로마제국

신앙의 정당성 등을 피력하였다. 초판의 내용으로는 십계명, 사도신경, 주기도문, 성찬, 그리스도인의 자유, 정치(적) 신학 등의 내용이 수록되었다. 형식은 요리문답 식이었다. 이 초판을 출판한 후에 칼뱅은 스위스 제네바에서 목회를 시작하였다.

〈기독교강요에서 발견되는 세 가지 사실들〉

기독교강요에 대하여 주목할 것은 세 가지 사실이다. 하나는 그것이 라틴어로 기록되었으며 교리문답식으로 편찬됨으로써 어린이 교육을 위한 것처럼 보인다는 것이다. 둘째는 로마가톨릭교회와 프랑스 위정자들이 프로테스탄트 신앙인을 박해하는 것에 대하여 정확하게 변호했다는 것이다. 세 번째는 칼뱅이 기독교강요 초판을 저술하고 나서 바로 목회를 시작했다는 사실이다.

〈기독교강요가 라틴어로 쓰인 이유〉

필자는 칼뱅이 라틴어로 기독교강요 초판을 저술한 데에 중대한 의의를 부여한다. 라틴어는 로마가톨릭교회 사제들이 익히 알고 있는 언어였다. 그들은 라틴어를 사용해서 성경을 해석하고 가르쳤다. 그런데 인간의 구원의 근거가 하나님의 말씀과 그 말씀에 담겨 있는 예정에 있음을 믿고 있던 칼뱅에게는 그들이 구원 또는 죄의 용서를 위해서는 선한 공적을 쌓고, 금식하고,

---

에서는 수십 년 동안 정치적인 의미로 사용되었다. 하지만 소수파의 저항운동이 수백만의 평범한 사람들의 지지를 받게 되면서 영속적인 기독교신앙의 주체성을 일궈낼 수 있었다. 1547년 런던에서 에드워드 6세의 대관식이 있었다. 개혁파 계통의 독일인들로 구성된 외교사절단도 이 대관식에 참여하기 위해 수도에 머물고 있었다. 대관식을 위한 행진에서 고관행렬의 순서를 정하던 기획자들은 독일개혁파 외교사절단을 위한 자리를 '개신교들'(protestants)의 자리라고 하였다. 그때부터 프로테스탄트가 보다 광범위한 의미를 갖게 된 것이다. 따라서 프로테스탄트와 복음주의(유앙겔리온)과는 조금 구별될 필요가 있다.(디아메이드 맥클로흐 지음, 이은제, 조상원 옮김, 『종교개혁의 역사』, CLC, 2011, 27쪽, 249-260쪽 참조)

고행하고, 그것도 모자라 면죄부를 사야 된다고 가르치는 교리는 무한한 비웃음거리였다. 이들의 무지를 깨우치기 위해서는 그들이 알고 있는 라틴어로 저술하는 것이 최선이었다. 내용도 신앙의 기초이면서 가장 근간이 되는 십계명, 사도신경, 주기도문, 그리고 성찬을 주제로 한 것이다. 더욱이 초판 형식을 어린이를 가르치던 방법인 교리문답식으로 저술되었다는 것은 칼뱅이 로마가톨릭교회와 사제들을 그만큼 어린이처럼 여기고 있었음을 반증한다.

이상에서 칼뱅은 라틴어로 기독교강요를 통하여 로마가톨릭 사제들에게 어린 아이를 가르치듯 조목조목 기독교의 근본 교리를 깨우쳐주고자 했다고 결론지을 수 있다.

〈기독교강요는 프로테스탄트인과 그 신앙의 정당성 선포〉

둘째로, 칼뱅이 기독교강요를 저술한 목적은 프로테스탄트 신앙(학)의 정당성을 주장하고 프랑스 안에서 박해받고 있는 프로테스탄트 성도들의 의를 증언하기 위해서였다는 것이다. 이 사실은 기독교강요 안의 프랑시스 1세 왕에게 드리는 헌사를 통해 드러난다.[51] 첫째는 종교(경건)하고자 열정에 불타는 사람들에게 참 거룩함의 기본 사실들을 전해주기 위해서 저술한 것이었다. 둘째로는 프랑시스 1세가 주변의 악한 사람들 때문에 그의 통치영역에 건전한 교리가 있을 수 없음을 밝힌 것이다. 셋째로는 악한 사람들에게는 교훈을 주고 왕에게는 기독교신앙의 참 의미를 고백하기 위해 저술하였다. 넷째로는 프로테스탄트 신앙인들이 아니라 대적자들(로마가톨릭사제들)이 고발을 당해야 함을 주장했다. 다섯째로 로마가톨릭교회의 잘못된 관습이나 전통을 가지고 진리를 왜곡하고 진리에 대항하는 것을 비판한다. 끝으로 칼뱅은 프랑스의 프랑시스 1세 왕에게 "의로써 당신의 왕위를 확립하라. 평등으로 당신의 지배를 확실히 하라."[52]라고 요구하였다. 칼뱅은 왕에게 로마가톨릭교회가

---

51) Institutes, 9-31쪽 참조.

교회를 파괴하고 있기에 결코 묵과해서는 안 된다고 주장한다. 그러면서 왕은 하나님의 나라를 건설하는데 이바지 하는 종이라고 주장한다. 결론적으로 칼뱅이 기독교강요를 통해 말하고자 했던 것은 그(프로테스탄트 신앙인들 포함)가 죽든지 살든지 오직 하나님의 이름이 거룩함을 받는 것이었다.

어떻게 보면 칼뱅이 바젤로 피신한 것은 당시 젊은 혈기를 가지고 있던 그로써는 결정하기 어려운 일이었을 것이다. 형제 신앙인들이 받는 고통을 뻔히 알면서 그 자리를 회피하는 것이 칼뱅에게 힘든 일이었을 것이다. 아마도 칼뱅은 예수님이 헤롯왕의 박해를 피하여 이집트로 피신하셨던 사실을 기억했을지도 모른다. 그러나 그의 피신은 결국 기독교강요를 통해 자신을 지지하는 사람들에게 바른 신앙(학)을 전하게 하였고, 프랑스 왕과 로마가톨릭교회와 그 사제들의 어리석음을 깨우쳤으며, 오늘날의 칼뱅주의 그리스도인에게까지도 영향을 미치게 하는 결과를 가져왔다.

당시 그가 기독교강요를 저술하는 것은 자신을 무한한 위험에 노출시키는 것이었다. 유럽 전역에 흩어져 있는 로마가톨릭교회와 사제들에게 만천하에 자신의 신분을 드러냄으로서 그들의 적이 된 것이다. 그런데도 그는 결코 주저하지 않고 프랑스는 물론 전 세계를 향해 성경의 진리를 선포한 것이었다. 그것은 죄악의 실상을 묵과하지 않고 그 현장에 뛰어든 것이었으며 감정이나 격한 행동이 아니라 하나님의 말씀을 세상에 전하는 새 길이었다. 그는 자신의 안위에는 상관하지 않고 말씀을 무기로 현실의 고통 속에 뛰어들어 한 신앙인(신학자)로써의 삶을 실천한 것이었다.

〈기독교강요 출판이 칼뱅을 목회로 이끌다〉

셋째로, 칼뱅의 기독교강요(초판) 출판이 그를 목회로 이끌었다는 것이다. 기독교강요 초판을 저술하는 과정에서 그는 바른 교리를 가르쳐야 함을 절실

---

52) Institutes, "May the Lord, the king of kings, establish your throne in righteousness, and your dominion in equity, most illustrious king." (31쪽)

하게 깨달았던 같다. 그리스도의 인도와 은혜로 말미암아 자유를 누리는 칼뱅이 어찌 자신의 사명을 소홀히 할 수 있겠는가.

목회의 기간이 늘어나면서 기독교강요의 내용도 늘었다는 사실이 이를 간접적으로 증명해 준다. 기독교강요의 출판은 1536년 초판에서부터 시작해서 1559년에 최종판이 완성되었다. 초판을 출간한 때인 1536년은 칼뱅이 26세(한국나이 27세)였다. 그리고 50세 때에 최종판을 완성하였다. 그의 저술기간이 20여 년을 훌쩍 넘는 것이다. 특히 마지막 판의 기독교강요 전편에 흐르고 있는 그의 성경구절이나 성경지식은 철두철미하게 외우고 연구하고 체험한 것들이었다. 그 당시는 오늘처럼 성경구절을 쉽게 찾을 수 있는 상황이 아니었다. 그가 기독교강요의 매 장마다 인용하고 있는 성경구절들은 일일이 찾아 확인하고 연구하고 분석하지 않으면 인용하기 어려운 것들이었다. 성령의 감동으로 은혜 속에 깨달은 성경구절들이 아니면 쉽사리 인용할 수 없는 말씀들이었다. 이 구절들은 로마가톨릭의 거짓 교리가 판을 치는 세상에서 주저 없이 타협도 없이 굳건히 진리를 선포하는 것들이었다. 이러한 사실들이 그가 로마가톨릭교회의 영적 죽음의 세계와 세속의 권력에 맞서서 그리스도인의 자유를 누리며 말씀을 따르고 진리 편에 서는 진솔한 인간이자 진정한 신앙인이었음을 증명해 주고 있는 것이다.

〈인식론은 하나님을 아는 시식과 인간을 아는 지식 둘 뿐이다〉

넷째로, 기독교강요는 하나님을 아는 것과 인간을 아는 두 가지 인식론 위에서 저술되었다는 것이다. 그는 기독교강요 최종판 첫 구절에서 "하나님을 아는 지식과 사람을 아는 지식은 서로 연결되어 있다"거나 "자신을 알지 못하고는 하나님을 알 수 없다"고 주장한다. 이것이 그가 인식론을 두 종류로 보고 있음을 보여준다. 인식에는 하나님을 아느냐 인간을 아느냐 그 둘 뿐이다. 그 이면에는 하나님을 아는 지식이 없으면 인간의 지식은 아무런 의의가 없음을 내포하고 있다.

칼뱅은 신학을 공부했고 법학을 공부했고 성직록을 받으면서 가톨릭교회 현장에서 생활하였다. 라틴어나 인문학을 공부했기에 세상을 보는 눈이 없지 않았다. 당시는 그리스철학자들이나 그들에게 영향을 받은 교부철학이 판을 치고 있었다. 인문학지상주의 세상이기도 하였다. 종교적으로는 로마가톨릭교회의 교리대로 살지 않으면 전 세계로부터 도태 당할 정도였다. 칼뱅 역시 이 세상 속에서 살아왔고 앞으로도 살아가야 하는 세상이었다. 하지만 그는 이런 세상에 살면서도 그 길을 버렸다. 그 대신에 그는 말씀을 좇아 말씀을 따르는 삶을 살았다. 세상의 권세나 통치에 대해서도 그는 마찬가지였다. 칼뱅이 보기에 모든 통치자는 하나님의 종에 불과하였다. 그들은 하나님의 나라 건설에 이바지하는 자들이었다. 그 이상도 그 이하도 아니었다. 그는 세상의 일에는 전혀 관심을 보이지 않았다.

그가 세상을 사는 방식은 오직 하나님의 자녀들이 모여 있는 하나님의 교회와 관련된 것들이었다. 교회는 말씀을 바르게 전하는 것을 최고의 사명으로 해야 한다고 믿었다. 그리스도의 사랑에서 떨어지지 않기 위해 성도의 교제를 위해 성례와 성찬을 강조하였다. 그리스도의 순결함, 하나님의 영광이 빛나는 교회를 지키기 위해서 말씀에 따른 권징의 실천에 주목하였다. 그에게 교회는 오직 하나님의 영광을 위해서 각자의 사명을 다 하는 하나님의 집이었다. 이렇게 하나님의 영광을 위하고 하나님의 말씀에 근거하여 살아가는 지식이 인간을 아는 지식이었다. 한 마디로 말해서 칼뱅은 하나님을 앎으로써 자신을 아는 인간이었고 그런 인식론을 가지고 살아갔다.

〈칼뱅주의의 의의와 우리의 사명〉

이러한 칼뱅주의가 오늘의 칼뱅주의 그리스도인들에게 지니는 의미는 무엇인가. 첫째, 모든 칼뱅주의 그리스도인은 칼뱅이 한 것처럼 스스로 자신의 신앙이 왜 옳은지를 변호할 줄 알아야 한다는 것이다. 논쟁이나 변론이 아니다. 최소한 여호와증인들의 파수꾼이나 신천지의 추수꾼들의 해괴망측한 성경해석에 대하여 정확하고 단호하게 말씀으로 변호할 줄 알아야 한다. 또한 어린이들이나 신앙이 아직 성숙되지 않은 사람들에게 조목조목 믿음으로 자신의 신앙을 설명할 수 있어야 한다.

둘째, 진리의 말씀을 바르고 쉽고 가르치려고 해야 한다는 것이다. 『예기』에는 '교학상장'(敎學相長)이라는 말이 있다. 가르치고 배우는 것은 함께 성장한다는 말이다. 칼뱅처럼 우리는 서로 가르치는 자도 되고 동시에 배우는 자도 되어서 함께 그리스도의 믿음의 분량에까지 자라가야 한다. 성경을 잘 가르치지 못한다 하더라도 겸손히 열심을 다해 말씀을 배우는 자세를 잃어서는 안 된다.

셋째, 칼뱅의 기독교강요는 세상을 깨우는 새로운 가르침이었다는 것이다. 그것은 로마가톨릭교회의 죽은 교리에 의해 죽어 있던 유럽 사회와 유럽인들을 일깨우기에 충분하였다. 그의 논리로 천 년 이상을 유지해왔던 로마가톨릭교리가 무너지게 되었다. 칼뱅의 그리스도인의 자유는 루터의 그리스도인의 자유와 함께 유럽 전역에서 자유를 위한 혁명과 사회변혁의 바람을 불러일으킬 수 있었다.

넷째, 하나님을 아는 지식으로 토대를 세운 후에 인간에 대한 지식을 쌓아가야 한다는 것이다. 학교성적을 위한 지식이나 주식투자를 위한 지식이 토대가 되어서는 안 된다. 그 이전에 기필코 하나님을 아는 지식으로 든든히 자신을 세워야 하는 것이다. 세상의 지식을 쌓은 것은 피힐 수 없는 일이고 피해서도 안 되는 일이지만 그 자체가 하나님을 알기 위한 도구가 되지 않으면 안 되는 것이다. 인간의 지식은 바울 사도의 말대로 썩어지고 부패되는 것이고 버려야 할 것들에 불과하다.

다섯째, 불의한 일로부터 회피하거나 침묵해서는 안 된다. 끝까지 진리의 말씀으로 무장하고 정당한 논리와 절차로 불의에 맞서야 한다. 희생의 자세로 불의를 없애기 위해 자기 희생을 감수할 수 있어야 한다. 마지막으로 오늘날의 목회자에게 주는 사명이다. 목회자라면 자신의 신학체계를 세우고 소규모의 신앙교재라도 손수 제작하여 목회현장에서 사용할 수 있는 것을 가지고 가르치고 설교해야 한다는 것이다. 칼뱅의 기독교강요 수준이 아니라도 얼마든지 괜찮다. 목회자가 성경을 가르치든 교리를 가르치든 개관적인 자료를 준비해야 한다. 최소한 말씀을 가르치기 위한 일정한 마음만이라도 준비되어 있어야 한다. 마음이 갖추어지지 않고 성경연구를 위한 자료가 준비되어 있지 않다면 말씀을 전하거나 가르치지 않겠다는 규칙을 세워야 한다. 오늘날 대한민국의 목회자들이 성경말씀을 해석하는 자기 기준이 너무 박약해 보인다. 성경해석과 교리해석이 아무런 기준 없이 그때그때 다른 경우가 허다하다. 더욱 문제가 되는 것은 준비 없이 일방적으로 설교하거나 가르쳐 놓고는 그것이 성령의 역사라거나 하나님의 사자로서 한 것이라는 허울 좋은 이유를 제시한다는 것이다. 진정한 마음의 준비, 객관적 자료의 준비, 체계적인 가르침이나 배움의 일관성 유지 등이 모두 성령의 역사가 아니면 이루어질 수 없는 일들이다. 오늘날 우리나라의 목회자들에게 칼뱅이 기독교강요를 저술한 후에 목회전선에 나섰다는 사실과 그 후 수도 없이 기독교강요를 수정하고 보충했다는 사실을 잊어서는 안 된다. 목회자는 한 인간으로서 끝없이 자기 마음의 규칙과 가르침에 대한 기술향상 등에 헌신하여서 하나님을 영광되게 해야 하는 것이다.

 이상을 요약하면 칼뱅주의는 영생의 자유를 획득한 자들이 자신과 가정과 사회와 세상을 새롭게 하는 개혁사상이었다고 할 수 있다. 참 진리의 그리스도인이라면 자신을 개혁하고 사회를 개혁하고 세상을 개혁하는 길로 나서야 한다. 그 출발은 영원한 진리이신 하나님의 말씀 성경이다. 성경을 믿고 연구하며 반드시 실천하고자 해야 한다.

 그리스도는 개혁자이셨다. 온 인류에게 영생과 하늘나라를 선물하셨고 사회를 사랑으로 개혁하셨다. 진정한 개혁이다. 우리가 그분을 구주로 믿는 칼뱅주의 그리스도인이라면 우리는 먼저 자기 자신을 개혁해야 한다. 죽음으로부터 생명으로의 개혁이고, 교만으로부터 겸손으로의 개혁이며, 미움으로부터 포용으로의 개혁이며, 불신으로부터 신뢰로의 개혁이어야 한다. 불의에 대하여 의의 분으로 맞서는 개혁이어야 하고, 고난을 피하는 것으로부터 고난에 맞서며 이겨내려는 개혁이어야 한다. 낮아지기를 두려워하지 않으며 높아질 때 하나님께 영광을 돌릴 줄 아는 개혁이어야 한다. 새 하늘과 새 땅을 향해 가는 날마다 새로워지는 개혁이어야 한다. 그리하여 모세와 함께 날마다 하나님의 기적의 새 역사 속에서 살아갔던 이스라엘 민족들처럼 하나님의 기적을 체험하고 누리는 가정과 공동체와 민족이 되게 해야 한다.

제4장

성리학에서 칼뱅주의로

본장에서는 이황 성리학 이후의 성리학의 흐름을 추적한다. 이를 통하여 성리학이 갖는 허구성과 한계성이 드러날 것이다. 천주실의의 소개는 천주를 중심으로 하는 새로운 사상의 영향으로 성리학에 대하여 새로운 관점에서 접근하게 한다. 또한 성리학이 정치, 교육, 사회실천 등의 분야에서 그 효력을 잃게 되면서 우리 민족이 사상적 혼란에 빠져들고 있을 때 칼뱅주의가 우리나라에 소개되는 과정이 분석된다.

1. 이황 이후의 성리학

〈이황의 리발에서 이이의 기발로〉

이미 밝혀진 대로 퇴계 이황(1501~1570)은 잔인한 사화의 시대 속에서 학자로서 관리로서 악해진 인간성과 사회를 바르게 하기 위해 헌신하였다. 그 결과는 '리발이기수지', '기발이이승지'라는 자신만의 학설을 통하여 주기론적 행동이론을 체계화할 수 있었다. 리발·기발을 실천하는 구체적인 학문 방법은 성학십도의 내용이었다. 이미 살펴보았듯이 성학십도의 수장을 '태극도'로 한 것은 그가 리발을 강조하였음을 드러낸 것이었다. 리만이 선하고 이 리가 발했을 때 절대적으로 선할 수 있다고 믿은 것이다(주리론).

반면에 율곡(栗谷) 이이(李珥, 1536~1584)는 발하는 것은 기뿐이라는 기일도설(氣一途說)을 주장하였다. 기발의 중요성은 성리학이든 정치든 시의(時宜)에 맞게 처리하여 실제 공헌하는 게 있어야 하고(實功실공), 그 공헌이 효과가 있는 것이었다(實效실효). 사물에 보편적으로 있으면서 움직이지 않고(無爲무위) 형체도 없는 것(無形무형)은 리다. 움직임이 있고(有爲유위) 형체가 있는 것(有形유형)은 기다. 기는 유위고 리는 무위라는 측면에서 보면 일체의 실체적인 행동은 기가 발한 것이고, 리는 거기에 올라탄 것에 불과하다(氣發理乘기발리승). 한편 리무형(理無形)과 기유형(氣有形)의 관계로 보면 리는 형체가 없어서 어디에서나 통하고 기는 형체가 있어서 막힌다. 이이는 기의 막힘을 넘어서기 위해서 반드시 기의 작용에 리가 올라타서 통하게 해야 한다고 보았다(理通氣局리통기국). 즉 물은 어느 그릇에 담겨 있든지 물로써 다 통하지만 그 형태는 그릇(기의 실효 또는 실공)에 따라서 다른 것이다.

이이의 리통기국의 학설은 그의 저서 『격몽요결』(擊蒙要訣, 어리석음을 깨우치는 중요한 말씀)을 통해서 확인할 수 있다. 격몽요결 제1장은 「입지」(立志)를 주장한다. 배우고자 하는 사람은 그 무엇보다도 자신의 뜻을 세워야 한다는 것인데 이러한 주장은 이황의 '태극도설'과는 차이가 있다. 이이는 사람이 배움에 임할 때는 인의예지의 발동(리발)이라기보다는 의지를 먼저 발(동)해야 한다(기발). 인의예지는 의지의 발동이 막힐 때 통할 수 있게 하는 요소이다. 뜻을 세운 후에는 자신의 잘못된 옛 습관을 개혁해야 한다 (2장 革舊習혁구습). 그 후에 몸가짐을 공부할 수 있도록 갖추어야 함을 강조한다(3장 持身지신). 이런 것들이 준비된 후에 치밀하면서도 폭 넓게 독서 할 것을 주장한다(4장 讀書독서). 그리고 어버이를 섬기는 일을 발(실천)해야 한다(5장 事親사친). 부모님이 돌아가실 때에는 그 예에 맞게 장례를 지내야 한다(6장 喪制상제). 부모님이 돌아가신 후에는 제사를 통해 효를 행하는 것이다(7장 祭禮제례). 이제는 부모 대신에 그 자신이 집안을 잘 다스리는 사람이 되어야 한다(8장 居家거가). 자신과 가정과 집안이 잘 다스려지게 한 후에는 대인관계를 넓혀 가야 한다(9장 接人접인). 그리고서 세상으로 나아가 천하를 섬기는 것이다(10장 處世처세).

이를 요약하면 율곡은 기 중심의 철학적 관점(주기론)에서 사람의 뜻을 바르게 하는 것으로부터 시작하여 사람의 행위를 강조하는 교육을 제시하고 있다고 볼 수 있다. 입지, 혁구습, 지신, 독서, 사친, 상제, 제례, 거가, 접인, 처세 등등에서 사람이 발동해야 할 기 곧 마음과 몸의 형체는 상황에 따라 다 다르다. 이런 행동들은 각 부분에서 모두 기의 막힘(현상)으로 인해 다른 것이다. 그러나 이러한 전체의 행동에 언제나 무위와 무형의 형태로 담겨 있는 것이 있다. 그것이 리이자 사단이다. 모든 경전에 대한 철저한 공부와 실천을 통한 수신, 집안을 바로 잡고 대인관계를 원만히 하는 것, 이치에 따른 세상의 다스림 등의 기발이 언제 어디서든 통하는 리가 기를 올라타야 한다. 그리하여 각각의 기국의 상황에서든 전체적인 기의 작용에서든 기의 전체 발동이 모두 리에 의해서 조정되고 통합이 되어야 한다. 이이가 일본의 침략에 대비하여 10만 양병설을 외칠 수 있었던 것도 이통기국의 사상에 근거한 것이었다고 볼 수 있다.

〈전쟁들과 성리학의 효력 상실〉

이이의 사후 1592년~1598년에 걸쳐 일어난 임진왜란과 1627년의 정묘호란, 1636년의 병자호란은 조선의 정치·경제·사회·사상 등 전반에 걸쳐 근본적으로 흔들어 놓았다. 7년 이상을 조선의 전 국토에서 왜구들과 전투를 벌리는 과정에서 조선은 인명 피해와 국토의 황폐화를 피할 수 없었다. 토지대장과 호적 등이 상실되면서 국가운영이 마비되고 이를 수습할 수 있는 방안이 별로 없었기에 집권세력은 일반민들로부터 신뢰를 잃고 말았다. 성리학이 불신을 받게 된 것은 필요가 없었다. 이 극심한 전쟁과 국가의 황폐화 속에서 집권권력층이나 성리학은 아무런 대안을 제시하지 못했다.

청 태조가 침입해 온 병자호란은 오히려 조선의 집권세력 내에서 명나라와 청나라 사이에서 누구를 주종으로 섬겨야 하는지에 대한 논쟁을 불러 일으켰다. 그들은 명(明)을 존중하고 청(청)을 경멸하는 존화양이(尊華攘夷)를 택하였다. 이때부터 성리학은 더욱 명분을 강조하는 주자학적 성향으로 흘러 가게 되었다. 효종(효종, 1619~1659)과 현종의 승하로 인해 상복의 문제로 서인과 남인 사이에서 예송논쟁이 전개되면서는 성리학은 더욱 주자 가례나 주례(周禮), 의례(儀禮) 등의 옳고 그름을 따지는 예송논쟁의 도구로 전락되 었다. 이로 인해 성리학은 더욱 교조화되어 갔다.

2. 『천주실의』의 소개

성리학이 도전을 받게 된 또 하나의 사건은 이탈리아 출신 신부인 마테오 리치(Matteo Ricci, 중국명 利瑪竇, 1552~1610)가 1603년에 저술한 『천주실의』(天主實義, 하나님에 대한 참된 토론)의 영향이었다. 천주실의는 1584년 루지에리 선교사가 저술한 『천주실록』(天主實錄)을 마테오 리치가 개정한 것으로 상권과 하권으로 되어 있다. 상·하권이 각각 4가지 주제를 중심으로 나뉘어 있어서 총 8가지 주제를 중심으로 중사(中土, 중국학자)와 서사(西土, 서양학자)가 대화하는 형식으로 구성되어 있다. 중사와 서사의 대화를 가능하게 한 기준은 '이성'(靈才영재)이었다. 마테오리치는 이성(능력)이 옳고 그름과 진짜와 가짜를 분별할 수 있어서 타당한 이치가 없이는 그것을 속이기 어렵다고 보았다.[53] 다분히 마테오 리치는 중사와 서사의 논의를 위해 서구적 사유양식인 이성을 논의의 근거로 삼았던 것이다.

〈천주실의 이해〉

천주실의 첫째 편(首卷篇)에서는 천주가 처음으로 천하 만물을 제정하고 주재하며 그들을 안정하게 길러준다는 것을 주장하였다.[54] 그 근거로 리치는

---

53) 마테오리치, 『천주실의(天主實義)』, 수편(1편), "靈才者能辯是非 別眞僞, 而難欺之 以理之所無."(영재자 능변시비 별진위, 이난기지 이리지소무.)

우주가 도수(度數, 자연의 법칙)를 따라 일정하게 움직이는 것, 동물들이 이성 없이 살아가는 것, 모든 사람들이 상존(上尊)을 공경하는 마음이 있는 것 등이 주재자가 있음을 증거로 제시한다. 만물은 자기로부터 만들어지지 않았다. 오히려 만유(萬有, 모든 존재)를 조화하여 생성한 원초의 특이한 류가 있어서 생길 수 있었다. 하지만 천주는 무엇을 말미암아서 생겨나지 않았다. 천주는 과거의 측면에서 말하면 '시작 없음', 곧 천주가 있도록 마음 쓰지 않았고, 미래로 말하면 '마침 없음'이다.[55] 그리고 천주는 온전히 다 밝혀 낼 수도 없는 존재라고 주장한다.

제2편에서는 세상 사람들이 천주를 잘못 알고 있음을 밝힌다(解釋世人錯認天主해석세인착인천주). 상재를 섬기는 사람은 있어도 태극을 섬기는 사람은 없다. 천지, 귀신, 인류, 조류 등은 자립체다. 백마(白馬)의 경우 '말'은 자립체이지만 '흰' 색은 의뢰체이다. 리는 존재가 없다. 자립체가 아니다. 리치가 보기에 유학, 특히 성리학은 다른 사물에 대해서는 자세한 연구를 하지만 인생이 마지막에 어디로 가는 지에 대해서는 잘 모르는 학문이다. 이에 비해 천주는 자립체로서 만물이 왜 존재하고 어디로 가는 지를 안다.

제3편에서는 영혼의 불멸과 금수와는 아주 다름을 논한다(論人魂不滅, 大異禽獸논인혼불멸 대이금수). 천주의 리를 따라 수도하는 자는 반드시 천당에 올라가 무궁한 복을 누리고 지옥에 떨어지지 않는다. 사람의 영혼은 유형의 것에 속하지 않기에 소멸할 수 없다. 인간은 금수와 달리 불멸의 명성을 원하는 존재임이 강조된다.

제4편에서는 귀신과 인간의 혼이 다르다는 논의를 해석하고 천하 만물이 하나의 실체라 할 수 없음을 밝힌다.[56] 음양은 사물의 본체가 아니다. 귀신은 제사할지언정 기는 제사하지 않는 것을 보면 분명하게 음양이 사물이 아님을

---

54) 위의 책, 2편, "論天主始制天下萬物而主宰安養之."(논천주시제천하만물이주재안양지.)
55) 위의 책, 3편, "吾欲言其以往者 但曰 無心也, 欲言其以來者 但曰 無終也."(욕언기이왕자 단왈 무심야, 욕언기이래자 단왈 무종야)
56) 위의 책, 4편, "辨釋鬼神及人魂異論, 而解天下萬物不可謂之一體."(변석귀신급인혼이론,

알 수 있다. 사람과 사물의 모든 리는 천주의 흔적에 불과하다. 천주와 만물은 동체가 아니다. 석가모니는 자신이 자신을 모르면서 자칭 천주와 같다고 할 뿐이다.

제5편에서는 윤회와 육도와 살생금지의 잘못된 설을 논박하며 재계(몸을 씻음)와 소식(젯밥)을 올리는 바른 뜻에 대하여 변론한다.[57] 사람이나 짐승이나 사후에 다른 세계로 윤회한다면 지능은 없어지지 않을 것이다. 그런데 우리는 이전의 사후세계에 대한 기억이 없다. 이 사실에서 보면 윤회는 거짓이다. 만약 짐승이 인간의 영혼을 지니고 있다면 지능이 나아져야 한다. 하지만 짐승에게서 지능의 나아짐은 없다. 그러므로 윤회는 거짓이다. 재계와 소식은 인간이 자신의 사사로운 마음을 줄이고 절제해서 천주께 합당하게 하기 위함이다. 사람이 스스로 자기 마음을 잘 배우고 몸을 통제하여 맑은 정신으로 살아갈 때 세상에 자신의 도를 펼칠 수 있는 것이다.

제6편에서는 의지는 없어질 수 없음을 해석하고, 아울러 사후에는 반드시 천당의 상과 지옥의 벌이 있다는 것과 사람들이 선과 악을 행한 것에 보상을 받는다는 것을 논한다.[58] 모든 사람은 오늘만을 위해 일하지 않는다. 내일을 위한 일을 한다. 춘추나 중용은 일만 세대 이후를 생각하게 한다. 자녀를 낳는 이유도 미래를 위해서다. 미래는 있다. 사람이 선을 행하는 이유는 천당에 올라가 지옥의 의도를 면하기 위해서이다. 다른 한편으로는 실재하시는 천주의 깊은 은덕의 뜻에 보답하기 위함이다.

제7편에서는 인간 본성의 본래 선함을 논하고 천주교인의 올바른 배움을 서술하고 있다.[59] 배우는 사람은 무형의 마음을 닦는 데 힘써야 한다. 그것을 신수(神修)라 하였다. 배움의 길에서 최고는 자기의 완성이며 천주의 거룩한

이해천하말물부가위지일체.)

57) 위의 책, 5편, "辨排輪廻六道殺戒之謬說, 而揭齋素正志." (변배윤회육도살계지류설, 이게재소정지.)

58) 위의 책, 6편, "釋解意不可滅, 并論死後必有天堂地獄之賞罰 以報世人爲善惡." (석해의불가멸, 병론사후필유천당지옥지상버이보세인위선악.)

뜻(聖意)에 맞추는 것이다. 배움은 악을 제거하는 것으로부터 시작하여 저지른 범죄를 다시 짓지 않겠다는 서약으로 진행하고, 다시 덕행의 옷을 입는 데로 나아가야 한다. 덕행의 최고의 강령은 인(仁, 사랑)으로서 천주를 사랑하고 사람을 사랑하는 것으로 전개된다. 예배하는 이유는 천주의 인으로 자신의 인을 넓혀서 천주의 인에 이르기 위함이다.

마지막 제8편에서는 서양풍속이 숭상하는 것을 일관하여 논하고 신부가 결혼하지 않는 의미를 논하며 아울러 천주가 서양에 강생한 이유를 논한다.[60] 신부가 결혼을 하지 않는 이유는 홀몸일 때 더욱 안정되게 자신을 완성할 수 있으며, 재산을 추구하지 않을 수 있어서 수덕하기에 유리하며, 색욕의 억제로 도덕의 리를 논할 수 있고, 극기에 유리하고, 천주의 거룩한 뜻을 받들어 사방에 전도하기 위함이다. 천주의 강생은 그 분의 자비를 통해 질고로 가득 찬 세상을 구하기 위한 것이었다.

마침내 중사는 서사의 전도에 감복한다. 그는 천주를 인정한다. 그리하여 중사는 천주가 선생(마테오 리치)를 도와서 천주의 교화를 발양하게 하여 중국의 집집마다 전하고 사람마다 『천주실의』를 읽어서 모두들 선한 일을 하고 악행을 하지 않는 사람이 되기를 바라는 기원으로 대화가 끝난다.

〈천주실의가 주는 메시지〉

천주실의가 중국 유학계에 던지는 메시지는 세 가지라고 볼 수 있다. 하나는 이성(靈才)이고, 다른 하나는 천주(천주)이고, 또 다른 하나는 우주가 그 자체의 도수, 즉 법칙에 따라 움직인다는 사실이다. 이성은 모든 사태에 대해서 따져볼 수 있는 근거를 제공하였다. 천주는 리의 실체였다. 중사의 말대로 중국에서는 오랫동안 성인이 출현하지 않았다. 성인은 과거의 인물로만 머물

---

59) 위의 책, 7편, "論人性本善 而述天主門士正學." (논인성본선 이술천주문사정학.)
60) 위의 책, 8편, "總擧大西俗尙 而論其傳道之士所以不娶之意 并釋天主降生西士來由." (총거대서속상 이논기전도지사소이불취지의 병석천주강생서사래유.)

러 있었다. 하지만 마테오 리치의 천주는 하늘과 만물을 다스리고 기르는 실체자다. 육신으로 직접 나타나셨다. 그리스도를 통하여 그 실체를 증명한 것이다. 우주가 도수에 따라 움직인다는 것은 성리학이 만물은 리와 기, 그 중에서도 기의 모임과 흩어짐으로 형체를 이루기도 하고 소멸하기도 한다는 논리를 반박한 것이었다. 이러한 천주실의의 사상은 동일하게 우리나라 성리학에도 충격을 줄 수 있는 요소를 담고 있었다. 특히 다산 정약용이 성리학적 리기설을 해체하는 데에 새로운 사상과 증거로 작용할 수 있었다고 볼 수 있다.

〈『천주실의』가 조선유학계에 미친 영향〉

『천주실의』가 우리나라에 소개된 것은 이수광(李睟光, 1563~1628)에 의해서다. 그의 저서 『지봉유설』(芝峯類說) 안에 천주실의를 소개한 것이 발단이었다. 당시 조선의 유학자들은 천주교리서에 대하여 호기심을 가지고 탐독하거나 비판하는 성향을 보였다. 성호(星湖) 이익(李瀷, 1681~1763)의 「발천주실의」(拔天主實義)는 그 대표적인 글이라 하겠다. 이익은 천주교가 유교와는 흡사하고 불교·도교와는 다르다는 마테오 리치의 주장과 다르게 오히려 천주교가 불교와 같은 성격을 가진 종교이고 천주교의 천당 지옥설은 불교의 윤회설과 마찬가지로 세상을 현혹한다고 보았다. 하지만 은연중에 일부분 천주교의 교리를 인정하기도 하였다. 이를 계기로 『천주실의』에 대한 관심이 커지면서 서학에 대한 연구가 활발하게 일어났다. 신후담(慎後聃, 1702~1761)·안정복(安鼎福, 1712~1791)·이헌경(李獻慶, 1719~1791) 등이 『천주실의』와 그 밖의 서교서(西敎書)를 읽고 연구하였다. 이들은 하늘을 주희(朱熹, 1130~1200)와 달리 해석하였고, 천주(天主)를 옛 경전의 하늘과 접합시켜 받아들이면서 차츰 신앙의 길로 들어갔다. 특히 남인들은 서울·아산·전주 등지에 신앙 조직을 만들고 포교에 들어갔는데, 불우한 처지의 양반이나 중인, 그리고 일부 유식한 평민들이 입교하기도 하였다.

남인 출신 다산(茶山) 정약용(丁若鏞, 1762~1836)은 사람이 태어날 때 받게 되는 리기에 의해서 태어나자마자 인간의 품격이 결정되는 것에 이의를 제기하였다. 그는 리가 모든 만물의 본연이라는 데 반대하였다. 주희가 말하는 인간의 본성은 육신과 결합하기 이전의 성일 때만 순선한 것이었다. 그래서 모두의 성이 같다고 할 수 있었다. 정약용은 육신이라는 기에 한정되는 현실의 인간은 이 본연의 성을 다양한 모습과 다른 차원으로 드러낼 수밖에 없다고 보았다. 본연의 성은 현실의 인간의 영역 너머의 추상적 세계였다. 추상적 리는 현실에는 적용될 수 없다. 이미 언급했듯이 리는 옥이나 돌에 나타나는 조직의 결(맥락)을 의미하였다. 옥이나 돌을 다듬을 때 결을 따라가는 실상에서 리를 '결을 따라 쪼아 나간다' 또는 '다스린다' 등으로 해석한 것이다. 그런데 인간사에서는 이렇게 따지거나 다스리는 일 중에 송사를 따지는 것만 한 것이 없다. 그래서 리가 판결의 의미를 가질 수 있었다. 결국 리는 결의 의미로 보면 맥리(脈理)이고, 다스린다는 의미에서는 치리(治理)이고, 송사를 따진다는 의미에서는 법리(法理) 정도로 해석되는 것이었다. 그것은 결코 사람의 본성이 될 수 없었다. 성 역시 리가 아니고 사람이나 동물 등의 기호 정도에 불과한 것이었다.

기가 사용되는 실제 상황을 분석해 보면 기 역시 사람의 생명을 가능하게 하는 혈(기) 내지 기(운) 정도에 지나지 않았다. 사람이 일상생활을 하면서 생활하는 속에서 혈은 반응이 좀 느리고 기는 반응이 좀 빠르다. 기질이란 한 개인이 정서적 의지적으로 반응하는 속도와 강도를 결정한다. 사람의 희노애락은 이러한 반응의 결과다. 이것을 관장하는 것이 심(心)이다. 심이 발동하여 의지가 된다. 의지가 기를 관장하고 기는 혈을 관장한다. 맹자의 말을 빌리면 기는 몸을 채우고 있으면서 사람과 물질로 하여금 생명을 활동하게 한다. 그것은 신진대사와 신체활동, 지각, 식욕과 성욕 등의 자기보존 충동을 하게 하는 요소일 뿐이었다.

정약용의 이러한 논리구조는 성리학을 전통으로 한 조선유학에서는 나타나기 어려운 것이었다. 이 때문에 필자는 마테오 리치가 말했던 이성(靈才, 영재)라는 용어가 간접적으로라도 리기를 비판할 수 있는 동기를 제공했다고 본다. 마테오 리치가 소개한 '천주'(天主, 하늘의 주인)는 절대 주권자의 존재에 대한 증명이자 출현이었다. 천주가 실체로 소개된 것이다. 천주는 기본 상식만 있다 하더라도 보이지 않는 절대선으로서의 리의 존재를 의심하게 하기에 충분하였다. 이 때문에 필자는 천주(실의)가 정약용이 리의 순수성이나 절대성 또는 그것의 실체성을 부정하는데 결정적인 역할을 했다고 보는 것이다. 마테오 리치가 말한 도수(度數)는 기에 대한 의문을 제기하기에 충분하였다. 도수는 일종의 자연과학의 질서다. 이러한 지식은 정약용으로 하여금 현실적 인간은 자연의 질서와는 다른 삶을 살아간다는 것을 깨닫게 했을 것이다. 그가 기를 자연 질서로 이해했다는 증거는 수원성을 축조하는 과정에서 기중기라는 과학적 원리에 움직여지는 기술을 사용했다는 사실이다.

하지만 애석하게도 우리 민족은 자력으로 리기론을 해체하고 학문적 논의를 다양하고 폭넓고 깊이 있게 연구할 수 있는 여건을 만들지 못했다. 조선 말기에 들면서 청과 일본이 우리나라의 침탈을 노골화했기 때문이다. 이외에도 미국, 소련(지금의 러시아), 영국, 프랑스 등의 세계열강들에 의한 경제적 수탈을 당하는 상황에서 민족학 연구를 계속하는 것이 불가능하게 되었다. 특히 1876년 조일수호조규(강화도조약)이 우리나라를 정치·경제적으로 일본에 예속되게 하면서 자력의 연구를 불가능하게 했다. 이 조약으로 인해 우리나라는 무엇을 하든지 일본과 사전이든 사후든 협의를 해야 했기 때문이다. 대내적으로는 조정에서 벌어지는 외척들을 중심으로 하는 권력투쟁과 탐관오리들의 경쟁적이고 악랄한 백성 수탈, 농업소출의 감소 등으로 인해 나라가 더욱 황폐화되어 갔기에 연구할 수 있는 상황이 되지 못했던 것이다. 조선의 백성들이 굶주림과 가난, 수탈 등으로 견디다 못해 일어난 1894년의 갑오농민운동은 이러한 사실을 잘 말해 준다.

〈그리스도교의 전래〉

바로 이러한 시기에 그리스도교가 우리나라에 전래되었다. 최초의 선교사는 1832년의 독일 루터파 출신 칼 귀츨라프(Karl Friedrich August Gützlaff,

1803~1851) 선교사였다. 그는 지금의 충청도 고대도 부근에 상륙하여 약 2개월간 머물면서 주기도문을 한국어로 번역하였다. 1866년에는 토마스 선교사(Robert Jermain Thomas, 1839~1866)가 영국 상선 제너럴셔먼호를 타고 대동강으로 들어와서 성경을 전해주었다. 그는 영국 런던선교회 소속의 선교사였다. 존 로스(John Ross, 1842-1915) 선교사는 1882년에 '예수성교누가복음전서'를 번역하여 출판함으로써 우리나라 그리스도교 확장의 발판을 놓았다. 로스 선교사의 성경번역은 1877년 고려문에서 이응찬(李應贊)과 서상륜(徐相崙, 1848~1926) 등을 만나면서 시작된 일이었다. 같은 해에 계속해서 요한복음이 출간되었다다(3,000부). 1884년에는 '예수성교성셔 맛더복음'(마태복음)과 '예수성교셩셔 말코복음'(마가복음) 등 4복음서와 사도행전이 간행되었고, 1885년부터는 '로마셔', '코린돗전후셔', '가라댜셔'(갈라디아서), '이비소셔'(에베소서) 등의 단권들과 요한복음·마태복음 등의 개정판이 연이어 인쇄·출판되었다. 로스 선교사의 성경번역이 한국교회가 확실한 말씀의 토대 위에 설 수 있게 했던 것이다.

로스 선교사는 스콜트랜드 장로교회 소속으로서 칼뱅주의의 원리를 실천한 사람이었다. 그가 진리의 말씀인 성경번역에 몰두했다는 사실 자체로 그가 칼뱅주의자이었음이 드러난다. 1883년 5월 16일에는 서상륜 등에 의해 황해도 원산에서 소래교회가 처음 세워졌는데, 소래교회는 선교사가 공식적으로 우리나라에 들어오기 전에 세워진 것이었다. 선교사 없이 자국민에 의해서 이처럼 스스로 교회가 세워진 것은 세계 선교사에 유래가 없던 일이기도 하였다. 이런 일이 가능했던 것은 우리나라에 이미 성경이 번역되어 함께 말씀을 배우고 나눌 수 있는 여건이 마련되어 있었기 때문이었다.

1884년에는 미국 감리교 선교사 매클레이(Robert S. Maclay, 1824~1907)가 들어왔고, 같은 해 9월에는 미국장로교회 의료선교사 알렌(Horace Allen, 1858~1932)이 입국하였다. 그는 특히 갑신정변(1884)에서 치명상을 입은 민영익(閔泳翊, 1860~1914)을 구해 줌으로써 왕실과 깊은 교분을 맺었다. 그 후 그는 고종의 도움을 얻어 제중원(처음은 광혜원이었다)을 세웠다.

1885년에는 미국 장로교회의 언더우드(H. G. Underwood, 1859~1916, 한국명 원두우)와 미국 감리교회의 아펜젤러(H. G. Appenzeller, 1858~1902) 등이 입국하면서부터 본격적인 선교가 시작될 수 있었다. 이들은 특히 우리나라의 교육을 근대화하고 활발하게 하였다.

〈말씀 사경회와 평양대부흥운동〉

1907년 1월 14~15일에 일어난 평양대부흥운동은 칼뱅주의의 관점에서 반드시 재해석될 필요가 있다. 물론 필자는 지금까지 한국교회사에서 다루어진 평양대부흥운동의 의의는 영적 각성 운동이었다는 것, 사회적 개혁으로 이어졌다는 것, 연합집회였다는 것, 획기적인 교회성장을 가져왔다는 것 등등을 부인하지 않는다. 하지만 평양대부흥운동이 말씀 사경회를 통한 폭발적인 성령의 역사로 인해 가능할 수 있었다는 사실이 전제되지 않으면 제대로 된 이해라 할 수 없다. 대부흥으로 이끈 회개 운동 자체가 하나님에 대한 고백, 말씀에 대한 믿음, 죄인으로서의 회심 등으로 이루어졌기 때문이다.

1907년 당시 사경회는 각 교회에서 해마다 7일 동안 계속되었고, 도 단위에서는 도사경회가 열렸다. 사경회는 보통 농한기인 겨울에 열렸다. 이 기간에는 모든 교인이 교회에 모여 매일 조직적으로 성경을 공부하고 기도하며 개인전도에 전념할 수 있었다. 사경회는 오전 5시에서 6시까지는 새벽 기도회로 모이고, 9시에서 10시까지 오전 성경공부를 했으며, 10시에서 10시 45분까지 기도회를 했고, 15분간 휴식한 후 다시 11시에서 12시, 오후 2시부터 3시까지 성경을 공부하는 것을 기본으로 하였다. 그 후에는 교회 교직원들과 함께 각 집을 방문하는 전도를 실시하였다. 사경회를 여는 이유는 유대인들이 유월절을 지키듯이 한국의 그리스도인들이 사경회 기간 동안 경건하게 기도하며 하나님의 말씀을 공부하기 위해서였다.

사경회는 칼뱅주의의 관점에서 보면 말씀을 통해 삼위일체 하나님을 알게 하는 계기였다. 길선주(吉善宙, 1869~1935) 목사의 회개는 단순히 개인의 회개가 아니라 자신의 죄를 깨달아 율법을 어기던 삶에서 돌아서서 하나님의 사람으로 살아가는 복음적 회심이었다. 전 교파적으로 그리고 전국적으로 신자의 수가 늘었다는 것은 하나님의 자녀가 그만큼 많아진 것이고, 그들이 말씀에 따라 의와 선을 실천하고자 했다는 것을 의미하였다. 사경회가 연합교회 형식으로 이루어졌다는 것은 한 분 그리스도의 몸인 교회가 본래적으로 하나임을 증명한 것이었다. 동시에 온 교회가 모여서 하나님의 영광을 드러내고 하나님의 기도하는 집이었음을 증명하는 것이었다. 그리스도인의 사회 참여 역시 불신앙의 사람들을 하나님께로 돌아오게 하기 위해 말씀에 따른 의와 선을 실천한 것이었다. 평양대부흥운동 이후 개인적으로나 단체적으로 진행되었던 일체의 교육활동과 정치활동도 하나님의 말씀에 순종하여 죽음에 직면할지라도 그리스도의 부활의 승리를 믿으며 견뎌내는 의로운 실천이었다.

이 사실은 모두 역사적으로도 증명된다. 1904년은 을사늑약이 체결된 해로 한국인들은 울분과 분노, 근심과 낙망으로 젖어 있었다. 한국인들은 일본에 대한 반감은 말할 것도 없고, 그토록 믿었던 미국이 일본의 한국침탈을 인정하게 되자 미국인들이나 외국인들에 대한 반감이 커져가고 있었다. 이러한 난국을 헤쳐 나가는 길은 하나님의 주권적인 역사와 성령의 역사 외에 다른 방법이 없었다.

1903년에 이미 하디(Robert A. Hardi, 1865~1949) 선교사는 스스로 이 상황에 대하여 하나님 앞에 한국인들을 가벼이 대하던 자신의 교민을 회개하고 있었다. 하디의 회개는 그를 초청한 원산지역의 여선교사들의 기도 모임에서 일어났다. 이런 사경회와 기도모임이 기본이 되어 선교사들이 교파를 초월해서 한국복음주의선교회연합공의회(1905)를 만들었다. 1906년 1월부터는 조직적으로 교파를 초월하여 부흥운동이 전개되었다.

이때 마침 캐나다 장로교회 부흥사였던 존스톤(Howard Agnew Johnston)이 1906년에 우리나라를 방문하였다. 그는 당시 세계적으로 일어나고 있던 성령운동을 설명하면서 이 성령운동이 한국 교회에서도 일어나기를 설교하였다. 선교사들과 한국인 지도자들은 존스톤의 설교에 감흥을 받았다. 이러한 분위기 속에서 1906년 12월 말부터 연합사경회가 시작된 것이다. 보통 새해가 되기 전에 사경회가 끝났었다. 그런데 그때의 사경회는 계속되어서 1907년 1월 평양장대현교회에서 남자들을 위한 사경회로 이어지게 되었다. 그러던 중 14~15일 사이에서 특히 길선주 장로(회개 당시)의 회개를 통해서 성령의 역사와 회개운동이 폭발적으로 일어났던 것이다. 이상에서 평양대부흥운동은 진리의 말씀을 근거로 하여 강한 성령의 역사로 인한 회개와 새 삶의 출발이었으며, 교파를 초월한 연합운동이었으며, 선교와 전도를 폭발적으로 확장하게 했으며, 그 후에 조국 독립과 교육입국을 중심으로 하는 사회개혁에 영향을 준 운동이었다고 결론지을 수 있다.

평양대부흥운동을 주도한 선교사들은 대부분 장로교나 감리교 소속이었고, 그들과 함께 했던 조선의 목회자들이나 신자들 역시 같은 소속들이었다. 그들은 모두 칼뱅주의 사상에 영향을 받았던 것이다. 칼뱅주의의 핵심은 성경을 영원한 진리로 믿는 것을 특징으로 한다. 성경을 진리로 믿을 때에만 삼위일체의 하나님 즉, 자신의 백성을 택하시고 인도하시는 하나님, 구속주 하나님이신 그리스도와 그의 순종, 성경을 진리로 깨닫게 하고 모든 택한 자녀를 끝까지 하나님의 자녀로 살아가게 하는 성령을 믿고 실천할 수 있다.

사람이 죄를 용서받고 의롭게 되고 그 후에 바르게 살아가게 되는 전 과정은 전능의 하나님을 알지 못하는 한 있을 수 없다. 구원의 주체는 하나님이시며, 그가 거저주시는 은혜로 인해 구원이 흘러넘치게 된다.

평양대부흥 이후에 김선주 목사, 주기철 목사(朱基徹, 1897~1944), 손양원 목사(孫良源, 1902~1950) 등이 온갖 역경과 사탄의 방해에도 불구하고 믿음을 지켰던 것은 진리의 성경, 그리스도의 부활과 승천을 바라보지 않았더라면 불가능한 일이었다. 그들의 삶이 사도들의 삶이 그랬던 것처럼 성경이 진리임을 증명해 주는 것이었다.

3. 성리학에서 칼뱅주의로

〈성리학의 끝자락에서 칼뱅주의가 시작되다〉

　칼뱅주의는 성경을 영원한 진리의 말씀을 믿는 신학실천사상이다. 칼뱅의 기독교강요는 성경을 따라 어떻게 믿고 어떻게 하나님의 자녀로 거룩하게 살아야 하는지를 밝혀주고 있다. 이러한 신학사상이 정립되어 있었기에 칼뱅은 로마가톨릭사제들이 교회의 전통이나 성인들의 선행이나 그들의 해석전통에 따라 성경을 해석하는 것을 통렬하게 비판할 수 있었다. 칼뱅이 한편으로는 말씀을 지키며 따르고, 다른 한편으로는 말씀의 진리성과 권위에 대한 일체의 도전에 대응한 것 자체가 그 당시 사회의 정치나 생활태도에 일대 전환을 가져왔다.

　우리나라의 경우 사경회를 통하여 성경말씀을 배우고 익히던 과정을 통해서 평양대부흥운동이 일어났다는 것이 칼뱅주의의 근본지향점이 어디에 있는지를 드러내 준다. 그것은 진리의 말씀 성경을 토대로 하는 교회의 연합과 개인구원과 사회개혁이었다.

　성리학이 유교경전들을 중심으로 수신을 통하여 바른 사람이 되고 바른 사회를 이루어가고자 한 것은 훌륭한 사상이었다고 아니할 수 없다. 성리학이 성즉리의 사상에 기초하여 리가 순선한 만물의 근원이라는 전제를 확보하려 한 것은 대단한 의의를 지니는 것이었다. 하지만 중국이나 우리나라의 유학사에서 구체적인 인물이 등장하여 리의 실증성을 드러내지 못한 것이 문제였다. 오늘날에는 더욱 뚜렷이 밝혀졌지만 자연의 변화조차도 리의 순선함을 드러내는 것이 아니었다. 그래서 학문이 발전하고 사고가 발달하면서 성리학, 특히 리기론이 분석되고 해체되는 길로 가게 되었다. 이로 인해 우리 민족이 신봉하던 사상을 잃어버리고, 그 대안을 마련하지 못한 채 일제와 청, 그리고 열강의 먹잇감으로 전락되고 말았다. 이로 인해 온 민족이 정신적 육체적 희망을 잃어버리고 절망으로 빠져들었다.

바로 이때 칼뱅주의가 우리나라에 들어온 것이다. 한국기독교의 역사는 천주교회의 전래로부터 따져보면 200여 년을 훌쩍 넘어선다. 토마스 선교사를 기점으로 칼뱅주의의 관점에서 보더라도 그것은 150여 년을 넘어선다. 평양 대부흥운동은 세계사적으로 보더라도 획기적인 신앙운동이었고 인간구원(개조) 운동이었고 사회를 개혁하는 운동이었다. 19세기 말엽에서 20세기 초엽까지의 한국기독교는 불신앙의 사람들에게도 신뢰의 대상이었다. 한국교회 특히 칼뱅주의 교회들은 선교사가 있기 전에 황해도에 우리 민족 스스로 교회(소래교회)[61]를 세울 정도로 신실하고 실천적이었다.

〈기독교인가 개독교인가〉

하지만 오늘날 한국의 기독교는 한편에서는 개독교라 불리고도 있다. 1980~1990년대의 시기 이후로 기독교인의 수도 계속 줄어들고 있다. 이런 현상들은 한국교회에서 그렇게 많이 외쳐지고 있는 설교들이 과연 무슨 영향을 주고 있는지를 생각해 보게 한다.

개독교의 오명에서 벗어나기 위해서는 한국교회가 하나님의 자녀들이 하나님의 자녀로서 바르게 살아가도록 성경을 진리로 실천하며 전해야 한다. 나아가서 한국교회는 정치, 경제, 사회, 문화, 학문, 예술, 스포츠 등 모든 분야에서 칼뱅주의의 이념을 실천하려고 해야 한다. 한국교회 안에서 성경의 말씀에 있는 정의와 공의가 먼저 흐를 수 있어야 한다. 동시에 개인과 가정과 사회와 나라 안에 그 정의와 공의가 흐르도록 하는 역할을 감당해야 한다.

한국교회는 또한 칼뱅주의신학을 교조화해서 교회 자체의 이익과 명예를

---

61) 소래교회는 인삼장수였던 서상륜과 그의 동생 서경조가 함께 하여 1883년 5월 16일 황해도 장연구 대구면 송천리 소재 소래마을의 한 초가집에서 1883년 5월 16일에 시작된 최초의 개신교회이다. 소래교회는 1895년에 8칸의 기와집 예배당으로 증축되었고, 그 다음 해에 8칸이 더 증축되었다. 소래교회는 신임 서양선교사의 한국어 교육장소로, 동학농민혁명 기간에는 동학군의 피신처로 사용되기도 했다.(한국어 위키백과 참조)

추구해서는 안 된다. 한 번 목회자는 영원한 목회자인 양 행세해서는 안 된다. 교회세습이나 교회의 직분만을 목적으로 하는 신앙생활, 좌우 이념에 지나치게 빠져들거나 지역주의, 경제나 직위 등급에 따른 차별 등등의 잘못된 모습을 보여서는 안 된다. 칼뱅주의는 과거나 현재나 삼위일체의 하나님을 알고 그에게로 돌아와서 하나님의 자녀로 하나님을 영광스럽게 하기 위해 의와 선의 생활을 하도록 촉구하는 이론체계이자 구체적인 실천체계이기 때문이다.

〈칼뱅주의 교회의 세 가지 사명〉

칼뱅주의 교회는 칼뱅주의라는 이름에 어울리는 교회모습으로 돌아가야 한다. 이를 위해 칼뱅주의 교회가 해야 할 최우선의 사명은 성경이 영원한 진리임을 철저하게 확보하여 전하고 가르치는 것이다. 과거 서원들은 사서삼경을 중심교육과정으로 삼아 전국적으로 성리학 사상과 생활방식을 학생들에게 가르치고 지도하였다. 오늘날 한국의 칼뱅주의 교회의 목회자들도 각각 자신의 교회에서 성경이라는 공통된 경전을 바르게 전하고 실천하게 하는 교육전선을 구축해야 한다. 목회자마다 동일한 본문에 대해서 각각 다르게 설교(해석)할 수 있다. 그러나 누가 어디에서 설교를 하거나 듣거나 간에 그 설교(해석)들이 하나님의 말씀이 영원한 진리라는 공통성을 반드시 지니고 있어야 한다. 오늘날 한국기독교가 개독교라는 오명을 벗어나기 위해서는 우리 민족이 처음 성경을 받은 것처럼 새 마음으로 성경의 진리성을 확신하며 실천하지 않으면 안 된다.

두 번째 사명은 하나님의 말씀을 어떻게 해석하느냐와 관련된다. 말씀에 대한 바른 해석이 있어야 바르게 실천할 수 있다는 것은 말할 필요가 없을 것이다. 조선의 유학자들이 성리학 경전들을 읽어내고 나름대로 조선의 상황과 생활방식에 맞게 해석해 내어 개인과 가정의 삶에 적용하고 사회와 국가의 생활영역까지 성리학적 생활태도를 실천하게 하였다. 칼뱅주의자들은 이것을 벤치마킹할 필요가 있다. 우리나라 칼뱅주의자나 교회는 성경을 하나님의 진리의 말씀이라고 입으로만 주장하는 경향이 강하다. 그들의 언행이 하나님의 말씀과 너무도 다른 생활모습을 보이고 있다. 개개인 신앙인들의 생활모습도 교회 안에서와 교회 밖에서 너무도 다른 모습을 보이고 있다. 특정 교회 목사들의 교회세습 행태, 목회자들의 성추행, 금전적 부정행위, 위선적 언행, 지나친 교권주의, 교회 안에서 벌어지는 각종 다툼 등 수많은 문제들이 한국교회를 개독교라는 오명을 쓰게 하고 있다. 한국교회가 개독교에서 칼뱅주의기독교로 회복하기 위해서는 시간이 많이 걸릴 것으로 보인다. 필자는 그 회복의 길이 진리의 말씀을 바르게 해석하고 그 해석에 따라 진실하게 실천해 가는 그 한 길이라고 믿는다.

　칼뱅주의교회의 세 번째 사명은 성경의 진리임을 보장하고 진리로 해석하기 위해 어떻게 지속적으로 체계적으로 공부하고 실천할 것인가의 방안을 마련하는 것이다. 평양대부흥운동을 통해 드러난 사실은 말씀에 의지하고 성령의 깨우침으로 개인의 회개와 구원, 교회의 연합과 전도, 사회개혁이 실현될 수 있다는 것이었다. 오늘날 한국교회에서 진행되고 있는 부흥회나 각종 성경공부강좌나 신앙모임들이 정말로 말씀을 사모하며 성령의 도우심을 구하고 있는지를 되돌아보아야 한다. 평양대부흥운동 때처럼 말씀을 믿으며 기도에 힘쓰며 성령의 도우심을 겸허히 간절히 고대하고 있는지를 반성해야 한다. 이를 위해 칼뱅주의 교회는 칼뱅주의에 맞는 성경공부방법을 마련하고 실천할 수 있어야 할 것이다.

　성리학은 고려시대의 불교적 생활양식 대신에 격물·치지·성의·정심·수신·제가·치국·평천하의 공부방법과 박학·심문·신사·명변·독행의 공부방법을 제공하였다. 경(敬)·성(誠) 등의 바른 몸가짐과 바른 마음자세 갖기 등의 공부방법도 가지고 있었다. 이런 요소들이 불교 중심의 사회를 유교 중심의 사회로 개혁해 낼 수 있었던 것이다.

　성경읽기방법으로 알려진 것은 '일삼주오'(一三主五, 성경을 평일에는 날마다 3장씩, 주일에는 5장씩 읽으면 1년에 한 번 읽는다)의 방법이었다. 성경

통독을 위해서는 여전히 아주 좋은 방법이라 여겨진다. 오늘날에는 매일성경 등과 같은 일일성경공부교재를 활용하는 방법도 의의가 있다고 본다.

성경연구방법이란 성경을 진리로 믿는 믿음과 이 진리의 말씀을 바르게 해석하는 방법을 말한다. 가다머(Hans-Georg Gadamer, 1900~2002)가 자신의 저서 "진리와 방법"(Warheit unt methode)에서 밝히고 있듯이 진리를 드러내기 위해서는 반드시 진리로 드러내기 위한 방법이 있어야 한다. 방법 자체가 진리를 담아낼 수 있어야 한다는 말이다. 방법이 제대로 되지 않으면 진리를 드러내기 어렵다. 예컨대 성리학에서 리를 드러내는 것은 기였다. 따라서 기가 진리이기 위해서는 리의 절대선과 리의 완전한 조정 또는 리의 조건을 그대로 따라야 했다. 성리학의 경우 방법은 훌륭했지만 이전의 리의 절대선의 거짓과 이후의 생활실천의 위선이 그것을 몰락으로 내몰았던 것이다. 칼뱅주의에서 성경을 진리로 증명해 주는 것은 성령이라 믿고 있다. 성령이 진리를 깨닫게 하고 진리대로 살게 한다는 것이다. 그렇다면 모든 성경연구방법은 성령의 깨우침에 근거해야 하는 것은 말할 필요가 없는 것이다. 성령의 인도하심 아래 믿음으로 바르게 성경을 해석하는 방법을 마련하고 그 해석대로 바르게 신앙실천으로 이어질 때 제2, 제3의 평양대부흥운동이 이 땅에서 일어날 것이다.

다음 장에서는 칼뱅주의의 사명을 감당하기 위해 성경이 왜 영원한 진리인지가 밝혀질 것이다. 그 다음으로는 영원한 진리의 성경을 하나님 앞에서 의롭게 해석할 수 있는 방법들이 고찰될 것이다. 마지막으로 칼뱅주의 그리스도인들이 어떻게 바르게 살아가야 할 지가 논의될 것이다.

제5장

성경은 진리다

본장은 성경이 진리임을 증명하는 것이 핵심이다. 이를 위해 성경 성립의 과정, 사본들의 존재와 의미, 성경번역에서 나타나는 문제점, 언어가 갖는 한계에서 오는 문제점, 진리 증명 방식의 문제점 등을 검토한다. 이를 통하여 성경이 왜 정확무오한 진리인지가 증명되고 있다.

1. 텍스트로서의 성경

〈성경은 거룩한 책이다〉

성경(The Bible, τὰ βιβλία)은 '신성한 원전들' 또는 '신성한 경전들'이 모여서 된 책이다. 헬라어로 '타 비블리아'(τὰ βιβλία)는 '책들'을 의미한다. 중세 라틴어 '비블리아'는 '거룩한 책'(*biblia sacra*)의 축약형이었다. 그것은 처음에는 복수형으로 사용되었는데 서서히 여성 단수형 'biblia'로 바뀌게 되었다. 그러나 단수로 바뀌었음에도 '비블리아'는 '거룩한 책(들)'이라는 의미를 여전히 간직하였다. 그것이 오늘날의 영어 'The bible'(그 책)이 되었다.

성경이라 불리게 되기 시작한 것은 주전 2세기경에 유대인의 일부 집단들에 의해서였다. 그들이 '성경의 책들'을 '경전'(scriptures)이라 부른 것이다.

그 후에 거기에 다시 히브리어로 '키트베이 학코데쉬'(כִּתְבֵי הַקֹּדֶשׁ, 거룩한 경전들)을 합하여 지칭하면서 성경, 곧 '타 비블리아 타 하기아'(τὰ βιβλία τὰ ἅγια)가 된 것이다.

'성경'(聖經) 또는 '성서'(聖書)는 'The Bible'에 대한 한자어 번역어이다. '聖'은 '거룩하다'의 뜻이고 '經'은 경전을, '書'는 책을 각각 의미한다. 따라서 한자권의 지역에서 성경이나 성서 역시 '거룩한 책'을 의미하고 있다.

〈칠십인경과 기타 번역 성경들〉

오늘날의 성경의 시작은 말할 필요도 없이 구약에서부터였다.[62] 현존하는 최고의 구약성경사본은 주전 3세기경에 번역된 칠십인경(The Septuagint or the LXX)과 주후 10세기경에 번역된 마소라 텍스트(The Masoretic Text) 두 종류를 들 수 있다. 먼저 칠십인경을 설명하기로 한다.

히브리인들에게 히브리어로 기록된 타나크(Tanakh)[63] 또는 미크라

---

62) 성경이 기록되어 책이 될 수 있기 위해서는 종이와 필기도구, 그리고 책으로 포장할 수 있는 기술과 도구들이 마련되어야 한다. 파피루스나 양피지 등이 발명되고 필기도구가 보편화된 시기가 아무리 빨라도 주전 6세기 이전으로 가기는 어렵다. 대체로 주전 450년경 전후에 성경사본이 성립되었을 것으로 보고 있다. 성경저자들이 각각 직접 기록한 원본이 있었을 것은 분명하다. 성경저자들 이후의 사람들은 그 원본을 보고 베껴서 사본을 많이 만들었다. 성경을 많은 사람들이 볼 수 있도록 하기 위해서였다. 오랜 세월이 지나고 이들 원본이나 사본들이 발견되기 시작했다. 지금에 와서는 그것들 중에 어느 것이 원본인지 알 수 없는 상황이다. 그래서 성경원본이라 말하지 못하고 성경사본이라고 하는 것이다. 모든 성경기록들 – 사해사본들, 쿰란사본들, 나그함마디 라이브러리(사본들) 등등 – 이 사본이라 불리는 것도 그 때문이다.

다만 모세오경 등은 필기도구를 가지고 오래 보관할 수 있는 기록용지 즉, 양피지나 파피루스 등이 없던 시기의 내용을 담고 있다. 성서고고학자들이나 많은 성경 관련 연구자들은 모세오경의 내용이 구전으로 세대에서 세대를 거쳐 전승되어 오다가 그것들을 기록할 도구와 용지가 발명되었을 때 기록되어 성경책(토라)이 되었을 것으로 보고 있다. 따라서 칠십인경 이전에도 구약성경의 사본이 있을 수 있다는 가능성을 배제하지 못한다.(필자 주)

63) 타나크는 24권의 책으로 구성되어 있다.(https://en.wikipedia.org/wiki/Tanakh. 참조)

(Mikra, '읽을거리' 또는 '읽혀지는 것')라고 불리는 경전이 있었다. 타나크는 구전으로 전해진 것으로 보이는데 토라(Torah, 가르침), 네비임(Nevi'im, 예언서), 케투빔(Ketuvim, 기록들)의 세 부분으로 구성되어 있다. 하지만 이것들이 언제 히브리어로 기록되었는지는 알려져 있지 않다.[64] 현존하는 최고의 구약성경사본은 주전 3세기경에 번역된 칠십인경(The Septuagint or the LXX)이다. 그것은 처음에는 모세 오경(토라)만의 번역으로 이집트의 알렉산드리아에서 번역되었는데 당시의 헬라 문명 하에서 코이네 헬라어로 번역된 것이었다.[65] 그 후 주후 2~3세기에 걸쳐서 나머지 텍스트들(네비임, 케투빔)이 번역되었다. 즉, 토라(Torah, 가르침)와 네비임(Nevi'im, 예언서)과 케투빔(Ketuvim, 기록들)이 모두 합쳐진 것이다. 이때부터 칠십인경은 구약성경 전체를 의미하는 말로 사용되기 시작했다.

칠십인경은 예수님이 승천하신 후 초기 기독교인들에게도 당연히 성경으로 인정받았다. 마태, 마가, 누가, 요한의 네 저자들이 모두 그들이 기록하기 이전에 기록된 성경이 있다는 것을 인용하고 있는데, 이 성경은 거의 확실하게 칠십인경을 가리킨다. 물론 토라의 칠십인경 이외에도 다른 여러 히브리 성경사본들이 있다고 보는 것이 타당하다. 그런 중에도 칠십인경이 유대인들에게 권위 있는 성경으로 받아들여졌던 것이다.

예수님이 승천하신 후의 초창기 기독교인은 유대인 기독교인들이 대부분이었다. 하지만 시간이 갈수록 이방인 기독교인들이 많아졌다. 하지만 전통 유대주의 신앙 즉 토라의 교훈만을 중심으로 하면서 해외에 살아가는 디아스

---

[64] 위의 글 참조. "토라, 네비임, 케투빔의 세 부분으로 구분하는 것은 마소라 학파의 구분법을 따른 것이다. 랍비 전통에 따르면 타나크는 구전(oral tradition)에 의해 세대에서 세대로 이어져 오게 되었다. 그래서 타나크는 '구전 토라(Oral Torah)'라고 불리기도 한다." 탈무드에 따르면 타나크의 대부분의 책들은 B.C 450년경에 '위대한 성회의 남자들'(The men of The Great Assembly)의 작업에 의해서 성문화된 것으로 보인다(Google, wiki 백과 참조).

[65] 김경래 저, 『사본들을 통해 보는 성경: 구약 성경 사본학 글모음』, 전주대학교출판부, 1997, 38쪽.

포라 유대인들은 비유대인들이 이해하기 어려운 그들만의 행동양식을 보이기 일쑤였다. 그래서 외국인들은 디아스포라 유대인들의 행동양식에 대해 의문과 궁금증을 갖게 되었다. 서로의 이해가 충돌하는 부분 특히 경제적인 이익이 충돌하는 영역에서 유대인과 비유대인 그 중에서도 그리스인들과 심한 갈등이 야기되었다. 이집트의 프톨레미 왕조 통치 시대에 알렉산드리아 시에서 유대인과 그리스인 사이에서 이 알력이 아주 심했다. 로마에서도 이런 현상이 일어났기 때문에 로마의 황제 글라우디오(Tiberius Claudius Caesar Augustus Germanicus, BC 10년~AD 54년, 재위 AD 41년~AD 54년)는 유대인들을 수도 로마에서 쫓아내기도 하였다. 이러한 반목이 지속되던 가운데 AD 70년에 로마군에 의한 예루살렘 성전의 멸망은 유대인들에게 커다란 충격을 주었다. 반유대주의는 더욱 강화되고 있었기에 유대인들은 이 상황에서 그들의 신앙과 전통에 대하여 다시금 관심을 갖게 되었다. 이때부터 유대인들은 히브리어 원문과 칠십인경의 번역을 대조하면서 성경연구에 착수하였다. 이 연구를 통하여 칠십인경 번역이 많은 부분에서 히브리 원어 성경과 일치하지 않는다는 것과 번역 과정에서 다름이 있다는 것을 알게 되었다. 이때부터 타나크를 다시 번역하기 시작했던 것이다.

아퀼라(Aquila of Sinope)는 폰티오 출신으로 130년경에 토라를 다시 번역하였다. 그의 번역은 유대인 랍비들에게 인정을 받아 공식적인 번역이 되었다. 기독교에서는 아퀼라의 번역을 좋아하지 않았다. 하지만 오리겐(Origen of Alexandria or Origen Adamantius, 184/185~253/254)이나 제롬(Jerome, Eusebius Sophronius Hieronymus, 347~420) 등은 아퀼라의 번역을 충실한 것으로 인정하였다.

오리겐은 히브리 성경(The Hebrew Bible)을 최초로 비평하는 방식으로 번역하였다. 그의 번역 성경을 헥사플라(Hexapla)라 하는데 그 형식은 히브리어 본문, 히브리어 본문의 헬라어 음역, 아퀼라, 쉼마쿠스, 칠십인역, 테오도티온의 6종류의 번역본을 칼럼으로 하여 비교할 수 있게 한 것이었다.[66]

2세기경에는 '베투스 라티나'(*Vetus Latina*, Old Italian)라는 성경 번역

본이 있었다.[66] 베투스 라티나는 칠십인경의 성서들이나 신약성경의 일부를 수기한 사본들을 모아서 부른 명칭이다.

405년 제롬은 '불가타'(the Vulgata) 성경을 번역하였다. 제롬은 이전의 베투스 라티나 사본들은 모두 헬라어로 된 칠십인경을 원전으로 삼아 번역했기에 번역에 문제가 있다고 보고 직접 히브리어 성경을 근거로 번역에 착수하였다. 그의 불가타 성경은 후에 로마가톨릭의 공식적인 성경으로 인정되었고 지금까지 전해져 오고 있다.

〈아람어 타르굼 텍스트〉

아람어 타르굼(Aramaic Targum, 아람어 번역 성경)은 예수님이 살아 계시던 당시에 이미 팔레스타인 지역에서 히브리어 성경보다도 더 통용되고 있었다. 아람어가 유대인들 사이에서 상용되기 시작한 것은 주전 586년 이스라엘이 멸망되고 바벨론 유수를 당했던 시기 이후로 보인다. 바벨론으로 유수를 갔던 유대인들이 그 당시 국제공용어였던 아람어를 상용어로 사용하였기에 젊은 세대 이하는 히브리어를 잃어버렸을 것이다. 아람어가 유대인들 사이에서 계속 제2외국어 정도로 사용되었을 가능성이 크다. 게다가 AD 70년 예루살렘 성전이 멸망하고 난 후 유대인들은 어쩔 수 없이 유럽 세계 전 지역으로 흩어지게 되었다. 흩어진 유대인들은 성전이 없어서 히브리어 성경을 사용하기 어려웠다. 자연스럽게 유대인 신세대들은 더욱 급속히 히브리어를 잊어갔을 것이다. 더욱이 유대인 성전이 마땅치 않았기에 디아스포라 유대인들은 성전 대신에 회당에서 예배해야 했다. 예배 때에 율법사들이나 제사장들은 히브리어 성경을 읽고 가르치는 것이 전통이었다. 따라서 히브리어를 모르는 젊은이들은 그 내용을 이해하기 어려웠다. 그래서 성경을 가르치는

---

66) 김경래 저, 『사본들을 통해 보는 성경: 구약 성경 사본학 글모음』, 48쪽.
67) https://en.wikipedia.org/wiki/vetus Latina 참조.

사람들은 히브리어를 잘 모르는 세대들에게 이해를 돕기 위해 당시의 통용어이던 아람어로 설명하는 경향이 있었다. 초기에는 젊은이들이 아람어 번역을 받아 적는 것이 금지되었다. 하지만 서서히 아람어 설명을 받아 적는 것이 허용되었다. 그러다가 주후 1세기 중반 이후로는 아예 타르굼 서물들이 출현하게 되었던 것이다. 주후 2세기 중반 이후에 아람어 타르굼 번역이 성립된 것은 어쩌면 자연스러운 일이었다. 거기에는 아람어로 설명되는 부분들이 성경으로 포함되기도 하였다.

〈마소라 텍스트의 성립〉

주후 500년 이후부터 특히 7~10세기 사이에는 마소라 학파와 마소라 학자들의 노력에 의해 마소라 텍스트(성경)이 성립될 수 있었다. 그 시작은 1~2세기로 거슬러 올라간다. 아퀼라의 스승이자 유대인 랍비 아키바(Akiba, Jacob)는 예루살렘 성전이 함락되고 난 후 로마의 압제 밑에서 살았다. 그러던 중 주후 132~136년 사이에 시몬 바르 코크바(Bar Kokhba)가 주동이 되어 로마에 대항하여 반란을 일으켰다. 이 반란을 지켜보면서 아키바는 에스라가 유대백성들에게 율법책을 낭독하고 그 뜻을 해석해 줄 때 백성들이 크게 감동되었던 지난날의 역사(느 8:8)를 생각하게 되었다. 그 역시 에스라의 역할을 재현하겠다는 생각에서 구약성경의 연구를 시작하였다. 그 후 랍비 출신의 학자들이 구약성경 본문의 필사와 편집 작업을 시도하였다.

하지만 바르 코크바의 반란의 여파로 성경의 필사와 편집 작업을 일시 중단시켰다. 유대인들이 58만 명에 달하는 인명의 피해를 입었고, 포로가 된 자들이 노예로 팔려 나갔기 때문이다. 로마제국은 유대인들이 예배에 참석하는 것을 빼고는 예루살렘에 거주하는 것을 금지하였다. 대신에 동쪽 바벨론 지역의 티베리우스나 예루살렘의 팔레스타인 지역 두 곳으로 유대인들을 강제 이주하게 하였다. 그러나 번역과정에서 바리새파와 사두개파 그리고 서기관들 사이에서는 성경 해석에 관한 논쟁이 심화되어 갔다. 그들의 논쟁은 관전자의 입장에 있던 다른 유대인들이 보기에는 서로 성경을 바르게 해석해야 한다고 주장하려는 데 있었다. 이 사태는 바르고 표준적인 성경번역이 필요함을 말해 주는 것이었다.

티베리우스와 예루살렘에 거주하던 동쪽 지역의 사람들과 서부 지역의 사람들은 서로 다르게 생활하면서 각자 독특한 문양이나 문자들을 사용하였다. 다른 문양이 나타나게 된 것은 히브리어 자음에 대한 발성이 달라서 그 발성법을 따라 표기하기 시작하면서부터였다. 이런 일은 각각의 지역에 사는 서기관들과 학자들의 주도에 의해 진행되어 갔다.

주후 5세기를 지나면서 마소라 학자들은 발음의 차이 등을 시정하는데 착수하였다. 자음 사본과 모음 문자표기 만으로는 불완전하기에 그들은 구두법을 표시하는 억양부호와 발음과 음률을 표시하는 부호들도 만들었다. 그 후 6~7세기경에는 사본의 옆이나 위, 아래에 주가 첨가된 사본으로 개정되면서 서서히 마소라 텍스트가 만들어지게 되었다. 마소라는 히브리어로 '마소레트'(מָסֹרֶת) 즉, 줄이나 끈으로의 연결을 의미하였다(겔 20:37). 마소라 사본의 대표적인 것으로는 920년경에 성립된 알레포 코덱스(Aleppo Codex)를 들 수 있다. 다른 하나는 레닌그라드 사본으로(Leningrad codex) 1008년에 완성되었다. 두 권 모두 마소라 학자인 모세 벤 아셀(Moses ben asher)의 영향을 받았다.

〈사해사본〉

마소라 텍스트 이후로는 1947년에 발견된 사해사본(the Dead See Scrolls)을 들 수 있다. 사해사본에는 다양한 사본들이 포함되어 있다. 무엇보다도 가장 완전한 이사야서 사본이 담겨 있었다. 이외에 고대 히브리어로 기록된 레위기 단편들, 주전 3세기경의 것으로 추정되는 사무엘서 단편들이 포함되어 있고, 하박국 주석 일부, 나훔 주석, 시편 37편의 주석들도 포함되어 있다. 사해사본의 대부분은 신약과 관련된 것들이 많았다. 사용된 언어는 히브리어가 가장 많고 다음으로는 아람어, 헬라어, 라틴어, 아라비아어 등의 순이었다.

중요한 사실은 사해사본들이 마소라 텍스트의 것과 내용을 대조할 때 서로 다른 것이 거의 없다는 것이다. 마소라 텍스트를 칠십인경의 내용과 비교해 보더라도 서로 간에 다른 것이 그다지 많지 않았다. 이런 사실에서 보면 히브리 성경, 칠십인경, 아퀼라의 번역사본, 오리겐의 헥사플라, 제롬의 불가타 사본, 카이로 사본, 레닌그라드 사본, 사마리아 사본 등 거의 모든 사본들이 마소라 사본의 내용과 그다지 다르지 않다는 것을 짐작할 수 있게 한다.

〈다양한 사본들의 존재의미〉

다양한 사본들의 존재는 결국 이 사본들을 가능하게 한 원본이 존재했음을 증명해 준다고 해야 할 것이다. 현재 하나님의 말씀을 기록한 최초의 원본은 존재한다고 할 수도 없고 하지 않는다고 할 수도 없다. 원본이 존재한다 하더라도 그것이 원본인지 알 수 없다. 더 나아가서 원본이라 하더라도 그것이 사본과 대동소이하다면 원본 자체가 지니는 의의는 그다지 크지 않다. 즉, 원본의 존재는 단지 원본이 존재한다는 사실 그 자체 그 이상의 의의가 없게 되는 것이다. 결국 원본과 사본의 관계는 원본이든 사본이든 이들 두 책은 오직 말씀 그 자체가 있었다는 것을 증명해 주는 데 불과한 것이다.

이러한 사정은 신약성경과 관련해서도 마찬가지다. 신약성경은 바울의 서신을 필두로 세상에 드러나기 시작했다. 신약성경은 바울이 주후 48~49년경에 기록한 것으로 보이는 갈라디아서를 시작으로 기록되기 시작하였다. 그 외의 바울 서신들과 마태, 마가, 누가의 공관복음은 모두 70년을 전후해서 쓰인 것으로 추정된다. 요한복음이나 요한계시록 등은 사도 요한의 말년에 쓴 것으로 보며 그것들은 95~100년 사이에 기록된 것으로 보인다. 이를 종합하면 신약성경의 완성은 1세기 중반부터 시작하여 2세기 초반에 모두 끝이 났다고 볼 수 있다.

신약성경의 사본들은 파피루스, 언셜(대문자 필기체), 미너스쿨들(작은 필기체), 그리고 성구집들의 네 가지 범주로 나눌 수 있다. 목록화된 파피루스 사본들이 96개, 목록화된 언셜 사본들이 299개, 목록화된 미너스쿨 사본들이 2,812개, 목록화된 성구집들이 2,281 등으로 총 5,488개의 신약 헬라어사본들이 존재하고 있다.(부르스 M. 메쯔거 저, 강유중장국원 공역,『한국교회사』, 기독교문서선교회, 323쪽). 신약의 고대 번역판들로는 시리아어 번역판, 라틴 번역판, 곱트어 번역판, 고트어 번역판, 아르메니아어 번역판, 그루자아어 번역판, 에티오피아어 번역판, 고대 스라브어 번역판, 기타의 고대 번역판들이 있다.

이들 사본들은 그 대부분의 내용에 있어서는 일치한다. 하지만 서로 틀린 부분도 적지 않다. 그들 사이의 정오를 구별할 수 있는 원본은 존재하지 않는다. 원본이 존재한다 하더라도 어느 것이 원본인지는 알 수 없는 실정이다. 이러한 사실이 던져주는 문제는 과연 오늘날의 성경은 정확무오한 진리의 말씀인가 하는 것이다. 그리고 이 문제는 번역과 해석의 문제와도 직결된다.

〈성경번역과 정오의 문제〉

성경 번역과 관련하여 중국이나 우리나라의 성경번역본에서도 정오의 문제는 피할 수 없을 것이다. 중국에서 성경의 소개는 당나라 태종 때인 635년에 네스토리우스파 선교사인 아라본(阿羅本, Rabban Oloen)이 당시 수도였던 시안(西安)에 성경책을 가지고 들어오면서부터였다. 이것이 중국 경교(景教, 기독교)의 시작이었다(이환진, ＜중국어성서번역사＞, 제17집 1호). 그 후 10년이 지날 즈음에 페르시아인 경정(景淨)이 중국 문인의 도움을 받아 ＜존경＞(尊經, 경교경전)을 시리아어에서 중국어로 번역하였다. 그의 번역은 음역과 의역을 함께 섞어 번역한 것이었으며 자연히 문구도 이해하기 어려웠다. 그 후 중국에서 이루어진 성경 번역은 대체로 선교사가 구두로 번역을 하면 중국문인이 그것을 받아서 기록하는 형식이 지속되었다. 선교사가 성경에 대해 중국어로 주석을 달면 중국 문인이 그것을 윤문하는 형식이었다. 이러한 번역 스타일은 16세기에서 19세기 중반까지 지속되었다. 심지어 성경 번역이 문학화하는 경향들이 생겨나기도 하였다. 이러한 사실들에 비추어 보면 중국의 번역 성경 안에도 상당한 착오와 오해의 부분이 있을 수 있음을 짐작하게 된다.

우리나라에서 최초의 한글 성경 번역은 존 로스 선교사(John Ross, 1842~1915)의 주도 하에 이응찬, 김진기, 이성하, 백홍준, 서상륜 등에 의해서 번역된 [예수셩교누가복음젼셔]이다. 이 번역작업은 1877년 이응찬의 참여로 시작되어 1882년에 완성되었다. 그 후 1886년 가을에 『예수셩교젼셔』(신약 전체)가 완역되었다. 최초의 구약번역은 알렉산더 알버트 피터스(Alexander Albert Pieters, 1871~1958) 목사에 의해서 이루어졌다. 그가 1898년에 시편의 일부를 우리말로 번역해서 〈시편촬요〉를 출간한 것이 역사상 최초의 한글 구약성경 번역이었다. 그 후 1887년에 조직되었던 상임성서실행위원회가 중심이 되어 1904년부터 구약번역에 힘을 쓰면서 1910년 4월 2일 오후 5시에 구약전체 번역이 완료될 수 있었다. 다음 해인 1911년 3월에는 『구약젼셔』가 인쇄되었고, 5월에는 신구약 3권으로 된 『셩경젼셔』가 출간되었다. 이상을 통해볼 때 우리나라의 성경번역 과정에도 선교사와 우리나라의 언어와 문화 등의 다름으로 인해 얼마든지 오해나 오역 등의 문제가 담겨있을 수 있음을 알 수 있다.

성경번역과 관련된 이러한 사정은 두 가지로 이해해 볼 수 있다. 하나는 다양한 번역 성경들의 존재는 일차적으로 사본들이 있었음을 증명해주고 수많은 사본들은 그 사본들을 가능하게 한 원본들이 있었음을 증명해 준다는 사실이다. 예컨대 사해사본은 칠십인경이나 마소라 텍스트의 진리성을 증명해 주고 있고, 칠십인경이나 마소라 텍스트의 존재는 이들 자체를 성립시킨 저본으로써의 히브리 원전(Hebrew text-type)이 존재했음을 증명해 준다는 것이다. 동일한 이유에서 오천여 종이 넘는 신약성경의 사본들도 모두 헬라어 원본이 존재했음을 증명해 준다고 볼 수 있다. 말할 필요도 없이 중국어 성경번역본이나 우리나라의 성경번역본 역시 원본 그러니까 하나님 말씀의 실본을 증명해 주는 역할을 한다. 또 다른 하나는 이미 말씀의 원본이 있음이 증명된 이상 성경번역에 있어서의 오해나 오역의 영역은 더욱 진리답게 바르게 번역되어야 하는 사명이 신앙인들에게 맡겨지고 있다는 사실이다. 이유여하를 막론하고 모든 그리스도인들은 하나님의 말씀을 진리로 번역하고 해석하는 사명을 부여받고 있는 것이다.

2. 언어와 화언과 진리

성경은 언어로 기록되어 있는 책이다. 한 언어에서 다른 언어로 번역이 된다는 것은 서로의 언어가 전달되고 이해된다는 것을 의미한다. 만일에 성경이 서로 말해지거나 이해되지 않는다면 성경은 언어라는 기호를 가진 책에 지나지 않는다. 단순히 언어로 쓰였다는 사실만으로는 아무런 의미전달이 없는 것이다. 언어를 살아 있게 만드는 것은 그 언어를 입으로 발음하고 그 언어를 듣고 이해할 때이다. 이를 화언(話言)이라 하는데 언어현상의 하나다.

〈언어현상의 의미〉

스위스의 언어학자 소쉬르(Ferdinand de Saussure, 1857년~1913년)는 언어 현상에 세 가시 요소가 있나고 보았나. 발음작용, 청각작용, 사회적 소통활동 세 가지다. 발음작용과 청각작용 사이에는 발음해서 각각 나뉘어져 밖으로 표현되는 음절들이 귀에 감지되는 청각작용과 동시에 연계된다. 이때 두 사람 사이의 언어현상이 한 사람은 단순히 기계적인 언어를 발음했을 뿐이고, 다른 한 사람 역시 단순히 기계적으로 발음된 것을 듣고 마는 것이라면 그 언어현상은 의미가 없다. 언어현상으로의 음성은 관념과 결합되어 생리적으로 심리적으로 복합된 단위의 음성으로 서로 두 사람 사이에서 교감될 수 있어야 한다. 말하는 자의 심리적 신체적 경험이나 사상이 담겨 있어야 하고 청각작용을 하는 상대방 역시 생리적 심리적 관념이나 사상으로 알아들어야 하는 것이다. 동시에 발음작용과 청각작용이 당연히 사회적으로도 소통 가능한 언어활동이어야 언어현상이 된다. 사회적으로 소통되지 않는다면 우리의 언어활동은 하나의 신호에 지나지 않는 아무도 이해하지 못하는 자신만의 소리를 내는 것이 되고 만다.

그러므로 언어현상은 발음작용과 청각작용이 이루어지되 반드시 이러한 작용들이 사회적으로 소통 가능한 활동임이 드러난다. 이런 의미에서 그것은 사회적인 특성을 지니는 한 과거의 산물이자, 지금도 통용되는 언어활동이며, 장차 어떻게 서로 이해되느냐에 따라 앞으로도 얼마든지 진화할 수 있는 활동이라 할 수 있다(페르디낭 드 소쉬르 지음, 김현권 옮김, 『일반언어학강의』, 지식을만드는지식, 2012).

〈언어와 문자체계〉

언어가 의미를 내포하고 전달되기 위해서는 그것을 담는 문자체계가 필요하다. 문자체계는 세월의 흐름 속에서 언어의 통일이 이루어지는 조건을 따라 체계화되어진다. 또한 문자체계는 시각적이어서 음성언어에 비해 더 지속적이다. 문자체계를 따르는 문어는 그 자신의 사전이나 문법을 갖는다. 결국 언어가 발음되고 전달되는 데에는 문자체계가 필요하며, 한 문자체계에서 다른 문자체계로 넘어가는 과정에서 문(학)어의 번역은 언어 자체보다는 문자체계와 언어의 통일성 등을 고려해야 한다고 말할 수 있다.

언어활동은 그 특성상 과거이면서 현재이자 진화가능하다. 이 말은 언어활동이 이루어지는 과정에서 어떤 언어이든 그것이 과거의 의미와 오늘의 의미가 다를 수 있다는 것이다. 이에 비해 문자체계는 좀처럼 바뀌지 않는다. 그래서 한 언어로 된 문자체계를 다른 문자체계로 번역하는 데서는 서로의 언어 또는 문자체계가 일치하지 않는 현상이 얼마든지 일어날 수 있다. 표음체계(표음문자)의 언어나 표의체계(표의문자)의 언어 사이에서도 이러한 불일치가 일어날 수 있다는 것은 말할 필요가 없다.

〈발화와 기표와 기의〉

의미전달이라는 의미에서의 언어활동(화언)도 고려해야 할 요소가 있다. 화언 곧 발화행위는 적어도 두 사람을 전제로 한다. 두 사람 사이에서 발화가 순환된다고 할 때 그 기점은 두 사람의 두뇌가 된다. 두뇌의 특성 상 그것은 단순히 기계적으로 언어 특히 기호를 발음하기만 하지 않는다. 두뇌는 개념 내지는 관념이라 할 수 있는 의식현상을 언어를 빌어 빌화하게 한다. 이리한 의식현상으로서의 발화가 상대방의 청각에 작용하여 단순히 언어기호의 인식 차원이 아니라 첫 발화자의 개념의식현상으로 인식되고 이해될 때에야 비로소 정상적인 발화행위가 이루어지는 것이다. 동시에 이러한 개념의식현상으로써의 발화 작용은 개인 대 개인을 넘어서서 사회 대 사회로 확대되어야 하고 지역과 시대를 넘어서서 통용되어야 한다.

발화현상이 인간의 두뇌의 개념의식, 즉 심리적 현상과 관련이 있다면 언어 그 자체의 성립도 심리적 요소가 개입된다고 보는 것이 타당하다. 모든 언어 내지 언어기호는 단순한 사물에 대한 명칭이 아니라 개념과 청각영상이 결합되어 형성된 산물이다. 물론 사람은 발음을 하지 않고 마음속으로도 얼마든지 시를 외우거나 연상할 수 있다. 하지만 언어기호를 발음하게 되면 무조건 그것은 발화자의 개념의식과 청각영상의 결합으로 나타나는 것일 수밖에 없다. 따라서 발화되는 언어기호는 개념과 청각영상의 전체를 포함하는 것이 된다. 개념은 그 기호가 지니는 익미 곧 기의(記意)라 하고, 청각영상은 말하자면 기표(記標)인 것이다.

〈언어기호(기표와 기의)를 통한 의미전달〉

주의할 것은 어떤 언어기호든지 그것의 개념, 곧 기의와 그 기의를 드러내는 기표 사이의 관계는 정해진 법칙이 있는 것이 아니라 순전히 자의적이거나 우연적이라는 사실이다. 예컨대 '책상'이라는 언어기호가 사람의 의식에 책상이라는 물건이나 관념을 연상하게 하는 것(기의)와 언어표시로써의 '책상' 사이에는 어떤 심리적인 관계나 필연적인 관계가 전혀 있지 않다는 것이다. 모든 언어기호는 그 기호가 지니는 의미와 그것을 표시하는 기표와는 아무런 상관관계가 없다. 모든 언어기호는 그것을 내포하는 의미와는 우연히 결합되었을 뿐이다.

그럼에도 불구하고 언어기호 자체는 변하지 않는다. 이 언어기호의 불변성은 아이러니하게도 기표와 기의의 관계에서 그 의미변화를 가져오는 원인이 된다. 즉 과거의 의미는 변했는데 그 언어기호 자체가 변하지 않아서 어떤 언어기호는 과거에 가졌던 의미와 오늘날에 적용되는 의미가 그 기호의 불변성으로 인해 다를 수 있다는 것이다. '사랑'이라는 언어기호를 예로 들어보자. 언어기호로서의 '사랑'은 동일하지만 그 의미에 있어서는 지난날의 사랑과 오늘날의 사랑의 의의가 크게 다르게 되었다. 번역의 과정에서도 번역자가 누구냐에 따라 언어기호의 차이는 얼마든지 다르게 해석될 수 있는 여지가 있다.

언어기호를 해석함에 있어 여러 가지 문제가 있다하더라도 일체의 자연현상이나 사물 또는 사태 등 모든 것들은 궁극적으로는 기호(언어)체계로 환원될 수 있다는 것을 부인할 수 없다. 종교의식, 문화생활, 운동, 학문 활동, 경제활동 등이 모두 언어기호(화)로 표현되는 것이 현실이다. 여기서 문제가 발생한다. 언어의미(기의)와 언어기호(기표)가 서로 우연히 연결된 것이고, 언어체계마다 다양하고 임의적이라고 한다면 언어기호의 통일성이란 단지 관계들의 소산일 뿐 어떤 실체를 지칭하는 것이 아닐 수 있다는 것이다(윤평중 지음, 『포스트모더니즘의 철학과 포스트 마르크스주의』, 서광사, 1992).

이에 대하여 프로이트(Sigmund Freud, 1856년~1939년)는 약간의 해답을 주고 있다. 그는 꿈을 수수께끼 같은 그림으로 여겼다. 그러면서 그는 라깡(Jaques Lacan, 1901~1981)이 주장한 "꿈의 기제가 언어체계를 따라 나온다"는 말을 신용하여 꿈을 잠재의식이자 무의식으로 이해하였다. 이렇게 되면 무의식이 언어체계를 따라 나온다는 것은 언어와 같이 구조지어진 힘의 장으로 이해되게 된다. 즉, 환자가 자신의 꿈과 증상을 말할 때, 그리고 분석자가 이 말을 분석할 때에 언어구조를 통해서 서로의 무의식의 세계가 주어지는 것이다. 두 사람의 관계에서 한 사람은 언어(구조)를 통해서 자신의 무의식의 세계를 드러내고, 다른 한 사람은 언어(구조)를 통해서 그 무의식의 세계를 이해할 수 있는 것이다. 언어를 빌어서 한 사람의 무의식의 세계가 다른 사람의 무의식의 세계로 전달되는 셈인 것이다.

그렇다고 언어기표가 거울이 앞에 있는 물체의 상을 비추듯이 직접적으로 그 대상(물건)을 다 드러낼 수는 없다. 책상이라는 하나의 기표와 기의가 오직 동일한 의미로서의 책상일 수 없기 때문이다. 책상이 걸상과 결합되는 경우나 공부를 하기 좋아하는 학생과 책상의 결합, 공부하기를 좋아하지 않는 학생과 책상이 결합된다고 할 때 각각의 경우에서 책상의 의미는 전혀 달를 수 있는 것이다. 따라서 언어기표의 이해는 그 언어가 쓰이고 있는 문맥을 고려해야 하고 시대적 상황 등도 고려해야 한다. 경우에 따라서는 텍스트의 이해가 그 기표들 안에 있기도 하고 없기도 하는 현전과 부재의 과정을 드러내는 것일 수도 있다.(마단 사럽 외 지음, 임헌규 편역, 『데리다와 푸고, 그리고 포스트모더니즘』, 인간사랑, 1991)

〈진실하고 완전한 언어체계는 없다〉

그래서 언어보다 말을 더 중시하는 학풍이 오래 전부터 있어 왔다. 말 곧 음성은 말하는 자의 의미를 그 자리에서 드러내지만 언어기록은 그것을 쓰는 자와 분리되어 어떻게 이해될지 가늠하기 어렵다. 전자를 음성중심주의라 하고 후자를 로고스 중심주의라 한다.

기호(기표와 기의 포함)든 음성이든 말이든 이런 것들이 어우러져서 담론이 형성된다. 잘 알려진 담론으로는 이데아 사상, 과학사상, 예술사상, 역사, 과학이론, 문학이론, 체육이론 등등을 들 수 있다. 그런데 이러한 일체의 사상체계나 담론들이 과학과 기술이 발달하면서 그 담론이 갖고 있다고 여겨졌던 내용들의 일부가 사실이 아닌 것으로 밝혀지고 있다. 과학기술의 발달로 많은 사실들이나 새로운 이론들이 출현하면서 기존의 언어에 토대한 담론들이 부정되고 있는 것이다. 컴퓨터와 네트워크, 다양한 웹 사이트 등이 정보의 빠른 소통과 변화를 가능하게 하면서 어느 지식 또는 어느 정보가 참인지조차 알 수 없게 되었다. 지식획득의 상품화 현상이 전 학문분야와 사회 전체에서 일어나면서 이제는 어떤 지식이 진실인지 알 수 없을 만큼 혼란에 빠져들고 있다.

이러한 담론이나 지식의 변화는 그것이 언어로 이루어지는 한 근본적으로 기호와 기표와 기의에 대한 해체이거나 아니면 무언가 새로운 통합의 시도로 이어진다. 기존의 언어 또는 기호가 해체되거나 새로 결합된다는 것은 결국 이러한 해체와 결합의 과정이 무한 반복되는 것을 의미한다. 즉, 어떤 언어체계를 통해 새롭고도 나름 완전한 해석이 시도된다 하더라도 그 해석 역시 필연적으로 또 다시 해체되어야 하는 운명에 처해 있다는 말이다. 안타까운 사실이지만 지구상에 현존하는 모든 언어는 이렇게 해체되거나 결합되어야 하는 것이 현실이다. 과학적 지식 일체도 사정은 마찬가지다. 어떤 과학이론도 지금은 맞을 수 있을지 몰라도 언제까지나 진리체계로 남아 있을 수 없다. 과학이론 자체가 불완전한 기의와 기표로 이루어진 언어체계의 표현들이기 때문이다. 인류는 지금의 언어들 이외에 다른 언어를 아직까지는 가지고 있지 못하며, 따라서 언제 어디서나 기표와 기의가 일치하는 언어를 가지고 의미를 구현하거나 해석할 수 있는 수단을 갖고 있지 못하다. 이것이 성경번역이나 해석학이 마주하고 있는 한계라 할 수 있을 것이다.

이상을 통해 볼 때 인간의 언어는 그 자체로는 대단한 의미를 지니고 있지 않음이 드러났다. 이 사실은 성경의 언어에 대해서도 중요한 의미를 지닌다. 성경에 쓰여 있는 언어들이 그 자체로 완전하거나 진리를 담아낼 수는 없는 한계의 것들일 수밖에 없다는 것이다. 예컨대 라깡의 언어관에서 보면 '사랑'이라는 언어기호가 특정한 사랑의 의미를 지니기도 하지만 해체되면 동일한 의미를 지니지 않을 수도 있는 것이다.

하지만 언어가 화행(話行)으로 발화될 때는 사정이 좀 다르다. 화행은 같은 언어로 이루어지긴 하지만 발신자의 마음이나 개념의 표현이다. 두 사람 사이의 화행이 성립하기 위해서는 발신자의 마음이나 개념이 수신자의 마음이나 개념과 서로 통할 수 있어야 한다. 이 화행이 한 사회에서 통용되기 위해서는 그 사회 안에 이러한 화행의 체계 또는 언어체계가 정립되어 있어야 한다. 현실 속에서 사람들이 서로 화행을 할 수 있을 때만 그러한 언어체계가 그 사회 안에 존재하고 있음이 증명된다. 어떤 경우의 화행이든 그것이 반드시 실현된다면 얼마든지 두 사람 혹은 어느 한편과 다른 한편 사이에서는 진리관계가 성립될 수 있다. 이러한 화행의 관계가 성립하는 곳에서의 언어체계는 말하는 사람에게는 그의 무의식의 세계의 표현이 되고, 다른 사람에게는 이 언어체계를 통해서 그 사람의 무의식의 세계를 이해할 수 있는 공통의 장이자 수단이 된다. 이런 점에서 화행과 화행이 이루어지는 언어체계는 과거에서 현재에 이르는 인류의 무의식 의식의 세계를 표현하는 도구이면서 그것을 연결하여 이해하게 하는 매개체라 할 수 있다.

〈성경이 인간의 언어체계로 기록되어 있는 한 완전한 진리를 표현할 수 없다〉

성경은 이러한 언어체계로 기록되었다. 그렇다면 언어 자체가 완전하거나 일정한 하나의 개념만을 지닌 것이 아니기에 이 언어들을 가지고는 완전한 진리를 표현할 수 없음이 분명하다. 언어의 속성 상 언어 그 자체가 진리를 담아낼 수도 없다. 온전하고 순수한 언어는 없다. 그러한 문자체계도 존재하지 않는다. 결국 인간의 언어와 문자체계로는 온전하게 하나님을 드러낼 수 없다는 말이다. 현존하는 모든 성경에는 언어와 문자체계가 갖는 어쩔 수 없는 한계에 의하여, 동시에 사람의 번역이기에 어쩔 수 없는 차이나 오해, 또는 오역 등이 있을 수 있는 것이다.

이런 사실에 근거해서 러셀(Bertrand. Russell, 1872~1970)은 진리 대신에 '보증된 주장' '개연성' '정합성' '진리대응설' 등의 개념들을 사용한다. 그는 진리를 인간이 그것에 대해서는 아무런 지식을 가질 수 없는 참 문장의 존재로 또는 인간이 그릇된 추리를 통해서 도달하였기에 믿기는 하면서도 인식할 수 없는 그런 참 문장으로 이해하려 하였다.[68] 실제로 학문의 세계에서 말하는 모든 진리는 과학적 검증 가능성, 보편성과 타당성, 논리와 사실 및 이론과 실제의 대응이나 일치성 등을 기준으로 평가되고 있는 것이 사실이다. 순수 수학의 영역에서는 실제 인식은 불가능하지만 논리적으로는 언제나 그러한 기하학적 정의 등이 진리로 인식된다.

〈성경의 진리성〉

하지만 성경의 진리성은 이러한 검증이나 논리적 순수성을 넘어선다. 화행(언)의 의미에서 보면 성경의 언어체계가 갖는 의의는 두 가지다. 하나는 그것이 하나님의 마음을 담아내고 있다는 것이다. 하나님과 인간 사이에서 화행이 일어나기 위해서는 하나님의 뜻(계획)과 마음(사랑)이 인간의 뜻과 마음에로의 전달을 전제로 한다. 다른 하나는 무의식의 세계가 언어를 통해서 드러나듯이 성경의 언어체계를 통해서 하나님의 뜻이 드러나고 있으며 이 세계를 인간이 동일한 언어체계를 통해서 이해할 수 있다는 것이다.

언어체계 자체가 지니는 한계들은 성경의 언어체계 자체들이 과거 이래로 사실이었으며 지금도 사실이고 앞으로도 사실일 것이다. 하지만 그 한계가 성경의 진리성을 전혀 해치지 못한다. 결론부터 말하면 성경의 언어체계는 논리적으로도 사실이며 현실적으로도 사실이고 앞으로도 언어체계의 한계를 넘어서서 사실일 것이기 때문이다. 성경의 언어체계는 해석의 관점에서 보면 정합적으로도 사실일 뿐만 아니라 정합성을 벗어난 영역에서도 사실이다. 현

---

[68] 러셀, 임병수 역, 『의미와 진리의 탐구』, 삼성출판사, 세계사상전집 23, 1982, 238쪽 참조.
"러셀은 그가 예전에 만났던 크리스타델피아 사람을 예로 들고 있다. 크리스타델피아 사람은 묵시록 에 근거해서 조만간 이집트에 분쟁이 일어나게 될 것이라고 주장했는데 실제로 분쟁은 발생하였다. 하지만 그 사람의 믿음은 참된 것이었지만 인식된 것은 아니었다고 주장한다."

재적 가설의 수준으로 이해하더라도 사실이며 미래의 가설의 수준으로 이해하더라도 사실이다. 성경 안에 있는 우주와 자연의 일체의 사실들에 대해서도 사실이며 인간의 모든 일들에 대해서도 사실이다. 성경의 언어체계가 하나님의 뜻이 드러나는 세계이고 하나님의 자녀들이 이해할 수 있는 하나님의 세계를 공통으로 드러내고 있기에 또한 사실이다. 무엇보다도 성경이 진리인 것은 신리이신 하나님이 계시고 그분이 하신 말씀이며 그분이 말씀하신 대로 이루어졌고, 앞으로도 이루어 가실 말씀이기 때문이다.

3. 진리이며 정확무오한 성경

〈성경에는 오역이나 오해가 있을 수 있다〉

앞 절에서 히브리 성경을 비롯해서 칠십인경, 마소라 텍스트, 사해 사본 등 오천여 개 이상의 신구약 사본들의 존재는 그것들을 가능하게 하는 원본이 있었음을 증명해 주는 것이라고 논의되었다. 그리고 원본이든 사본이든 사람에 의해 필사된 성경이기에 그 안에 조금의 오류가 없다고는 볼 수 없다는 것도 살펴보았다. 오늘날 전 세계 각 나라 말에 따라 2천여 종 이상으로 번역된 성경들에도 오역이나 오류가 있을 수 있는 것도 부인하기 어렵다. 예를 들어 창세기의 창조의 역사과정에 대한 번역, 출애굽의 과정에서 이스라엘 백성들이 지나난 경로들에 내한 번역, 성경에서 사용되고 있는 다양한 수치들 예컨대 새 하늘과 새 땅의 크기가 가로, 세로, 높이 각 12,000스다디온으로 되어 있는 데 어떻게 이해할 것인가(계 21:16), 천사가 하루아침에 앗수르 군사를 십팔만 오천 명을 죽였는데(왕하 18:35) 그 숫자가 정말 맞는 것인지 등등에서 인간적 오역이나 오해가 있을 수 있는 것이다.

이외에도 성경이 모태로 하고 있는 히브리어와 헬라어의 문자체계와 번역되어야 하는 각 나라의 문자체계들과의 불일치, 각 민족이 지니는 역사적 경험과 사유양식 등의 다양함과 같은 난제가 도사리고 있다. 포스트모더니즘은 기존 담론이나 가치체계가 해체되고 다시 재구성되어야 한다고 주장하면서 이전까지의 검증의 틀이나 규정들을 흔들어 놓았고, 이로 인해 어떤 것도 영원한 진리라고 말할 수 있는 근거를 사라지게 하였다. 현대물리학의 근본 패러다임이라 할 수 있는 상대성이론은 아예 우주공간의 일체의 입자들의 움직임은 끝없이 계속되는 것이어서 우주 안에 불변하는 것은 빛(또는 빛의 속도) 외에는 아무것도 없음을 밝혀 주었다. 그렇다면 과학적으로든 심정적으로든 사상적으로든 어떤 현상이나 사태가 진실인지를 증명하는 것도 그 증명이 적용되는 범위와 시간 안에서만 진리인 것에 지나지 않게 된다.

〈성경이 스스로 진리임을 증명한다〉

성경은 분명히 사람들에 의해 언어로 기록되었다. 하지만 성경은 진리다. 성경의 진리성을 밝힐 수 있는 근거는 세상에는 없다. 어떠한 과학적 논리도 철학적 사유도 다 일시적인 말장난의 수준에 그치기 때문에 그것들을 사용해서는 성경이 영원한 진리임을 증명할 수 없는 것이다. 오직 성경만이 스스로 성경이 영원히 진리임을 밝힐 수 있을 뿐이다. 성경의 진리성은 성경만이 증명할 수 있다. 달리 길이 없다.

성경 전체가 스스로 진리임을 증명한다. 하지만 필자는 대표적으로 성경 자신이 스스로 진리임을 선언하는 네 구절을 중심으로 분석할 것이다. 하나는 요한복음 1장 1절이다. 태초에 말씀이 계셨다는 것이다. 다른 하나는 디모데후서 3장 16절과 베드로후서 1장 21절이다. 성경이 하나님의 감동과 영으로 쓰였다는 것이다. 또 다른 하나는 요한계시록 22장 18~19절 말씀이다. 하나님의 말씀을 더하거나 빼는 자는 그에 합당한 징계를 받는다는 것이다. 마지막으로는 야고보서 1장 17절 말씀이다. 성경은 빛이시자 변함없으신 하나님의 말씀이라는 것이다.

〈태초에 있던 말씀이 성경의 진리성을 증명한다〉

성경이 정확무오한 진리인 이유는 태초에 '그 말씀'(ὁ λόγος)이 계셨으며, 그 말씀이 하나님이시기 때문이다.[69] '그 말씀'은 태초부터 '그 하나님'과 함께 있었고 신성을 지니고 있었다. 그 말씀은 만물을 지었다.[70] 그 말씀에는 생명이 있었고 생명은 사람들의 빛이 되었다.[71] 그 빛은 온 사람을 비추는 진리였다.[72] 그 말씀은 육신이 되어 사람들 안에 거하셨기에 사람들은 그의 영광을 볼 수 있었다. 그 영광에는 은혜와 진리가 충만하였다.[73]

　요한복음의 저자 사도 요한에 의해서 진리의 등장과 우주의 시작이 이렇게 오묘하면서도 순전하게 표현되고 있다. '태초에'는 인간의 생각이 미치는 범위 안에서는 우주의 시작이 될 것이다. 그러나 하나님 편에서는 하나님의 진심을 나타내신 것이었다. 태초에 천지를 창조하신 이상 거기에는 반드시 하나님의 뜻이 담겨 있다. '태초에 말씀이 계셨다'는 이 자체로 말씀은 우주 전체의 총화를 넘어선다. 에너지이든 질량이든 속도든 진선미든 어떤 인간의 언어로 표현하더라도 말씀은 그것들의 총합을 넘어서는 것이다. 태초에 말씀이 계셨기에 태초 이후의 모든 사태가 가능할 수 있게 되었다는 말이다. 이 말씀이 실체였기에 자연만물의 실존이 성립된 것이었다. 말씀은 신성했고 생명이었고 빛이었고 진리였고 하나님이었다(요 1장). 말씀이 일체의 근원이라는 말이다. 따라서 우리가 하는 모든 말이나 행동의 근원 역시 말씀이 된다. 다른 사람들의 말을 믿을 수 있는 것도 그리스도라는 진리의 말씀이 그 사람

---

69) NESTLE-ALAND, *NOVUM TESTAMENTUM GRAECE*, DEUTSCHE BIBEL GESELLSCHAFT, (Ed. ⅩⅩⅦ, 2001), " Ἐν ἀρχῇ ἦν ὁ λόγος, καὶ ὁ λόγος ἦν πρὸς τὸν θεόν, καὶ θεὸς ἦν ὁ λόγος." (KATA IΩANNHN 1:1, 요한복음)

70) "πάντα δι᾽ αὐτοῦ ἐγένετο," (*KATA IΩANNHN* 1:3, 요한복음)

71) "ἐν αὐτῷ ζωὴ ἦν, καὶ ἡ ζωὴ ἦν τὸ φῶς τῶν ἀνθρώπων" (KATA IΩANNHN 1:4, 요한복음)

72) "Ἦν τὸ φῶς τὸ ἀληθινόν, ὃ φωτίζει πάντα ἄνθρωπον," (KATA IΩANNHN 1:9, 요한복음)

73) "Καὶ ὁ λόγος σὰρξ ἐγένετο καὶ ἐσκήνωσεν ἐν ἡμῖν, καὶ ἐθεασάμεθα τὴν δόξαν αὐτοῦ, δόξαν ὡς μονογενοῦς παρὰ πατρός, πλήρης χάριτος καὶ ἀληθείας." (KATA IΩANNHN 1:14, 요한복음)

과 내 안에 있을 때이다. 우리의 말 속에 '그 말씀'이 없다면 위선이요 거짓이 된다. 말씀이 없다면 우리의 말을 진리라고 증명할 아무런 준거가 없게 된다. 인간은 물론 모든 동식물의 존재도 그들의 울부짖음도 그 속에 말씀이 있지 않았다면 헛된 일이다. 인간이 받게 되는 영광과 기쁨도 말씀이 있을 때 실체가 있게 되고 진실할 수 있다. 말씀이 없는 영광과 기쁨이라면 그것을 담보해줄 만한 것이 아무것도 없는 것이다. 말씀이 없는 성취도 당연히 헛되다. 결론적으로 말해서 성경은 태초부터 진리이시자 신성을 지닌 말씀이 있었고 그에 의해 선포되고 기록되었기에 진리요 정확무오하다.

〈성경은 하나님의 감동으로 쓰였기에 진리다〉

성경은 하나님의 감동으로 쓰였으며(딤후 3:16), 모든 예언은 사람의 뜻이 아니라 하나님이 보내신 성령의 나타내 보이심을 따라 쓰였기에 진리다(벧후 1:21).[74]

앞 절에서 살펴본 대로 요한 사도는 말씀이 진리요 생명이요 빛이라고 했다. 이 사실을 사도 요한이 개인적으로 안 것이 아니다. 하나님의 감동이 그에게 있었기에 그렇게 할 수 있었던 것이다. 그가 "태초에 말씀이 계시니라"고 공포할 수 있었던 것도 자기가 고안해 낸 언어가 아니다. 그는 이런 사태를 일으킬 수 있는 존재가 못된다. 오직 하나님의 영이 그를 감동시켰기에 가능할 수 있던 일이었다.

어떤 다른 성경의 기록도 저자의 직접 기술이 아니라 하나님의 영이신 성령이 드러내 보여주는 것을 깨닫고서 된 것이다. 직접 기술을 한 것은 사도 요한이 분명하지만 그러나 그의 언어체계의 근저에는 하나님의 영이 계셨다.

---

74) " πᾶσα γραφὴ θεόπνευστος"(ΠΡΟΣ ΤΙΜΟΘΕΟΝ Β΄ 3:16, 디모데후서) "οὐ γὰρ θελήματι ἀνθρώπου ἠνέχθη προφητεία ποτέ, ἀλλὰ ὑπὸ πνεύματος ἁγίου φερόμενοι ἐλάλησαν ἀπὸ θεοῦ ἄνθρωποι."(ΠΕΤΡΟΥ Β΄ 1:21, 베드로후서)

성경이 단순한 문자체계의 전승이 아니라 하나님의 감동이 담겨져서 그 감동을 독자에게 전해지게 하는 것이다.

그러므로 성경은 인간의 언어체계의 전달이 아니라 하나님의 영이신 성령의 깨우침으로 우리 인간에게 진리로 전달되고 받아들여지는 것이다. 언어체계나 문자체계, 그리고 이 언어체계와 문자체계를 사용하는 자는 성령이 역사하는 통로인 것이다. 요약하면 성경은 그것을 기록한 자가 하나님의 영의 인도를 받아서 서술하였기에 인간의 문자체계를 넘어서는 진리라는 말이다.

〈성경은 더하거나 뺄 수 없는 완전한 진리다〉

성경이 진리요 정확무오의 말씀이라는 사실은 기록된 말씀 이외에 덧붙이거나 빼거나 할 수 없다는 성경의 선언에서 또 다시 확증된다.

요한계시록은 '두루마리의 예언의 말씀'을 듣는 모든 자들에게 이것들 외에 더하거나 제하여 버리지 말라고 경고하였다. 누구라도 이 성경말씀 외에 더하면 그 안에 기록되어 있는 재앙을 받게 될 것이고, 이 성경말씀으로부터 제거한다면 그 안에 기록된 생명나무와 거룩한 성에 참여하지 못한다는 것이다.[75]

이 요한계시록의 두 구절이 지니는 의의는 두 가지다. 하나는 하나님께서 보시기에 성경이 완전하다고 선포하고 계신다는 것이다. 어떤 목회자나 평신도나 성경을 말할 때 전혀 보태지도 않고 빼지도 않는 사람은 거의 없다. 대부분의 사람들이 성경의 어느 구절을 이해하든 자기 생각이 들어가기 마련이다. 완전히 똑 같이 전할 수 있는 사람은 예수님 한 분 뿐이다. 그렇다면 사람은 누구나 성경에 대하여 자기 생각을 넣거나 빼거나 한다고 볼 수 있다.

---

[75] "ἐάν τις ἐπιθῇ ἐπ' αὐτά, ἐπιθήσει ὁ θεὸς ἐπ' αὐτὸν τὰς πληγὰς τὰς γεγραμμένας ἐν τῷ βιβλίῳ τούτῳ, καὶ ἐάν τις ἀφέλῃ ἀπὸ τῶν λόγων τοῦ βιβλίου τῆς προφητείας ταύτης, ἀφελεῖ ὁ θεὸς τὸ μέρος αὐτοῦ ἀπὸ τοῦ ξύλου τῆς ζωῆς καὶ ἐκ τῆς πόλεως τῆς ἁγίας τῶν γεγραμμένων ἐν τῷ βιβλίῳ τούτῳ." (ΑΠΟΧΑΛΥΦΙΣ ΙΩΑΝΝΟΝ 22:18-19, 요한계시록)

〈아담과 하와가 더하고 뺀 말씀들〉

대표적으로 아담과 하와를 들 수 있다. 하나님께서는 그들에게 "선악을 알게 하는 나무의 열매는 먹지 말라 네가 먹는 날에는 반드시 죽으리라 하시니라"(창 2:17)고 하셨다. '먹지 말라'는 'לֹא תֹאכַל'(로 토칼)이다. 앞의 '로'는 부정어다. '토칼'은 히브리 문법상 2인칭 단순 명령형이다('אָכַל', 아칼, '먹다', '삼키다'). 따라서 이 명령에서는 먹지 말라는 것 이외에 다른 해석이 있을 수가 없다. '반드시 죽으리라'(מוֹת תָּמוּת, 모트 타무트)도 마찬가지다. '모트'는 부정사고 '타무트'는 본동사다. 두 동사는 모두 'מוּת'(무트, 죽다)를 기본형으로 한다. 히브리어 문법에서는 어떤 동작을 강조하려 할 때 같은 갖는 어근의 동사(תָּמוּת)를 하나는 부정사형으로 하고 하나는 본동사로 사용할 경우 '부정사형'은 본동사를 강조하는 것으로 번역된다. 그래서 'מוֹת'(모트)는 '정말' '반드시' 등으로 번역되어야 한다. "네가 죽을 것이다"를 의미하는 'תָּמוּת'(타무트)는 칼동사 미완 2인칭으로 단순형이다. 여기에서도 정녕 죽으리라는 의미 외에 다른 해석이 끼어들 여지가 없다.

그런데도 하와는 뱀에게 하나님의 말씀에 자기 말을 보태서 장황하게 해설하고 있다. "동산 중앙에 있는 나무의 열매는 하나님의 말씀에 너희는 먹지도 말고 만지지도 말라 너희가 죽을까 하노라 하셨느니라"(창 3:3). 즉, '만지지도 말라'(וְלֹא תִגְּעוּ, 베로 티그우)를 보탰고, '반드시 죽으리라'는 '죽을까 하노라'(פֶּן תְּמֻתוּן, 펜 티무툰)으로 왜곡시킨 것이다. 특히 하와가 '반드시'를 빼고 그 대신에 'פֶּן'(펜) 즉, '혹시 ~하지 않을까'라는 인간적이고 자의적인 말을 덧붙인 것이었다. 이 결과는 온 인류의 죽음이었다. 말씀을 덧붙인 자가 죽게 되었다는 사실이 하나님의 말씀이 진리임을 증명하고 있는 것이다.

또 다른 하나의 의의는 사람이 제아무리 성경 말씀에 자기 생각이나 말을 덧붙인다 하더라도 또는 빼낸다 하더라도 하나님이 결코 사람에 의해 전혀 소홀함을 받지 않으신다는 경고다. 사람이 성경에 무엇을 덧붙이거나 거기로부터 빼내거나 한다면 그것은 자기 생각대로 하나님을 재단하겠다는 것에 다름 아니다. 성경이 이렇게 하지 말고 한 것은 하나님께서 결단코 사람의 어떠한 논리나 과학담론 또는 증거들에 의해서도 재단되지 않는 분임을 선언하신 것이었다. 하나님은 결단코 사람에 의해 평가받지 않으신다. 이 두 구절의 말씀은 하나님께서 말씀하신 것들을 반드시 그대로 이루신다는 선포다.

말씀이 그대로 지켜진다는 사실을 예수님이 친히 보증하셨다. 율법의 일점 일획도 없어지지 않고 다 지켜져야 한다[76]는 것이 그것이다. 이 말을 하신 이는 예수님 자신이었다. 그러니까 예수님 자신이 친히 이 율법을 온전히 이루어낸다는 의지의 표현이었던 것이다. 율법이 진리가 될 수 있는 것은 율법의 내용을 담고 있는 언어가 진리여서가 결코 아니다. 오직 예수님이 율법의 내용을 친히 온전히 이루기 때문에 율법이 지켜져야 하는 것이다. 하물며 하나님께서 친히 성경의 한 글자도 더하고 뺄 필요가 없다고 하셨는데 이 성경이 진리가 아니면 무엇이란 말인가.

〈성경은 빛의 하나님, 변함없으신 하나님의 말씀이기에 진리다〉

성경은 빛들의 아버지이시며 변함이 없으신 하나님의 속성으로 인해 영원히 진리일 수밖에 없다. 성경이 하나님의 감동으로 쓰였고 그 하나님이 변함이 없기에 말씀은 영원히 진리가 된다. 이것이 야고보 사도가 서술한 성경의 증언이다.[77] 하나님의 속성은 예수님에게서 드러나기도 하는데 어제나 오늘이나 영원히 한결같으신 분이시기에 그 분의 말씀은 영원히 한결같다.[78] 하

---

76) "ἀμὴν γὰρ λέγω ὑμῖν· ἕως ἂν παρέλθῃ ὁ οὐρανὸς καὶ ἡ γῆ, ἰῶτα ἓν ἢ μία κεραία οὐ μὴ παρέλθῃ ἀπὸ τοῦ νόμου, ἕως ἂν πάντα γένηται." (ΚΑΤΑ ΜΑΘΘΑΙΟΝ 5:18, 마태복음)

77) "πᾶσα δόσις ἀγαθὴ καὶ πᾶν δώρημα τέλειον ἄνωθέν ἐστιν καταβαῖνον ἀπὸ τοῦ πατρὸς τῶν φώτων, παρ' ᾧ οὐκ ἔνι παραλλαγὴ ἢ τροπῆς ἀποσκίασμα." (ΙΑΚΩΒΟΣ 1:17, 야고보서)

78) "Ἰησοῦς Χριστὸς ἐχθὲς καὶ σήμερον ὁ αὐτὸς καὶ εἰς τοὺς αἰῶνας." (ΠΡΟΣ ΕΒΡΑΙΟΥΣ 13:8, 히브리서)

나님이 영원히 동일하시다는 것은 똑 같은 한 가지 모습을 지닌 하나님을 의미하는 것이 아니다. 하나님은 어떤 상황에서든 그 상황에 대하여 모두 주관하시며 처리하시지만 어떤 경우에도 하나님다우심의 속성을 잃지 않으시는 분이라는 말이다. 하나님이 사람을 정죄하여 영원한 사망에 이르는 판단을 하시더라도 전혀 하나님의 속성을 잃지 않는다는 것은 말할 필요가 없다. 그 분은 지금까지 쭉 계셔왔고 지금도 계시며 앞으로 오실 분이시다.[79] 예레미야의 증언대로 하나님은 참 하나님이시고 사시는 하나님이시며 영원한 왕이시다.[80] 바로 이 하나님께서 성경의 말씀대로 이 땅에서 반드시 이루실 것이고, 그리스도는 말씀을 이루시는 분[81]이기에 성경은 진리일 수밖에 없는 것이다.

이상의 말씀들만 가지고도 성경이 사람의 언어체계나 문자체계, 과학이론 등을 넘어서는 진리임이 드러난다. 성경은 하나님께서 말씀대로 이루어가시기에 실천가능하고 구체적이며 진실하다.

결론을 맺자. 성경은 태초에 진리이신 말씀이 있었기에, 하나님의 감동 곧 성령의 감동으로 기록되고 전해진 것이기에 진리다. 성경은 하나님께서 그 내용에 대하여 더하지도 빼지도 못하게 하셨기에 진리이며 정확무오하다. 좀 더 첨가하자면 성경은 말씀이신 예수 그리스도가 모든 성경언어들의 근거가 되시기에 진리이며 정확무오하고, 그것이 진리요 빛이요 생명이신 예수님에 관한 기록이기에 진리이며 진리일 수밖에 없다.

---

79) "ἅγιος ἅγιος ἅγιος κύριος ὁ θεὸς ὁ παντοκράτωρ, ὁ ἦν καὶ ὁ ὢν καὶ ὁ ἐρχόμενος." (ΑΠΟΧΑΛΥΦΙΣ ΙΩΑΝΝΟΝ 4:8, 요한계시록)

80) "וַיהוָה אֱלֹהִים אֱמֶת הוּא־אֱלֹהִים חַיִּים וּמֶלֶךְ עוֹלָם" (바 아도나이(야호와) 엘로힘(하나님) 에메트(참, 진실), 후(이) 엘로힘 하임(사시는), 부(그리고) 멜렉크(왕) 올람(영원한), 렘 10:10)

81) "Ἠσαΐας δὲ κράζει ὑπὲρ τοῦ Ἰσραήλ· ἐὰν ᾖ ὁ ἀριθμὸς τῶν υἱῶν Ἰσραὴλ ὡς ἡ ἄμμος τῆς θαλάσσης, τὸ ὑπόλειμμα σωθήσεται· λόγον γὰρ συντελῶν καὶ συντέμνων ποιήσει κύριος ἐπὶ τῆς γῆς." (ΠΡΟΣ ΡΩΜΑΙΟΥΣ 9:27-28, 로마서)

제6장

성리학 경전읽기와 칼뱅주의 성경읽기

본장에서는 책읽기의 주인공이 우리 자신들임을 밝힌다. 성리학적 경전읽기를 통하여 성리학자들의 책 읽는 태도와 방법, 자세 등이 고찰된다. 칼뱅주의의 성경읽기와 관련해서는 무엇보다도 믿음으로 읽기가 강조되고 있다.

1. 책읽기의 주인공

〈무조건 책읽기에 돌입하자〉

한자어 속담으로 '서자서아자아'(書自書我自我)라는 말이 있다. 책은 책일 뿐이고 나는 나일 뿐이라는 뜻이다. 사람이 책을 읽고는 있는데 책 따로 나 따로 여서 책과 그것을 읽는 사람이 아무런 이해관계가 없음을 표현하는 말이었다. 세상의 모든 책은 사람이 스스로 읽지 않으면 책으로서의 가치가 전혀 없게 된다.

경전이든 성경이든 책이기에 그것들을 사람이 읽지 않으면 그저 종이로 묶어 놓은 하나의 물건에 지나지 않는다. 책은 사람들에게 읽혀져야만 책으로서의 의미를 지니게 된다. 모든 책읽기의 주인공은 읽는 사람 자신이다. 적어도 책을 읽고자 하는 사람은 책을 읽으려는 의지나 읽어야만 하는 동기를 갖는 것이 필요하다. 무심이 책장을 넘기며 읽는 것도 읽는 것이겠지만 심하게 말하면 그런 독서는 시간과 정력의 낭비일 수 있다.

책을 읽는 방법은 무조건 책읽기를 시작하는 것이다. 책을 읽고자 하는 사람은 하루에 단 몇 쪽이라도 책을 읽는 것을 자신의 해야 할 일로 삼아야 한다. 사람이 매일 밥을 먹어야 하듯이 꼭 하루 중에 얼마의 시간이라도 책을 읽는 데에 사용해야 한다. 책읽기는 직무 가운데 하나다. 적은 분량일지라도 날마다 읽어가다 보면 어느덧 책 한 권을 다 읽게 되고 읽는 시간이 갈수록 읽은 책 수가 늘어가는 것이다.

책읽기는 모든 사람들이 가지고 있는 의무라고 할만하다. 독일의 경제학자이자 사회학자인 막스 베버(Max Weber, 1864~1920)는 자신의 저서『직업으로서의 학문』에서 학문을 직업으로 하는 자들의 의무를 밝히고 있다. 직업이란 모든 사람이 살아가기 위해서 갖지 않으면 안 된다. 직업은 피할 수 없다. 학문도 역시 누구도 피할 수 없는 일이다. 이런 이유에서 베버는 학문을 직업으로 해야 하는 것이라고 주장한 것 같다. 베버가 규정하는 학자는 "우리(인간)의 일에 착수하여 '시대의 요구'를 인간적으로나 직업적으로 따라가는 자"였다(막스 베버, 직업으로서의 학문, 57-58쪽). 즉 학문이란 우리 자신들의 일로서 다른 이들에게도 도움이 되고 누가되었든지 해 내야하는 그런 종류의 일이라는 것이다. 책읽기는 그 시작에 해당할 것이다.

〈배우며 묻자〉

'학문'(學問)이라는 말은 '배우고 묻는 것'을 의미한다. 뭘 알아야 물을 수 있고, 물어야 배울 수 있다. 배우는 것이 먼저다. 사람은 태어날 때부터 이미 선천적으로 배운 것들을 상당히 많이 가지고 태어난다. 숨쉬기, 젖 빨기, 울기, 버둥거리기 등등이다. 이외에도 부모를 통해서 계속 배운다. 이러한 배움이 쌓이게 되고 스스로 필요한 것을 느끼게 될 때에 묻게 된다. 배움의 양이 많아질수록 물음이 많아질 것이고 물음이 많아질수록 배움이 많아질 것이다.

삶의 활력도 증대한다. 만약에 배움과 물음의 과정이 축소되거나 적어진다면 상당부분 삶의 활력이 줄어들 것이다. 그러므로 어떤 분야에서든지 배우고 묻는 것은 자신의 몸과 정신을 해치지 않는 범위 내에서 계속되는 것이 바람직하다.

책읽기에 있어서도 배움과 물음이 필수적이다. 일단은 책읽기를 배우겠다는 마음을 먹어야 한다. 마음을 먹고 나면 그 다음에 책을 가까이 하는 것이다. 호기심이든 재미든 책을 실제로 읽어나가야 한다. 읽고 싶을 때 읽고 그만 두고 싶을 때 그만두는 것도 중요하다. 그러나 꼭 쉰 다음에 다시 책을 읽어야 하는 의무를 살려내야 한다. 한가한 시간이 나면 읽었던 구절을 다시 생각하는 것도 방법이다. 이런 과정을 지나면서 왜 책을 읽어야 하는 지를 배우고 묻고 하는 것이다.

처음에는 하루에 10분만이라도 책을 읽어 내는 것이다. 그리고 서서히 책 읽기 시간과 양을 조금씩 늘려나간다. 책을 읽으면서 힘이 들고 지루할 수도 있으나 이 시간을 견디어 내야 한다. 책읽기 시간이 늘어날수록 몸은 피곤할 수 있겠지만 즐거움이 늘어나면 얼마든지 그에 대한 보상이 된다. 이것이 책 읽기에 대한 배움과 물음이다.

〈책읽기의 방법과 목적〉

책읽기의 방법은 다른 것이 필요하지 않고 무조건 읽어가는 그 자체라 할 수 있다. 책을 읽고자 하는 의지를 발동하고 그것을 실천해 내는 것이다. 책을 읽는 목적은 책을 읽어가는 과정에서 또는 다 읽은 후에 찾아가더라도 늦지 않다. 책을 읽은 목적이 처음부터 다 읽기까지 동일한 경우는 거의 없다. 책을 읽는 목적은 책을 읽는 사람의 자유이자 권리다. 책읽기를 자신의 자유라거나 권리로 생각해서 자주 그 자유와 권리를 행사하다 보면 왜 책을 읽어야 하는지가 점점 더 의미 있게 드러나게 된다. 이러한 자유와 권리를 누리며 자기 자신에게 즐겁고 보람되고 깊은 의미가 느껴지도록 책을 읽는 것이 최고의 책읽기 방법이요 최고의 책읽기의 목적이다.

책을 읽는 사람은 스스로 자신이 사회의 구성원이라는 사실을 잊으면 안 된다. 개개인의 책읽기의 방법과 목적이 다른 사회 구성원들과 교류하고 나눌 수 있어야 한다는 말이다. 전통의 책읽기나 다른 나라의 책읽기를 참고로 하는 것도 필요하다. 본장에서는 성리학 경전 책읽기와 성경책읽기의 객관적 방법들을 비교하면서 분석해 볼 것이다.

2. 성리학 경전 읽기

성리학자의 경전읽기는 순수본연의 선한 이치를 알아서 그것을 실천하며 살아가기 위함이었다. 주자(朱子, 1130~1200)를 비롯해서 성리학자들이 배움의 시작과 끝으로 삼은 것은 『대학』의 격물(格物)・치지(致知)・성의(誠意)・정심(正心)・수신(修身)・제가(齊家)・치국(治國)・평천하(平天下)라는 8조목의 실천이었다. 또 하나의 방법이 있다면 그것은 정자(程子, 1033~1107)가 주장한 박학(博學)・심문(審問)・신사(愼思)・명변(明辯)・독행(篤行)의 5조목의 실천이라 하겠다.

〈8조목의 공부방법〉

'격물'은 "(사)물을 바르게 하다"라는 뜻으로 사람이 무엇인가를 알고자 할 때는 반드시 자신이 직접 그것을 관찰하고 경험해야 하는 것을 말한다. '치지'는 "앎에 이르게 된다"는 뜻으로 격물을 수도 없이 계속하다보면 자신도 모르는 사이에 그 사물을 알게 되었다고 느끼는 단계에 이른 것을 말한다. '성의'는 자신이 격물하거나 치지할 때 '참 뜻'을 가지고 하는 것을 나타낸다. 공부하는 사람이 사물을 왜곡하거나 그 사물(타인)에게 해를 끼치기 위한 뜻(의지)로 해서는 안 되는 것이다. '정심'은 "마음을 바르게 함"이다. 좋은 뜻이 있어야 마음이 바르게 감동하여 흐르게 된다. 공부하는 사람은 늘 자신의 마음이 잘못 발동되고 있지나 않은지 살펴서 바른 마음이 발동되어 나올 수 있도록 해야 한다. '수신'은 "자신을 닦음"이다. 격물·치지·성의·정심까지가 모두 자신을 닦는 데 이바지한다. 수신은 반드시 제가, 즉 집안을 가지런히 안정되게 하는 것으로 이어져야 한다. '제가'란 누구든지 자식으로서는 부모에 대하여 바른 태도를 보이고, 남편으로서는 아내에 대하여, 자녀에 대해서는 아빠로서, 집안의 아랫사람들에 대해서는 윗사람으로써 매사에 (자신을) 바르게 하여 집안을 평안하게 이끌어가는 것을 말한다. 이렇게 수신과 제가를 이룬 사람이 '치국' 즉, 나라를 다스리는 데로 나서야 한다. '치'는 다스려진다는 의미다. 무언가 올바른 법도가 있어서 나라 안의 모든 사람이 이 법도에 따라 질서지어 간다는 것을 말한다. 이렇게 나라를 다스리는 사람이 천하, 곧 온 세상을 평화롭게 할 수 있다(평천하).

이상을 요약하면 『대학』이 제시하는 성리학의 책읽기는 자잘하고 귀찮을 수 있는 사사로운 일과 마음가짐을 먼저 익히고 훈련해 나가서 자신을 닦는 동시에 가정과 나라를 다스리고 마침내 전 세계를 평화롭게 하려는 것임이 드러난다. 공부의 방법은 격물을 통한 직접 체험을 강조하였고 그 과정에서 목적으로 드러나는 것은 개인의 몸과 마음의 훈련과 이 공부를 전제로 하여 세계의 평화를 실현하는 것이었다.

〈5조목의 공부방법〉

5조목의 책읽기는 일단 폭넓게 공부하는 것을 강조하고 있다. '박학'은 배움을 넓게 하는 것이다. 어느 하나를 알고자 하더라도 그와 관련된 다양한 사실들을 배워야 한다. 빨리 알아내고자 좁은 배움의 길을 가는 것이 아니라 오래더라도 넓게 배울 것을 강조한다. 이런 의미에서 박학은 성리학 경전 책읽기의 가장 기초가 되는 자질이라 할 수 있다. '심문'은 깊이 묻는 태도다. 널리 배워가다 보면 간단해 보이는 것에 대해서도 깊이 물을 수 있게 된다. 깊은 의문을 갖고서 깊이 파고 들어가는 것이 책읽기의 근간이 되어야 한다. 폭넓게 배우고 깊이 묻는 공부가 그 수준으로만 계속 되는 것은 좀 곤란하다.

넓게 배우고 깊게 묻기만 하다 보면 그 상황만 계속될 뿐 더 넓은 지식이나 실제 생활세계를 향해 나가지 못할 수 있기 때문이다. 그래서 넓게 배우고 깊이 있게 물으면서 이 전체가 어떤 의미를 갖는지를 신중하게 생각하는 것이 요구된다. 배움에 대해서도 사려 깊은 사고가 있어야 하고 물음에 대해서도 사려 깊은 성찰이 있어야 한다. 이것이 '신사'다. 사람이 어떤 문제에 대하여 배우고 묻는 것을 깊이 있게 성찰 했으면 그로부터 오는 당연한 결과로서 분명하게 판별하는 능력을 지니게 된다. 즉, 박학과 심문과 신사의 방법으로 공부를 해나가면 반드시 주변의 사태나 모든 현상들에 대하여 바른 판단과 분별능력이 형성되어야 하는 것이다. 이것이 '명변'이다. 박학, 심문, 신사, 명변 단계까지의 책읽기로 끝난다면 책 읽는 사람이 그 배운 것들을 어떻게 실천하는지는 잘 드러나지 않는다. 배운 것을 충실하게 실천하는 것이 반드시 필요하다. '독행'은 4조목의 공부단계 마다에서 각각의 단계에 해당하는 구체적이고 충실하게 행동으로 드러내는 것을 말한다. 모든 배움에는 그 배움의 결과에 해당하는 구체적인 행동의 변화 내지는 결과가 있어야 하는 것이다.

이상을 요약하면 정자를 중심으로 하는 성리학자들의 책읽기는 다양한 분야의 글을 찾아 폭넓게 읽어내고 체험할 것과 깊이 질문할 것, 깊이 사고할 것, 그리고 명확하게 분별할 것, 이들 각각의 영역에서 독실하게 행동할 것을 목표로 하였음을 알 수 있다. 그들의 책읽기는 단지 책을 보고 머리로만 헤아리는 것이 아니라 실생활에까지 적용하기 위한 책읽기였다.

책읽기의 형식은 경전을 읽어내는 것이었다. 동몽을 위한 책으로는 천자문·동문선습·사자소학·명심보감·계몽편 등이 있었다. 사서의 경우는 대학에서 시작해서 논어, 맹자, 그리고 중용의 순으로 읽어가는 것이었다. 삼경의 경우는 시경(詩經), 서경(書經), 역경(易經, 또는 주역)의 순으로, 5경의 경우는 시경, 예경(禮敬), 서경, 역경, 춘추(春秋)의 순으로 읽었다.

경전읽기의 내적 방법은 일단은 음과 율에 따라 많이 읽어서 외우는 것이었다. 공자가 주역을 읽으면서 '위편삼절'(韋編三絕)을 했다는 것은 그만큼 많이 읽었음을 의미한다. 대학이나 논어, 맹자 등을 각각 소리 내면서 백 번

이상 읽으면 글귀가 입에 붙으면서 자연스럽게 외워진다. 경전의 내용이 입에 어느 정도 붙게 되면 그 다음 단계로는 이치를 끝까지 찾아보고자 하는 '궁리'(窮理)의 자세를 갖는 것이다. 동시에 마음으로는 자신의 혼신의 정신을 쏟아내는 오늘날로 말하면 젖 먹던 힘까지 다하려고 하는 '진성'(盡誠)의 자세를 갖추는 것이다. 궁리진성은 읽고 있는 책의 내용을 어떻게 해서든 바르게 이해하고자 최선을 다하는 바른 마음을 쓰면서 끝까지 그 마음을 잃지 않으려는 공부 방법이다.[82]

〈활연관통의 방법〉

이 외에 한 가지 요소가 더해져야 진정한 성리학의 공부방법이라 할 수 있다. 그것은 대학에서 말하는 '활연관통'(豁然寬通)의 방법이다. 활연은 사방으로 트이고 확실하게 드러나는 현상을 말한다. 관통은 막힌 곳이 뻥 뚫려서 다 통하게 된 것을 말한다. 격물치지에서 평천하의 단계로 진행하든 박학에서 독행으로 진행하든 책읽기를 하는 중이거나 후이거나 간에 어느 때든 반드시 지금까지 읽어온 내용이나 사실들에 대한 활연관통의 확 뚫림이 있어야 한다는 말이다. 8조목이나 5조목의 책읽기 방법, 궁리진성의 마음가짐 등등은 책 읽는 사람 자신이 어떻게든 해 볼 수 있는 영역이다. 그러나 활연관통의 경지는 개인의 노력만으로 되지 않을 수도 있다. 그 많은 성리학자들이 경전을 읽었지만 퇴계 이황이나 율곡 이이 등의 경지에 이르지 못한 것은 활연관통의 체험이 없었기 때문일 것이다.

---

[82] 『격몽요결』, 「독서장」, 율곡은 소학부터 읽기 시작하여 대학, 논어, 맹자, 중용의 사서를 읽고 시경, 예경, 서경, 역경, 춘수의 순으로 읽어갈 것을 권장한다. 그러면서 책을 읽을 때는 반드시 한 책을 익숙하도록 읽어서 그 뜻을 완전히 깨달아 관통하여 아무런 의심이 없게 된 후에 다시 다른 책을 읽을 것이고, 많이 읽고 (많이) 얻고자 해서 바쁘게 건너뛰어 읽지 말 것을 권하였다. "凡讀書 必熟讀一冊 盡曉義趣 貫通無疑然後 乃改讀他書 不可貪多務得 忙迫涉獵也"(범독서 필숙독일채 진효의취 관통무의연후 내개독타서 불가탐다무득 황망섭렵야)

성리학적 책읽기는 격물치지라는 작은 실천에서 시작하여 평천하를 이루는 행위의 단계로, 동시에 한 가지를 알더라도 폭넓게 공부하고 심사숙고 하여 앎을 분명히 한 후에 반드시 그 아는 대로 독실하게 실천하는 독행으로 이어져 간다. 이 사이를 궁리와 진성이 채우고 있고 다시 활연관통의 깨우침이 더해지는 것이 요구된다. 성리학자들은 책읽기를 단순히 책 정도를 읽는 것으로 끝내려 하지 않았다. 책을 읽은 자는 반드시 읽은 대로 실천하는 것을 요구받고 있었다. 이것이 책읽기의 방법이자 목적이었고 책을 읽는 자에게 주어진 운명이기도 하였다.

그럼에도 불구하고 진정한 성리학적 책읽기의 실천자를 찾아내기는 어려웠다. 그래서 그들은 책읽기의 표준적인 생활실천 규준을 통하여 보편의 행동 유형을 제정한 것으로 보인다. 그들이 제시한 생활실천 규준은 삼강오륜이었다. 규범적인 인간유형으로는 임금, 아버지, 남편, 어른, 친구 등의 유형이었다. 삼강(三綱)은 군위신강(君爲臣綱, 임금은 신하의 생활모범이 되어야 한다), 부위부강(夫爲婦綱, 남편은 아내의 생활모범이 되어야 한다), 부위자강(父爲子綱, 부모는 자녀의 생활모범이 되어야 한다) 등이었다. 오륜은 부자유친(父子有親, 부모와 자녀 사이에는 친(밀함)이 있어야 한다), 군신유의(君臣有義, 임금과 신하 또는 윗사람과 아랫사람 사이에는 의리가 있어야 한다), 부부유별(夫婦有別, 남편과 아내 – 남녀 – 사이에는 나뉨이 있어야 한다), 장유유서(長幼有序, 어른과 아이 – 도를 아는 자와 알지 못하는 자 – 사이에는 차례가 있어야 한다), 붕우유신(朋友有信, 친구 사이에는 미더움이 있어야 한다) 등이었다.

사실 성리학은 오늘날의 한국인들에게 대단히 헛된 배움이었다거나 현실에 맞게 실천할만한 것이 없었던 문제의 학문으로 알려지고 있다. 하지만 성리학의 잘못이라면 리가 실체가 아닌 데도 순수본연의 선으로 믿고 실증되지 않은 선을 이루고자 했다는 정도로 보인다. 이 잘못을 제외한다면 조선의 성리학자들은 누구도 거부할 수 없는 인간의 도리와 자연의 법칙이 있다고 믿고 그것을 따라 살아가고자 노력한 성실한 학자들이었다고 해야 한다. 그들은 인간의 도리를 따라 바르게 살아보고자 삼강오륜이라는 생활실천원리도 제정하였다. 그리고 이 생활실천원리가 전 국가적으로 행해지게 하였다. 서원이나 서당은 온 나라와 사회와 가정과 개인이 반드시 따르고 지켜야 할 통일된 생활원리를 가르치고 실천하는 데 충실하였던 것도 부인할 수 없다.

〈이황: 성리학 공부방법의 실천인〉

이황은 대 스승으로서 연륜으로 보나 학문으로나 보나 기대승이나 이이에 비해 월등한 인물이었다. 하지만 그는 두 사람과의 서신왕래나 직접 대면하여 말할 때 진정으로 성의를 다하여 대화하는 태도는 우리의 존경심을 불러 일으킨다. 한 번은 기대승이 서신 속에서 이황이 자신의 리기론을 비판하는 데 있어서 자신을 허물하는 것이 지나치다고 하면서 심하게 반론을 제시하였다. 당시의 학계의 분위기나 사회 상황으로는 상상하기조차 어려운 일이었다. 하지만 이황은 이에 대해 자신의 논리로 성실하게 답변서신을 보냈다. 이황은 기대승이 이황의 논리를 거부하는 부분들에 대해서도 끝까지 논리적으로 대화는 물론 아낌없이 훌륭한 점을 칭찬한 것이다. 이황의 격물치지의 학문 실천이 돋보이는 사례이다.

또한 이황은 율곡 이이가 어머니를 여의고 금강산으로 들어가기 전에 자신을 만나러 오자 그와 대화를 나누고는 이이를 가리켜 '후생가외'(後生可畏, 후배이지만 존경해야 할 인물이다)의 인물로 칭송하기를 마다하지 않았다.

이런 사실에서 보면 이황은 격물치지에서부터 평천하를 추구하고자 한 성리학자이자 박학에서부터 독행으로 이어지는 공부에서도 일가견이 있는 학자임을 짐작하게 한다. 무엇보다도 이황이 학문적인 지식이나 사람을 대하는 태도를 보면 활연관통의 깨우침을 맛본 학자이었음을 알 수 있다. 그는 성리학 방식의 책읽기를 실천해 낸 산 증인이었다. 동시에 이 사실은 성리학이 일방적으로 나라를 파멸로 몰아갈 정도의 허술한 학문으로 비판되어서는 안 된다는 것을 단적으로 보여주기도 한다.

〈서원교육의 의의〉

　서원교육은 긍정적 측면에서의 의의와 부정적 측면에서의 의의 두 가지로 이해될 수 있다. 긍정적 측면으로는 서원교육이 중앙에는 유향소 등을 설치하고, 지방에서는 향약 등을 통하여 중앙과 지방, 지방과 지방의 미풍양속이나 생활습관을 진작시키고 담당하는 역할을 하였다는 것이다. 서원이 후학의 양성이나 지역사회 통합 등에 열심을 보이기도 하였다.
　부정적 측면으로는 서원이 붕당의 원인이 되어 나라를 분열시키고 권력투쟁의 도구가 되었다는 사실이다. 이황과 이이 등이 죽은 이후로 사상적 지도자를 잃은 상황에서 서원들이 학풍이라는 미명하에 붕당을 이루어 권력추구의 도구로 전락되어 간 것이다.
　이러한 서원교육이 오늘날 칼뱅주의 교회들에게 시사하는 바가 크다. 대한민국의 교회들은 전국적으로 어느 곳에나 있기에 그리스도인들이 말씀을 따라 어디에서나 의롭게 살아가게 하는 교육이 가능하게 되었다. 교회들이 뜻만 합치면 동일한 진리의 성경을 가지고 온 나라 안에서 선을 실천하며 즐겁게 살아가는 그리스도인들을 길러낼 수 있는 것이다. 대한민국의 교회들이 참 그리스도인을 길러내기 위한 교육에 투자는 하지 않고 주먹구구식으로 교회교육을 운영하고 있다는 것은 비판받아 마땅하다.
　서원교육이 붕당을 이루면서 권력투쟁의 도구로 전락한 사실 역시 부정적 측면으로 대한민국의 교회들에 경고하는 바가 크다. 오늘날 교회들이 정치가들의 진입로처럼 여겨지기도 하고 정치가나 사업가들을 배출하여 직접 교회 세력을 키우고 있다는 것이다. 출석교인의 숫자나 십일조 등 교회의 수입이 많은 곳이 권력을 쥐고 있는 실정이다.
　이러한 현상은 그리스도의 삶과는 전혀 관계가 없는 것이다. 대한민국의 교회들, 특히 칼뱅주의 교회들은 교회의 타락이 모든 개인들의 선하고 진실한 마음을 짓밟아 없애는 것이고 전 사회를 비추는 진리의 등불을 꺼뜨리는 결과를 가져온다는 사실을 기억해야 한다.

3. 칼뱅주의 성경읽기

〈성경 읽기의 독특성〉

세례 요한은 그의 저서 요한복음에서 이렇게 증언하였다. "오직 이것을 기록함은 너희로 예수께서 하나님의 아들 그리스도이심을 믿게 하려 함이요 또 너희로 믿고 그 이름을 힘입어 생명을 얻게 하려 함이니라"(요 20:31). 이 말씀에 따르면 성경은 예수 그리스도를 믿고 그를 힘입어 영생을 얻게 하기 위하여 쓰인 책이다.

성경이 책인 한 그것은 역사와 문화를 초월해서 주어진 것이 아니다. 성경은 저자가 살고 있던 역사와 문화 속에서 기록된 것이다. 그러면서도 성경은 그 시대에 한정되지 않고 시대와 세대를 뛰어넘어 오늘날에도 그리스도를 믿게 하여 독자들을 변혁시키는 원천이자 하나님의 목적에 따라 독자들을 빚어 가는 능력을 가지고 있다.

성경은 책이기에 독자에 의해 읽혀지고 이해되는 것이 반드시 필요하다. 개인적으로 읽든 공동체로 읽든 반드시 성경을 읽고 해석(이해)하기 시작할 때에만 성경은 현전하게 된다. 마치 악보에 있는 음표들이 화선지 위에 기록되어 있다가 연주자에 의해 연주되면서 현실화되는 것처럼 말이다.

〈성경읽기의 바른 자세〉

성경을 읽을 때 독자는 그것을 기록한 사람(저자)이 있던 자리나 시대에 있지 않다. 성경을 읽는 독자는 성경의 저자가 자신의 진술을 읽고 있던 사람(성경의 대상자들) 앞에 있을 수도 없다. 독자는 지금 여기의 상황에 있고 과거의 기록자는 지금 텍스트(책)으로 마주할 수 있을 뿐이다. 이들 두 사람이 서로 눈으로 보고 귀로 들을 수 있는 것은 오직 텍스트의 몫이다. 그런데 성경은 독자에게 주어지기만 하는 수동적 객체가 아니다. 성경은 독자를 활동하도록 초대할 수 있다. 반대로 독자가 성경 텍스트 안으로 들어가서 성경의 세계를 맛볼 수도 있다(최승락, 『성경해석 산책』, SFC 출판부, 2007.).

성경텍스트를 대할 때 독자가 가져야할 세 가지 중요한 기본 전제가 있다. 하나는 독자가 현재 자신이 속한 역사나 시간의 자리에 습관이 되어서 판에 박혀진 마음가짐이나 인식 틀을 가지고 텍스트에 다가가지 않는 것이다. 독자가 이렇게 자기중심적으로 다가가면 성경텍스트는 그 독자에 대해 변혁의 힘을 가지지 못할 수 있다. 다른 하나는 독자가 자신의 기대감과 함께 성경텍스트의 '타자성'이나 '초월성'을 받아들이는 마음과 하나님을 시인하는 마음을 가지고 다가가는 것이다. 이럴 경우에 성경텍스트는 그 독자를 변혁시킬 수 있다. 또 다른 하나는 성경이 그 안에 인간의 무능에 의해 또는 언어체계들의 한계와 차이로 인해 오역이나 오해 등이 있을 수 있음에도 불구하고 하나님의 영원한 진리의 말씀이라는 사실을 인정하는 것이다.

성경을 읽는다는 것은 특히 그리스도인의 경우에는 교회나 자신의 몸을 거룩하게 해야 하는 것처럼 성경에 대해서도 조금의 오해나 오류를 없애려는 노력과 함께 진행되어야 한다. 모든 사람은 성경을 온전한 진리로써 정확하고 바르게 하기 위해 자신의 온 몸과 마음까지 바치고자 해야 한다. 진리이며 정확무오한 성경을 그대로 드러내기 위해 모든 수단을 강구해야 한다. 어떻게 해서든지 조금이라도 더 진리의 말씀 성경을 정확하여 오류가 없도록 이해하고 이해시키고자 해야 한다.

〈성경읽기와 바른 해석〉

그래서 성경읽기에는 반드시 바른 해석이 함께 따라져야 한다. 성경읽기의 가장 중요한 요소는 독자가 무조건 성경책을 읽는 것이다. 성경을 읽고 또 읽어야 한다. 읽는 과정에서는 반드시 바른 해석이 뒤따라야 한다는 것이다. 성리학의 활연관통한 책읽기의 체험이 있어야 하듯이 성경 독자는 성경에 대하여 바르게 해석하고 있다는 믿음이 절대적으로 필요하다.

성경읽기와 그에 대한 바른 해석은 독자로 하여금 하나님을 알게 할 뿐 아니라 세계를 이해하게 한다. 마르틴 부버(Martin Buber, 1878~1965)에 따르면 사람이 신(하나님)과 만나는 것은 한 개인의 독자가 신과 단독으로 관계하기 위해서만이 아니라 그 만남의 의미를 이 세계에 확증하기 위해서다.(마르틴 부버 지음, 표재명 옮김, 『나와 너』(Ich Und Du), 문예출판사, 1997). 성경읽기는 사람이 하나님을 알 수 있는 유일한 방법이다. 하나님을 알고 난 후에 자신도 알고 세계도 알게 되면서 하나님을 바르게 전할 수 있다.

영국의 수리물리학자 화이트헤드(Alfred North Whitehead, 1861~1947)에 따르면 인간의 역사는 '사건들의 과정'(the course of events)으로 진행되고 있다. 사건들의 과정은 두 개의 경향을 보인다. 하나는 물질 자체가 소멸되어 가는 하향(下向)의 경향이고, 다른 하나는 봄에 싹틈으로 생기가 생겨나듯이 회복 또는 재생으로 가는 상향(上向)의 경향이다. 물리학적으로 볼 때 전자는 엔트로피의 증가 또는 무질서의 증대로 진행되고, 후자는 엔트로피의 감소 또는 무질서의 회복, 새로운 신선함 등으로 진행된다.

모든 인간이나 자연만물은 물질적 조건 하에서는 엔트로피의 증가 곧 무질서나 피곤으로 향하는 하향의 경향을 지닐 수밖에 없다. 이런 상황을 뒤집어서 상향으로 향하게 하는 것은 이성이다. 예컨대 우리가 지쳐있거나 힘들어 할 때 순간적으로 그러한 상황을 자각하면서 새로이 회복되게 하는 것이 이성의 작용이다. 하지만 말 그대로 이 회복은 일시적으로만 가능하다. 사변이성이든 실천이성이든 이성은 일시적인 회복은 가능하지만 사물의 소멸과정을 궁극적으로 되돌려서 생물학적 소생의 방향(역사)로 진행하게 할 수 없다. 세계는 엔트로피의 증가, 다시 말하면 일체의 자연현상과 사회현상들의 무질서가 증대하면서 소멸을 향해 달려가고 있을 뿐이다.

세계가 회복될 수 있는 길은 없는가. 마르틴 부버(Martin Buber, 1878~1965)에 따르면 이 길은 세계가 신과의 결합으로 나아가는 전환을 일으키는 것이다. 그에 따르면 세계는 그 자신의 존재 속으로 확장하는 운동과 신과의 결합에로 전환하는 운동을 한다. 이때 세계가 자신만의 존재 확장으로 진행된다면 그 길은 아마도 화이트헤드의 말대로 물리학적 소멸의 과정이 될 것이다. 반대로 세계가 결합하여 전환을 일으켜 신에게로 나아가는 진행이 있을 수 있다. 이것은 세계 쪽에서는 전환이지만 하나님(신)의 편에서는 구원이다.(마르틴 부버 지음, 『나와 너』(Ich Und Du)).

이상을 요약하면 성경을 읽고 바르게 해석한다는 성경을 진리의 말씀으로 알고 진리로 이해하는 것을 말한다. 이를 통해 성경독자는 하나님을 알고 자신을 알게 된다. 동시에 그는 세계가 소멸을 향해가는 경향으로부터 돌이켜 하나님의 구원으로 향하게 하는 전환을 일으킬 수 있다. 성경읽기는 진리를 만나 자신이 소생하는 돌파를 통하여 하나님께로 향하여 나아가게 하며 동시에 다른 사람을 하나님에게로 향하게 하는 구원의 역사를 이루게 한다. 이것이 성경읽기가 여타의 책읽기와 다른 이유다.

〈성경과 교회〉

성경은 진리이시며 영원히 살아계시는 하나님께서 쓰신 책이기에 정확무오의 말씀이다. 설령 인간이 번역하는 과정에서 여러 오해가 있을 수 있다 하더라도 하나님이 진리시기에 인간의 오해가 하나님을 조금도 하나님 아니게 할 수 없다. 그런 오해나 오역의 부분은 고치면 그만이다.

오역의 문제를 교회라는 건물과 관련해서 좀 더 살펴볼 필요가 있다. 교회는 하나님이 계시는 성전이기에 거룩한 하나님의 집이다. 그런데 교회라는 건물이 완전할 수는 없다. 많은 문제를 가지고 있다. 교회를 구원 받은 사람들이 모이는 회중이라 하더라도 추하기는 마찬가지다. 벼라 별 사람들이 교회 안에서 악한 일을 서슴없이 저지르기까지 한다. 오늘날 한국교회는 이렇게 잘못된 일들이 저질러지는 온상이라고 하더라도 이상하지 않을 정도다.

그렇다면 교회는 거룩하지 않은 곳인가. 아니다. 교회가 아무리 건축물이 허술하고, 내적으로는 갖은 허물로 뒤덮인 사람들의 모임이라 하더라도 교회는 하나님이 계시는 거룩한 전이다. 거룩하신 하나님께서 친히 그곳에 계시기에 교회가 거룩한 것이다. 솔로몬 왕이 예루살렘 성전(다윗 성전)을 건축하고는 "하나님이 참으로 땅에 거하시리이까 하늘과 하늘들의 하늘이라도 주를 용납하지 못하겠거든 하물며 내가 건축한 이 성전이오리이까"(왕상 8:27)라고 고백하였다. 하늘의 하늘도 하나님이 계심을 용납 못한다. 교회는 하늘에 비해 정말 초라하다. 그럼에도 솔로몬은 이 성전에 하나님께서 거하시면서 이스라엘 백성들의 기도를 들어주실 것을 믿었다. 하나님이 거하시는 거룩한 전임을 안 것이다. 교회가 하나님을 거룩하게 하는 것이 결코 아니다. 교회는 세상에서는 결코 완전할 수 없다. 오직 하나님께서 교회(건물 포함)와 회중을 거룩하게 하시기에 거룩한 것이다.

성경의 번역에 있어서도 이 사태는 동일하게 적용된다. 인간이 아무리 거룩하고 완전하게 번역을 한다 하더라도 성경책 자체가 거룩할 수는 없다. 반대로 인간의 오해와 번역의 다름이 영원하신 진리의 하나님을 하나님 아니게 할 수 없다. 오직 성경은 하나님께서 성경책의 말씀들을 그대로 실천하시기에 영원한 진리인 것이다.

그러므로 성경읽기는 진리의 말씀을 진리의 말씀으로 읽는 것 외에 달리 방법이 없다. 말씀의 해석 역시 진리의 해석이어야 한다. 성경을 읽고 해석하는 자는 누구든지 진리의 말씀을 읽었으며 그 읽기를 통해서 진리를 이해하게 되었다는 고백할 수 있어야 한다. 진정 참 그리스도인이라면 적극적이고 당당하게 하나님의 뜻에 맞게 성경을 읽었다고 말할 수 있어야 한다.

〈믿음으로 성경읽기〉

성경을 진리로 읽는 방법은 믿음으로 읽는 것이다. 믿음은 복음과 하나님의 의를 필수불가결의 요소로 삼는다. "복음에는 하나님의 의가 나타나서 믿음으로 믿음에 이르게 하나니"(롬 1:17). 복음은 하나님의 아들 예수 그리스도이자 그에 관한 것이다(막 1:1). 하나님의 의가 나타난 것은 말씀이 태초에 계셨다는 것, 그리스도가 세상에 오신 것을 의미한다. '의'는 법정 용어다. 따라서 이 의는 법정에서 죄가 용서되고 의롭다고 판결 받을 수 있는 공식체계를 필요로 한다. 그곳이 하나님의 나라다. 그리스도가 세상에 오심으로 하나님 나라가 임했고, 그래서 하나님의 의가 실현되었다. 의롭게 하시는 주권자는 당연히 하나님이시다. 이미 설명했듯 믿음은 그 자체로 의롭게 하는 힘을 가진 것이 아니라 그리스도를 우리에게 오게 함으로써 그의 의로 우리가 하나님께로부터 의롭게 되는 방편이다.

그러므로 성경을 믿음으로만 읽고 해석해야 의로운 성경해석을 할 수 있다. 믿음으로 의롭게 된 그리스도인은 신뢰와 신앙으로 용기 있고 겁내지 않는 심장으로 성경을 읽으며 해석하고 그대로 실천하려 해야 한다. 믿음의 그리스도인에게 선행은 강제로 인해 어쩔 수 없이 하는 것이 아니라 자유로운 정신에서 실천된다. 더 나아가서 믿음으로 성경을 읽고 해석하고 실천하는 그리스도인은 현실의 모든 생활영역에서도 의롭다고 인정받기 위해 헌신할 수 있다. 칭의를 입은 사람은 그리스도와 함께 장사되고 그리스도의 살리심과 같이 새 생명 가운데서 살아가는 존재가 되었기에 마땅히 헌신해야 한다. 그들은 그리스도와 하나됨을 향해 달려가는 자들이다. 성경을 읽고 해석하며 실천을 통해 현실의 생활세계로 달려 나아가는 것이 그리스도인의 실존이다. 칭의를 입은 사람들은 믿음으로 성경을 읽고 실천해서 자신과 가정과 사회와 국가를 변혁시키고자 해야 한다.

이상에서 믿음으로 성경읽기의 의의는 다음과 같이 정리될 수 있다고 본다. 첫째로, 하나님의 말씀을 진리로 읽을 수 있게 한다는 것이다. 둘째로, 믿음으로 성경을 읽는 것은 독자로 하여금 믿음으로 살게 한다. 셋째로, 세상의 모든 권위를 무너트리고 성경의 권위를 세우게 한다. 넷째로, 그리스도와 하나 되게 한다. 다섯째로, 죄에서 해방되어 자유로운 마음으로 선하게 살아가게 한다. 여섯째로, 세계로부터 물러나는 것이 아니라 세계에 뛰어들어 그곳을 변혁시키게 한다. 마지막으로 믿음으로 성경을 읽는 것이 그리스도인의 실존과 생활을 규정한다는 것이다.

제7장

성경을 어떻게 해석할 것인가

본장에서는 어떻게 하면 하나님께 의롭다고 인정받을 수 있는 성경읽기를 할 것인가가 논의되고 있다. 성경해석은 그리스도인의 의무이자 권리임이 제시된다. 성경을 읽는 방법과 관련해서는 동양의 방법과 서양의 방법이 소개된다. 동양의 방법으로는 격물치지의 방법, 도가도비상도의 방법, 원형이정의 방법이 분석된다. 서양의 방법으로는 탐구의 해석학(방법), 이해의 해석학, 자기포함의 해석학, 메타비평해석학 등이 분석된다.

1. 성경해석은 그리스도인의 의무이자 권리

성경은 언어로 되어 있다. 성경은 각각의 저자들에 의해 그들의 시대, 그들이 처한 환경 속에서 그 시대적 상황에 따라 기록된 것이다. 그래서 성경을 해석한다는 것은 일차적으로 저자들의 환경 속에서 기록된 언어와 언어체계를 이해하는 것이 필수적이다.

각각의 언어들은 기록한 자의 마음을 드러내는 수단이다. 언어를 이해한다는 것은 글자 자체의 이해는 물론 그 글을 기록한 사람의 마음을 이해하는 것이다. 성경의 언어체계를 이해하는 것은 성경 기록자가 속해 있던 당시 사회의 언어습관이나 특성을 이해하는 데 도움을 준다. 성경저술자의 인물됨이나 생활상 등을 분석하는 것도 바른 성경해석을 위해 필요하다. 성경의 저자의 가정배경, 저술하게 된 동기, 저술하는 특징 등에 대한 이해가 성경을 바르게 해석하는 데 유익한 것이다.

성경저자들이 성경을 기록한 시대적 배경이나 사회적 특성을 이해하는 것도 필요하다. 예컨대 구약과 신약을 동일한 시대적 배경과 사회적 맥락으로 해석하고자 한다면 어리석은 일일 것이다. 한 세대에는 하나의 사상만이 있는 것이 아니다. 따라서 성경 저자의 시대의 중심사상이나 중대한 사건들을 고려하면서 성경을 해석하고자 해야 한다.

〈최후의 성경 해석자는 하나님〉

성경의 원초적이며 궁극적인 저술가는 하나님이시다. 그러므로 일체의 성경해석의 최후의 목표는 하나님의 뜻을 이해하고 하나님의 뜻대로 해석해 내는 데 있다. 성경을 읽는 근본적인 이유가 결국에는 하나님의 뜻을 바르게 해석해 내어서 그분의 뜻대로 실천하겠다는 데 있는 것이다. 언어나 언어체계를 분석하는 일이나, 성경저자의 인물관이나 가정배경, 성장배경, 전문성 등등의 분석하는 것이나, 성경저자가 살던 시대적 배경이나 사회적 특성 등을 이해하는 것 등은 모두 진정한 성경의 원저자인 하나님의 뜻을 해석해 내기 위한 기초적인 절차에 불과하다.

오늘날 우리나라 교회에서 매 주일 또는 공식적인 예배의 자리에서 목회자들을 통하여 하나님의 말씀이 해석되고 있다. 과연 그 많은 목회자들의 성경해석이나 설교가 하나님의 참 뜻에 맞게 그대로 해석하고 있다고 할 수 있겠는가. 만일에 하나님의 참 뜻대로 성경을 해석해 내는 것이 아니라면 그 책임은 누가 담당해야 하는가. 실제로 동일한 성경본문을 수많은 목회자들이 그때마다 다르게 해석하고 있는 것이 현실이다. 물론 죄인의 몸을 지닌 인간으로서 하나님의 진리의 말씀인 성경을 읽고 하나님의 뜻을 온전히 드러낼 수 있다고 말할 수 있는 자는 아무도 없을 것이다. 하지만 이 말조차도 하나님의 말씀을 바르게 해석하고 실천하는데 도움이 되는 말이 되지 않는다면 함부로 해서도 안 될 일이다.

성경 전체에 대하여 온전히 진리로 바르게 최종적으로 해석을 해 낼 수 있는 분은 오직 하나님 한 분 뿐이시다. 평신도이든 목회자이든 누구든 성경을 읽고 해석을 한다는 것은 하나님께서 최후에 참 진리의 말씀에 대한 해석을 하시기전까지 하나님의 뜻에 맞는 해석을 하고자 하는 신앙실전이라 할 수 있다. 노아가 하나님의 명령에 따라 방주를 짓듯이 모든 인생들은 하나님의 뜻을 온전히 드러내는 성경해석에 이바지해야 한다. 사람이기에 그리스도인은 누구라도 자신의 성경해석이 최고라고 말할 수 있는 자격이 없다. 우리의 책무는 주어진 생애 동안 날마다 성경을 읽으며 바르게 해석해서 실천하고자 온 힘을 다하는 일이다.

〈성경해석은 누구에게나 열려 있다〉

성경해석의 영역은 누구에게나 열려 있다. 성경을 읽고 하나님의 뜻을 진정으로 찾고자 하는 자라면 누구나 성경을 읽고 해석하고 실천할 수 있는 자격을 가진다. 성경을 해석할 수 있는 훈련을 많이 받고 방법을 알고 있다면 성경해석에 유리하거나 편리한 것이지 그것이 성경 해석을 위한 특권이 될 수는 없다. 자신이 아무리 성경해석을 잘 했다 하더라도 하나님께서 인정하지 않으시면 사람이 할 수 있는 것이 아무것도 없게 된다. 성경읽기와 성경해석에 있어서는 목회자라거나 장관이라거나 교수라거나 회장이라거나 그 어떤 지위와 권력도 아무런 쓸모가 없는 것이다.

그러므로 성경을 읽고 해석하는 일은 하나님을 믿는 자라면 결코 포기되거나 직무유기 되어서는 안 된다. 성경읽기와 성경해석은 모든 믿는 자들이 하나님의 뜻을 알고 그 뜻을 전하는 가장 핵심적인 신앙행위이다. 그래서 반드시 기필코 감당해야 한다. 성경읽기를 목회자나 성경학자들에게 맡겨두어서는 안 된다. 모든 그리스도인은 목회자나 성경학자들의 성경해석을 활용하거나 참고할 뿐이지 자신의 의무이자 권리인 성경읽기와 성경해석의 직무를 유기해서는 안 되는 것이다. 성경읽기를 통해서 하나님의 뜻을 바르게 알고, 그에 맞게 실천하고 전해서 하나님을 영광스럽게 해드려야 한다. 도대체 어떤 학생이 자신이 공부해야 할 것을 타인에게 맡기고 자기는 할 수 없는 일이라고 말할 수 있다는 것인가.

〈성경읽기와 성경해석은 천국을 침노하는 일〉

그러므로 성경읽기와 성경해석은 모든 그리스도인들을 향하신 하나님의 명령이라 할 수 있다. 하나님께서는 구약의 이스라엘 백성들에게 율법과 규례들을 주시고 그것을 문설주에 써 놓고 집을 나갈 때나 들어올 때나 잘 때나 깰 때나 늘 보고 외워야 한다고 명령하셨다. 신약에서는 성경에 영생이 있는 줄 알고서 성경을 상고해야 한다고 하였다. 성경의 비밀을 알고자 하는 자는 하나님과 대화하면 된다. 모든 그리스도인이 기도를 통해 자신이 이해되지 않는 성경의 내용들을 하나님께 물으면 된다. 천국은 침노하는 자들의 것이다. 말씀을 읽고 해석하는 것도 하늘나라를 침노하는 것이다. 성경을 읽고 해석하며 하늘나라를 사모하여 침노하지 않으면 하늘나라 밖에서 배회하고 있는 것이나 마찬가지다.

하나님께서는 이스라엘 백성들에게 그들의 죄가 진홍같이 붉을 정도로 진하다 할지라도 직접 대화하자고 하셨다. 마찬가지로 성경읽기와 성경해석과 관련해서도 우리가 이 과정에서 아무리 많은 잘못을 저지른다 하더라도 하나님은 우리들에게 대화의 길을 열어놓으셨다. 그러므로 참 그리스도인이라면 하나님이 허락하시는 범위 안에서 성경읽기와 성경해석에 온 힘과 온 마음을 다해 도전해야 한다. 그리스도인이라면서 하나님의 뜻을 잘 모르거나 어렴풋이 남의 해석에 의존해서 하나님을 알거나 알아가고 있다면 그 자체로 하나님께 대하여 불경한 일을 저지르는 것일 수도 있다.

성경읽기와 성경해석의 영역은 하나님께서 마지막 날 심판 때에 해석하시기 전까지 모든 인생들에게 어떠한 방식으로든 바르게 해석하고자 노력하도록 허락하셨다. 그러므로 성경읽기와 성경해석에 있어서는 할 수 있는 한의 온 노력을 기울여서 도전하고 또 도전해야 한다.

〈동서양의 성경해석방법론〉

본서에서는 동양의 해석방법론과 서양의 해석방법론을 소개하고자 한다. 동양에서는 격물치지의 방법이 기본이고 전통적으로 지속되어 온 것이기도 하다. 또한 작은 사물이나 사건의 해석에만 치중한 것이 아니고 그 사건 하나의 해석을 통해서도 우주의 이치로까지 확대하여 이해하는 방법도 얼마든지 필요하다. 예컨대 어떤 한 사람과 또 다른 한 사람이 만났다고 했을 때 두 사람의 만남은 관찰 가능한 사태이지만 이 만남을 영원한 우주의 원리 안에서 만난 것으로 해석하는 일이 비교적 흔하게 일어나기도 했었다. 이러한 해석법을 성경해석에 응용하기 위해서 필자는 노자의 도가도비상도의 해석방법이나 주역의 원형이정의 해석방법 등을 제시하고자 한다.

서양의 해석방법론은 객관적인 인과관계를 중심으로 해석하거나 정형화된 논리의 틀 안에서 그 논리에 맞게 해석하는 경향이 있었다. 물론 서양에서도 '렉치오 디비나'라는 성경해석방법이 있긴 하였다. 그것은 우리말로 하면 '거룩한 (성경) 읽기'라고 번역될 수 있는데, 말하자면 성경을 경건하게 읽는 과정 그 자체를 통해서 성경을 해석하려는 방법이었다. 그러나 과학의 발달과 산업혁명 등을 거치면서 과학적 인과관계나 증명방식이 서구에 보편적인 현상이 되었다. 성경해석 역시 이러한 영향을 받아서 객관적이고 과학적인 해석방법이 보편화되었다. 필자는 탐구의 해석학, 이해의 해석학, 자기포함의 해석학, 메타비형의 해석학 등으로 한정하여 서양의 해석방법론을 소개하고자 한다.

본서는 동양의 포괄적이고 무한대의 해석방법과 서양의 다양한 과학적 방법론이 서로 조화롭게 활용되면서 정형화된 해석과 포괄적이고 유기적인 해석이 시도될 수 있는 성경해석방법을 제시하고자 한다. 필자는 우리 그리스도인들이 이러한 방법을 통하여 성경을 연구하는 것을 온 몸과 온 힘과 온 마음을 다해 진리의 말씀인 성경을 하나님의 뜻 그대로 이해하려는 헌신으로 간주한다. 동시에 하나님의 자녀로서 우리의 생이 다하기까지 하나님의 뜻을 바르게 해석하여 그대로 실천하며 이웃에 전하는 사명을 감당하는 과정이라 믿는다.

2. 동양의 성경해석방법

유교와 도교는 2천여 년 이상을 이어온 동양의 대표적인 사상이다. 두 사상은 중국인들을 중심으로 인간의 의식과 생활방식에 깊은 영향을 미쳐왔다. 유교와 도교의 공부방법은 자연스럽게 사람들이 살아가는 의식형성과 생활방식을 결정하는 데도 중요한 방법으로 응용되었다.

〈유교와 도교의 세상 바라보기〉

유교와 도교가 세상을 바라보는 기본 관점은 세상이 아름답다는 것이었다. 하지만 이 아름다운 세상을 어떻게 보존해 갈지에 대해서는 두 사상의 접근방법이 아주 달랐다. 유교는 세상이 아름답고 선하기에 이 세상을 아름답고 선하게 유지하기 위해서 자연과 인간에 대한 바른 공부가 중요하다고 보았다. 그래서 유학을 통해서 인간의 질서, 즉 인과 예, 인과 의 등의 인륜과 공부의 과정 등을 제정하고 그것을 지켜가는 방식으로 세상을 아름답게 가꾸려 하였다. 성인을 내세우고 리기를 내세우면서 바르게 살아가는 규칙을 전수하고 그것을 모범으로 실천하게 한 것 등이 모두 세상을 아름답게 가꾸기 위함이었다.

반면에 도교에서는 아름답고 선한 세상을 그렇게 아름답고 선하게 유지하기 위해서는 자연의 상태 그대로 두어야 한다는 입장이었다. 동물은 동물의 본성대로 동물다우면 되고 식물은 식물의 본성대로 식물다우면 충분하였다.

사람 역시 그 본성대로 사람다우면 된다. 따라서 자연의 모든 사태를 저절로 그러한 자연스러움 또는 도를 따라 펼쳐지는 것(無爲, 무위)으로 보았다. 자연스러움, 저절로 그러함이 최고의 가치였다. 길고 짧음, 아름다움과 미움, 높고 낮음 등은 모두 그 모든 것을 꿰뚫고 있는 도를 알지 못하는 인간의 사사로움에서 비롯된 것이었다. 이러한 척도들은 자연을 해치는 것들이었다. 도교의 입장에서 보기에 유교에서 예를 정하고 인의를 논하고 지혜를 논하는 것은 모두 자연, 곧 도를 해롭게 할 뿐이었다. 도를 구체적으로 어떠하다 표현할 수는 없지만(無名, 무명) 세상에서 벌어지고 있는 일체의 사태는 그 나름의 도를 따르고 있다고 보고자 한 것이다. 그래서 도교에서는 무위(無爲), 진인(眞人) 등이 중시되었다.

이상에서 보면 유교는 철저하게 사람이 되고 세상을 바른 사람들의 사회로 만들고자 했음이 드러난다. 이에 따라 유교는 예의 바른 말과 태도, 그와 관련된 배움들, 즉 글을 읽거나 외우는 것들을 중시하였다. 하지만 도교는 눈앞의 사태들 그 자체에 매몰되지 않고 그것들로부터 저 높은 자연의 도를 발견하고 이해하는 것을 목표로 하였다. 이 때문에 유교는 도교에 대하여 허망한 가르침이라고 비판하였고, 도교는 유교에 대해 하찮은 것을 중시하는 시시한 배움이라고 비판하였다.

〈주역: 원형이정의 변화〉

그러나 세상사란 작은 일에서부터 우주의 사건에 이르는 일체의 사태가 단 한순간도 구별되거나 간극이 있는 것이 아니다. 그렇게 때문에 세상을 아름답게 가꾸기 위해서는 유교적인 해석과 도교적인 해석 두 방면에서의 접근이 필요하다. 그것을 해결해 주는 것이 주역사상이었다. 『주역』(周易)은 전통적으로 유교와 도교가 함께 각각 자신들의 저서로 주장하는 경향이 있다. '주'(周)는 고대 중국의 한 왕조였던 주나라를 의미한다. '역'(易)은 변하는 것을 의미한다. 이 때문에서 영어권에서는 주역을 'The Book of Changing'으로 번역하곤 하였다. 『주역』이라는 책은 '역'이나 세상의 모든 것을 끝없이 변하는 것으로 간주하고, 이렇게 변하는 순간들을 원형이정의 순환으로 이해한다. 원은 계절로 말하면 봄이고 시작을 의미하며, 형은 여름이고 번창하는 것을 의미한다. 이는 가을이고 아름답게 열매 맺는 것을 의미하고, 정은 겨울로서 자신의 본성을 간직하는 것을 의미한다.

〈동양사상의 학문방법〉

이상에서 동양사상의 학문방법은 대체로 세 부분으로 이해할 수 있다. 하나는 유교를 대변하는 격물치지의 방법이다. 다른 하나는 도교를 대변하는 '도가도비상도'의 방법이다. 마지막으로는 주역의 '원형이정'의 방법이다.

이들 세 방법론의 공통성은 기본적으로 심오한 사유체계를 중시하면서 자연을 관찰하며 그 특성을 분석하고자 한다는 것이다. 본서에서는 이를 주관적 해석방법으로 간주하였다. 성경을 해석하는 사람은 먼저 격물치지의 방법을 따라 기본적으로 현실적 삶 속에서의 관찰과 실제 체험을 통해서 성경의 뜻을 해석해 내고자 해야 한다. 자신이 경험하는 일상생활 속에서 말씀이 성취되는 부분을 자세히 관찰하고 그 의미를 해석하는 것은 훌륭한 격물치지의 방법이다. 또한 한 구절 또는 하나의 본문을 따로 해석하는 것으로 그치지 말고 성경을 꿰뚫는 하나님의 뜻 전체와 연계 하에서 해석되는 것이 필요하다. 그러기 위해서는 어떤 본문이든지 그 맥락을 넘어서 종말론이나 구원론, 또는 창조론 등과 같이 하나님의 뜻을 이해하려는 수준으로까지 확대되어야 할 것이다. 본서에서는 이 방법을 도가도비상도의 방법이라 부르기로 한다. 마지막으로 세상의 모든 일은 개인의 경우든 집단의 경우든 서로 맞물려 이어지면서 하나의 사태가 다른 하나의 사태와 완전히 단절되지 않는다. 어떤 일은 시작되고 있고 어떤 일은 끝나가고 있다. 어떤 일은 번창하고 확장단계에 있고, 어떤 일은 결과가 나타나면서 진정한 제 모습을 보여주기도 한다. 우리가 살아가다 보면 일상생활 속에서 어떤 일은 하나님이 함께 하시는 은혜의 일 같기도 하고 어떤 일은 하나님이 함께 하시지 않는 일처럼 느껴질 때가 있다. 이런 상황들이 반복되며 계속된다. 주역에서는 이를 음양이나 원형이정의 변화의 무한한 반복으로 본다.

하지만 필자는 세상의 모든 일이 오직 하나님의 섭리 하에서 하나님의 뜻을 완성하기 위해서 진행되어 가는 것으로 간주한다. 인간은 하나님의 뜻을 완전히 알 수 없다. 오직 부족한 인간으로서 온전히 하나님을 믿는 믿음으로 성경 한 구절조차도 그 한 구절의 뜻을 온 힘을 다해 해석하고, 동시에 그 한 구절이 우주 전체의 변화와 관련이 있는 것으로써 하나님의 뜻 안에서 기록된 구절로 해석하는 것을 본서에서는 원형이정의 해석방식이라 부르고자 한다.

〈성령이 성경해석에 개입해야 한다〉

그러나 성경을 해석하는 사람이 주의하지 않으면 안 되는 것이 있다. 성경해석에서는 격물치지의 방법, 도가도비상도의 방법, 원형이정의 방법을 활용할 수는 있지만 어디까지나 현실 속에서든 영원한 나라의 수준에서든 성령의 역사가 반드시 개입한다는 사실이다. 성령께서는 우리의 의식과 마음, 몸 자체와 몸 밖의 일체의 상황 등 우리의 전체를 활용하시기에 반드시 우리는 성령에 의해 쓰임 받을 모든 준비를 갖추어야 한다. 동양적 성경연구방법이 필요한 이유도 여기에 있다. 서양의 성경해석방법은 어떤 것이든지 그 자체의 해석방법을 가지고 있어서 그 방법과 관련된 이외의 해석이 시도되기 어렵다. 객관적인 방법으로 해석하기에 그 나름의 장점이 있는 것은 분명하지만 그 방식을 넘어서서 성경을 포괄적으로 해석하기가 쉽지 않은 것이다. 즉, 서양의 방법만으로는 하나님의 진리의 말씀을 깊이 있고 폭넓게 이해해 내는 데는 한계가 있다. 성경을 해석하고자 하는 자는 참 진리의 말씀을 바르게 다가가고 그 뜻을 세상에 전하기 위해 할 수만 있다면 다양한 방법이나 수단을 강구해야 할 것이다. 필자는 이러한 방법 중에 하나가 동양의 방법이라고 보았다. 이러한 의도에서 본서는 과감하게 '격물치지의 방법', '도가도비상도의 방법', '원형이정의 방법' 등을 제안하고자 한다.

1) '격물치지'의 성경해석법

동양에서의 학문의 목적은 대체로 『대학(大學)』제1장의 첫 구절인 "큰 배움의 도는 밝은 덕을 밝히 드러내는 데 있고, 백성(일반인)을 새롭게 하는 데 있으며, 지극한 선한 상태를 그대로 유지해 가는 데 있다"[83]는 데서 찾아질 수 있다. '명덕(明德)'은 인간이 태어날 때 하늘로부터 부여받는 (본)성을 말한다. '친민(親民)'은 '신민(新民)'으로 이해되었다. 친민은 백성을 친애하는 것이고 신민은 백성을 새롭게 하는 것이다.[84] '지어지선(至於至善)'은 '명명덕'과 '신민'을 행하는 수준에 도달해서 이러한 행위를 그대로 죽을 때까지 실천해 가는 것을 말한다. 유학에서 인간의 본성이란 전통적으로 인·의·예·지이기에 학문의 목적 역시 이러한 덕을 쌓는 데 있다. 쌓은 덕은 개인의 것으로만 머물러 있어서는 안 되고 이 덕을 가지고 사람(군자)가 백성을 늘 새롭게 하는 일을 감당해 가야 한다. 이를 요약하면 수기(修己)과 치인(治人)이 된다.

여기에 도달하기 위한 공부과정에는 "격물(格物)·치지(致知)·성의(誠意)·정심(正心)·수신(修身)·제가(齊家)·치국(治國)·평천하(平天下)"의 8가지 조목이 있다. 그 중에서도 격물과 치지는 모든 공부의 근간을 이룬다.

유학의 공부과정에서 격물이란 바른 행실을 배우기 위해서 바르게 실천하고 바른 배움을 위해서 바른 책을 읽어나가는 것을 말한다. 배움이 먼저일 수도 있고 행실이 먼저일 수도 있다. 행실이든 언어든 배우는 대로 익혀 가는 모든 과정이 격물이다. 격물의 두 번째 의미는 치지에 이르는 격물이어야 한다는 것이다. 과거의 어린이들은 동몽선습, 추구, 천자문 등을 운율에 맞춰

---

83) 『大學』, 제1장, "大學之道 在明明德, 在親民, 在止於至善." (대학지도 재명명덕, 재친(신)민, 재지어지선)
84) 양명학에서는 '친민'으로 해석한다. 학문의 목적을 백성을 사랑하는데 두고 있어서 마음을 중시하기 때문이다. 반면에 유학에서는 '신민'으로 해석한다. 유학에서는 '수기치인'(修己治人)이 군자의 실천사항이다. 유학은 공부를 해서 백성들을 새롭게 하는 사람이 되기를 강조해서다.

소리 내어 읊조리고 외우고 하면서 행실과 글자를 익혔다. 이 과정을 계속하는 사이에 글자들의 의미를 체득해 나갔다. 철저하게 하나를 익힌 후에 그 다음 단계로 나가는 방식이었다. 이러한 의미에서 보면 격물치지는 겉으로 드러나는 행동과 내적인 깨달음을 일치시키는 것을 목적한 것임을 알 수 있다. 학문을 하는 자가 이러한 과정을 거쳐 앎을 이루어가야 한다. 그런 사람만이 마음을 바르게 하고, 인격과 신체를 단련하며, 나아가 가정과 사회와 국가를 바르게 하고, 마침내 세계의 평화에 기여할 수 있다.

〈격물치지 공부방법의 세 특성〉

이상에서 격물치지의 공부방법의 특성은 세 가지로 요약될 수 있다. 하나는 공부하는 자가 직접 사물에 접해서 스스로 체험하고 탐색하는 것이다. 둘째는 반복을 통한 암기다. 유학의 체제 내에서 요구되는 행실을 닦고 그와 관련된 바른 앎을 얻기 위해서는 그 내용들을 외우는 것이 가장 빠르고 확실한 방법이었다. 행동의 구차한 부분까지 글자 한 자 한 자까지 정확하고 철저하게 외워가는 것이 치지에 이르는 지름길이었다. 마지막으로는 바르게 행동하고 알아가는 사이에 진실한 뜻을 품고 마음을 바르게 정화해 간다는 것이다. 행함과 깨달음이 단지 외적 성취에 불과하거나 성취감 없는 지식의 양의 증가가 아니라 격물과 치지를 통해 뜻을 진실하게 하고 마음으로 느끼며 바르게 할 수 있어야 한다.

격물치지의 공부방법이 성경해석에 유용한 것도 이러한 특성과 무관하지 않다. 격물치지의 성경해석법은 일차적으로 성경을 무조건 많이 읽는 것에서 시작된다. 격물이 대상을 직접 대하는 것이기 때문에 성경을 해석하고자 하는 자는 반드시 성경을 마주하고 읽어야 한다. 많이 읽으면 읽을수록 격물의 성취도가 높을 것은 당연하다. 그 다음으로는 성경을 외우는 것이다. 성경을 외우는 행위는 그 내용을 묵상하고 오래도록 생각하게 해준다. 성경을 많이 읽고 그 내용을 외우는 과정에서 자연스럽게 치지라는 깨달음에 이를 수 있다. 셋째로는 성경을 많이 읽고 외우는 사이에 자신이 왜 성경을 읽고 외우는 지를 깨닫게 되면서 자신의 마음을 바르게 하고 자신의 의지와 뜻을 진실하게 할 수 있다는 것이다.

이상에서 격물치지의 성경해석법은 첫째 성경을 무조건 많이 읽기를 통한 해석법이며, 둘째 성경 외우기를 통한 해석법이고, 마지막으로는 성경을 읽고 외우는 훈련을 하는 사이에 자신의 의지와 뜻을 진실하게 하고 마음을 바르게 하는 해석법이라고 요약할 수 있다. 격물치지의 성경해석법은 성경읽기를 통한 신앙생활습관 형성, 외우기를 통한 묵상훈련, 이러한 훈련을 하는 과정에서 바른 뜻과 바른 마음을 형성해 가는 데 유익하다고 결론지을 수 있겠다.

2) '도가도비상도'의 성경해석법

"도가도비상도"(道可道非常道)는 『노자(老子)』의 첫 구절이다. 이것은 "도를 도라 하면 늘 그러한 도가 아니다."로 해석된다. 도는 드러나지 않는다. 그래서 도가 구체적으로 무엇인지 알 수가 없다. 이름을 붙일 수도 없다. 그렇다고 도가 없다고 부정할 수도 없다. 그래서 노자에서는 도를 억지로 이름하여 도라 하였다. 그럼에도 불구하고 도는 '늘 그러한 도'(常道)는 아니다. 이러한 난감한 사태를 노자에서는 '도가도비상도'라 표현하였다.

도는 길(the Way)의 의미도 가지고 있다. 도를 길로 해석하면 "도가도비상도"는 "길을 길이라 하면 늘 그러한 길이 아니다"로 해석된다. 길은 많은 사람이 다니는 곳이다. 사람들이 그것을 이용할 수도 있고 볼 수도 있다. 사람이 어디론가 가고자 하면 반드시 길을 따라 가야한다. 도가 길로써 이해되면 사람이 볼 수 있고 이용할 수 있는 것이 된다. 보이지 않는 도가 길로 이해된다면 그 도 또한 볼 수도 있고 이용할 수 길로 다가와야 한다. 예컨대 자연의 현상이나 인생살이에서 나타나는 모든 사태들의 명명은 그것들이 각자 지니고 있는 드러나지 않는 도에 대하여 이름을 붙인 것이다. 예컨대 봄·여름·가을·겨울이 자연의 길이라면 그것의 드러나지 않는 도(저절로 그러하다)에 대해 이름을 붙인 것이라는 말이다. 그러므로 봄·여름·가을·겨울의 변화나 자연, 도 등은 이름이 다를 뿐 본질은 비슷하다.

도교에서는 무엇보다도 도라는 표현을 즐겨 사용하였다. 자연은 저절로 그러하고 봄·여름·가을·겨울 역시 저절로 그러하다. 이 안에 도는 분명히 있다. 도가 자연이나 봄·여름·가을·겨울과 차이가 있다면 도는 드러나지 않는 것이어서 이름을 붙일 수 없다는 것이다.

주복할 것은 봄·여름·가을·겨울이나 자연의 변화들은 단 한 번도 동일하게 변한 적이 없었다는 사실이다. 이 사태는 봄·여름·가을·겨울이나 자연이라는 이름들이 모두 도를 근저로 삼고 있는 것이 분명한데도 '도가 이것이다' 라고 정확하게 말할 수 있는 것은 아무것도 없는 것을 의미한다. 봄·여름·가을·겨울의 변화가 매년 같을 수 없다. 단 하루도 같을 수 없다. 그래서 모든 인생의 하루 생활도 저절로 그러한 도이자 길이라 할만하다. 즐거운 삶, 괴로운 삶 등등이 붙여질 수는 있다. 그러나 그것이 삶의 본래 그러한 도일 수는 없다.

그러한 도가 아니라 한다 해서 도 이외의 다른 어떤 길이 도가 있는 것도 아니다. 축구선수가 축구를 할 때 매일 비슷한 폼을 갖고서 축구를 하지만 그 폼이 매순간 같을 수 없다. 축구의 늘 그러한 도가 아닌 것이다. 그렇다고 공을 차는 그 폼 이외에 다른 도가 있다고는 할 수 없다. 결국 도란 도이지만 그 도는 아니고, 길이지만 그 길은 아니게 된다. 늘 그렇게 도와 비도의 사이를 오가면서도 그것을 자연스러움으로 받아들이면서 온 우주의 변화(도)에 참여하여 이 도를 지키고자 하는 것이 도가도비상도의 핵심사상이다.

〈도가도비상도 이해방법의 유익한 점〉

도가도비상도의 이해방법이 갖는 유익한 점이 몇 가지 있다. 첫째로 연구하고자 하는 본문의 현재의 사태를 자연스러운 현상으로 수용하여 이해하게 한다는 것이다. 격물치지의 방법은 현실의 사태와 전개과정에 집중한다. 반면에 도가도비상도의 방법은 현실의 사태를 탐구나 경험보다는 저절로 그러한 것으로 느낄 수 있게 한다.

둘째로 어떠한 사태에 대하여 포괄적이고 궁극적인 의미를 찾아내었다 하더라도 그 너머의 또 다른 포괄적이고 궁극적인 이해를 계속 시도하게 한다는 것이다. 이 방법은 판넨베르크가 주장하고 있는 메타해석학적 방법과 일맥상통하는 부분이 있다. 마지막으로 그것은 어떤 현상의 자연성을 억지로 이해하겠다고 하기보다는 이 자연한 세계에서 그에 순응하여 무위(無爲)와 비움(虛, 허)을 실천하게 한다는 것이다. 도가도비상도의 방법으로 공부하는 사람은 평소에 자연스러움과 겸허함으로 살아가는 가운데 도를 발견하는 것을 실천하려는 자들이라 할 수 있다.

성경의 관점에서 보면 도가 도일 수도 있고(상도), 도가 도가 아닐 수도 있는 것(비상도)은 하나님의 창조의 원리 때문이다. 하나님의 창조와 그 원리는 무궁무한하시기에 인간의 지식으로는 알 수 없다. 무슨 일이 어떻게 벌어질지 아무도 모른다. 그래서 인간이 알만한 것에 대해서는 이러저러한 것은 하나님의 뜻이라거나 믿음대로 된다고 하지만(이것이 도가도다), 알지 못하는 일에 대해서는 그것이 하나님의 뜻인지 아닌지 말하지 못한다(비상도). 그러므로 '도가도비상도'는 하나님이 창조하시고 다스리는 원리가 무궁무한하심을 표현한 것이라고 해도 그다지 틀리지 않는다.

〈모세의 창조 세계의 경험은 도가도비상도의 하나〉

모세는 이 창조의 세상을 일상적으로 경험하였다. 그가 이스라엘 백성들과 함께 광야에서 아침마다 만나를 먹고 필요할 때마다 물을 마시고 하던 일은 말하자면 '도가도'였다. 그러다가도 뱀에 물려 죽고, 적군에 쫓기고, 역병이 나고 하는 일들은 '비상도'였다. 이러한 현상의 계속이었다. 중요한 것은 모세가 기적을 통해서도 하나님을 발견하였고, 역경을 통해서도 하나님을 발견하였다는 사실이다. 다른 말로 하면 인생을 살면서 어느 순간에 어떤 일을 통하여 하나님을 발견한 듯했다가 다시 어떤 때에는 하나님을 잃은 듯하다가를 반복하는 일체의 일을 도가도비상도라 할 수 있으며 이 과정의 반복을 통해서 무한하신 하나님에게 나아간다는 것이다.

그리스도인들에게 우주만물과 인간의 삶의 일체의 변화는 결단코 저절로 그러한 것일 수가 없다. 오직 하나님의 창조와 다스림에 의해서만 일어날 수 있는 일이다. 세상이 창조된 이래로 단 하루 단 한 순간도 변화가 멈추지 않을 수 있었던 것은 하나님의 창조의 원리가 그러하기 때문이다. 태양은 기체 덩어리여서 매 순간 핵융합과 핵폭발을 하며 끝없이 변하며, 인간의 몸을 이루고 있는 세포들도 잠시도 멈추지 않고 핵반응을 일으키면서 변한다. 이것이 가능할 수 있는 것은 하나님의 창조원리가 그러해서다.

〈도가도비상도의 성경해석법 요약〉

이상을 통해서 도가도비상도의 성경해석법은 다음과 같이 요약될 수 있다. 첫째, 성경의 어느 한 부분을 해석하든 그 본문을 하나님의 창조역사에 의한 것으로 이해하게 한다는 것이다. 아무리 단순해 보이는 성경구절의 해석이라 하더라도 그것은 반드시 하나님의 뜻 안에서 이루어지는 것으로 우리에게는 자연스러운 것으로 분석되어야 한다. 둘째로 성경해석자(우리)가 어느 성경구절에 대해 나름의 방식으로 해석했다고 하더라도 그 해석이 불변하는 도일 수는 없다는 것을 깨우쳐야 한다. 사람이 하는 성경해석에서 최후의 최선의 참 진리의 해석이란 있을 수 없다. 모든 그리스도인은 성경해석을 통하여 하나님의 참 뜻을 이해하고 실천하는 일에 무한히 헌신해 갈 뿐이다. 마지막으로 도가도비상도의 방법을 활용한 성경해석은 서양식의 과학적 방법을 활용한 성경해석과는 달리 성경해석을 무한의 영역으로 확장해 준다는 것이다. 이 방법은 그리스도인이 성경을 읽고 해석(이해)할 때 영원한 진리의 세계(우주적 영역) 안에서 해석하도록 하는 담대함을 가지게 한다. 예컨대 그리스도의 십자가와 관련된 성경해석은 결코 인간에 의해서는 완결될 수 없다. 그것은 하나님의 창조와 구원의 권위 안에서 해석되고 또 다시 해석되어야만 하는 하늘나라의 일인 것이다.

3) '원형이정'의 성경해석방법

『주역』(周易)은 64괘에 대한 서술과 이 괘들에 대해 후대학자들이 해설을 시도한 「역전」(易傳)으로 되어 있다. 64괘 가운데 첫째 괘는 건괘다. 건괘의 첫 구절은 다음과 같이 시작한다.

"건, 원형이정."(乾, 元亨利貞)

이를 해석하면 "건(하늘)은 원하고 형하고 이하고 정하다"이다. 건은 하늘이다. 건은 옛날에는 '간'(幹)이나 '알'(斡)로 읽혔으며, 이외에도 선(旋), 또는 환(圜)이라고 불렸다. '간'이나 '알'은 돌고 도는 물건을 가리키고, '선'과 '환' 역시 도는 것을 의미한다. 특히 태양은 단순히 동쪽을 향해서 움직여 가기만 하는 것이 아니라, 하지와 동지를 정점으로 남북방향으로도 이동하면서 순환한다는 사실에 비추어 보면 건·알·선·환은 모두 태양의 움직임을 정확하게 모사한 것이라고 볼 수 있다. 태양은 이렇게 변화하면서 실제로 만물을 생장(生長, 낳고 자라게 함)·수장(收藏, 거두어 간직)하게 한다. 그렇다면 건괘는 하늘의 태양을 구체적으로 표상한 것임을 알 수 있고, 이런 의미에서 보면 『주역』은 하늘숭배나 천명사상과 관련된 세계관을 담고 있음을 알 수 있다.

〈하늘의 원형이정과 인간의 원형이정〉

건은 하늘을 상징하는데 하늘의 대표하는 것은 예부터 태양이었다. 태양은 양(陽)의 대표다. 하늘을 상징하는 태양과 직접적으로 관계하는 것은 땅이다. 땅은 음(陰)이다. 건은 원(元)하고 형(亨)하고 이(利)하고 정(貞)하다. 이러한 건의 속성이 땅 곧 음의 속성과 자연만물의 낳고 기름, 거두어들임과 간직함을 결정한다.

건의 원은 시작을 의미한다. 시작의 내용은 양과 음의 조화, 곧 자연만물의 낳고 낳음이다. 음과 양의 조화나 낳고 낳음의 시작은 그 자체로 선하다.

시작의 이유는 아름다운 결실을 내기 위해서이다. 자연만물은 시작한 대로만 있어서는 안 된다. 반드시 성장해야 한다. 성장하면서 동시에 매사에 형통해 가야 한다. 이것을 형(亨)이라 한다. 만물은 형통할 때 아름답다. 만물이 서로 방해하지 않으면서 성장하고 형통하다보면 각자에게 합당한 몫이 얻어진다. 이것을 만물의 이(利)라 한다. 이(이익, 또는 얻음)은 모든 면에서 의로워야 한다. 의로움으로 진행하다 보면 만물이 마침내 자기 변화의 완성을 이루게 된다. 모든 일에서 만족을 얻어 반듯한 자기다움을 간직하고 그것이 매사를 주장한다. 이것을 정(貞)이라 한다.

　인간이 자연 속에서 살아가는 한 이러한 원(元)하고, 형(亨)하고, 이(利)하고, 정(貞)함을 배우고 익혀서, 그 자신도 무슨 일이든지 시작하고, 그 일을 형통하게 하고, 그 일을 통하여 아름다운 이익을 거두며, 다시 자신의 본래 모습을 간직하는 활동을 쉼 없이 실천해야 하는 존재다. 인간의 태어남 자체가 시작이다. 그런데 태어남의 시작으로만 언제까지 머물러 있으면 그 시작은 별 의미가 없다. 반드시 성장으로 이어져야 한다. 성장은 한 부분으로만 진행되지 않는다. 그것은 다차원적으로 진행된다. 하나의 생각이 꼬리에 꼬리를 물고 여러 가지 생각으로 확장되고 이어지기 마련이다. 따라서 성장하며 번성하는 과정 속에서 여러 요소들이 서로 두루 통하지 않으면 안 된다. 이것이 형(통)이다. 이러한 성장과 형통 속에서 사람은 무언가 열매를 맺어야 한다. 볍씨를 뿌렸을 때 그것이 수십 배의 알곡을 영글게 하는 것과 같이 그렇게 사람으로서의 열매를 거둘 수 있어야 한다(이). 그런 이익은 아름답다(美利, 미리). 사람이 태어남을 통해 시작하고 성장하여 형통하고 그 과정에서 아름다운 이익을 얻었다 하더라도 자신이 사람임을 잊어서는 안 된다. 열매를 많이 거둘수록 사람은 자신을 다시 돌아보아야 한다. 자신의 본질을 잊지 않아야 하는 것이다(정).

　시작하고 형통하고 이익을 얻은 것을 자신의 능력으로 여기는 한 그 사람은 사람의 본질을 잊은 것이다. 비록 그 사람의 얻음이라 할지라도 그가 시작하여 형통하고 열매를 맺을 수 있었던 것은 이를테면 자연만물의 조화로운 변화에 힘입은 바 크기 때문이다. 그렇다고 자신의 본질을 잃지 않는 것으로 자신의 활동을 중지해서는 안 된다. 그 사람은 다시 시작의 길로 나아가야 한다. 결론적으로 말해서 사람은 언제나 시작하고 형통하고 열매를 맺고 거두어 본성을 간직하고 또 다시 그런 과정으로 돌아가는 원형이정의 삶을 실천해야 하는 존재다.

〈시작과 끝의 무한 반복〉

인생의 원형이정을 생각해보면 학업, 결혼, 취업, 사랑, 미움, 예술, 체육, 경제 등등 우리의 삶 일체와 관련된다. 지금 우리의 현재를 둘러싸고 있는 모든 삶의 사태들은 어떤 것은 원의 단계에 있거나, 어떤 것은 형의 단계에 있거나, 어떤 것은 이의 단계에 있거나, 어떤 것은 정의 단계에 있다. 일체의 사태가 우리의 생활현장 속에서 혼재하고 있는 것이다. 이런 일들에 대하여 우리는 시작도 모르고 끝도 모르는 경우가 허다하다. 주역에서는 이를 무시무종(無始無終, 시작도 없고 끝도 없다)이라 한다. 분명한 것은 시작이 있기에 이 시작을 근원으로 해서 끝남으로 돌아감이 있다는 것은 확실하다. 이를 '원시반종'(原始反終, 시작을 근원으로 해서 끝으로 돌아온다)이라 한다.

〈원형이정 성경해석방법의 독특성〉

격물치지의 해석방법이 다독을 통해 비교적 정태적인 사태들을 이해하는데 유리하고, 도가도비상도의 해석방법이 단순한 사태에 대한 이해조차도 도의 영역으로 확장하여 이해하게 하는 데 유익하다. 반면에 원형이정의 해석방법은 정태적이고 기초적인 사태로부터 도의 영역으로 확장하게 하면서도 이 양자 사이를 끝없는 연속의 과정으로 이해하게 해주는 것이 특징이다. 무엇보다도 원형이정의 해석방법은 무시무종과 원시반종의 방법으로 요약될 수 있다.

이상에서 원형이정의 해석방법은 어떤 성경구절이든지 읽는 것 자체가 시작으로서 선한 일이며, 읽는 과정에서 그 말씀에 형통한 것도 선하고, 말씀을 통해 무언가 열매를 맺는 것도 선하고, 이 과정에서 자신의 본성을 아는 것도 선한 것으로 이해하게 한다는 것이다. 원형이정 자체가 일체의 사태를 모두 선한 것으로 보게 한다. 둘째는 성경 읽기의 시작, 성경을 읽음으로 여러 성경들이 서로 확대되고 통하게 되는 단계, 또는 어떤 말씀에서든지 무언가 결실을 얻기, 나아가 말씀을 통해 자신의 본성을 알고 지키는 것 등이 서로 연계되어 있어서 어느 하나도 소홀히 해서는 안 됨을 강조한다는 것이다. 천지가 시작할 수 있었던 것은 하나님이 계셨기 때문이다. 성경말씀 일체가 서로 연결되며 각각의 구절들이 시작, 형통, 이로움, 정고함 등의 과정으로 이어지고 있다는 것이다.

성경읽기와 그 해석은 늘 즐겁게 시작하고 형통하고 열매를 거두고 하나님 앞에서 자신의 본성을 알고 간직해 가는 일의 계속이어야 한다. 마지막으로 원형이정의 해석법은 성경의 모든 내용이 지금 진행되고 있는 삶의 현장이자 언제 시작했는지 언제 끝이 날지 모르고(無始無終, 무시무종) 계속 이어지는 것으로 이해하게 한다는 것이다. 그러나 성경해석에서 그 시작이 있기에 반드시 그 끝으로 돌아가야 하며, 끝을 끝으로 여기지 말고 다시 시작을 근원으로 삼아야 한다(원시반종). 원형이정의 성경해석방법은 성경해석자로 하여금 아무리 완벽하다 해석을 한다 하더라도 언제나 자신의 본질과 성경해석의 본질을 알고 새로운 시작으로 나서도록 하는 방법이다. 성경해석자는 생명이 다하도록 이 일에 헌신할 뿐이다.

3. 서양의 해석방법

서양의 해석방법이 동양의 해석방법과 뚜렷하게 다른 하나는 동양의 방법들이 깊은 사유를 통한 깨달음과 체험을 강조하는데 비해, 그것은 과학적인 기준을 통한 객관적 해석을 강조한다는 것이다. 과학적이라는 말은 일반적으로 법칙성, 보편성, 그리고 예측성을 포함하는 이론체계를 뜻한다. 예컨대 누군가가 어떤 성경구절을 해석했을 때 그 사람 이외의 다른 누가 그 성경을 해석하든 그 해석자의 해석방법을 따른다면 그와 유사한 해석이 이루어지게 한다는 것이다.

서양의 해석방법에는 그 해석을 가능하게 하는 어느 정도 일정한 준거가 있다. 그 중에 하나가 원인과 결과의 관계에 근거하여 해석하는 방법이다. 어떤 일이 발생한 것은 결과다. 이 결과를 일으킨 요인들은 원인이다. 어떤 결과는 한 가지 요인에 의해서 발생되었을 수 있다. 하지만 대부분의 결과들은 여러 요인들이 복합적으로 작용해서 일어난 경우가 보통이다. 서양의 해석방법은 이러한 요인들을 객관적으로 찾기 위한 방법론을 마련하였다. 대표적으로 해석학과 객관적 분석 방법으로 대별된다.

본서에서는 탐구의 해석학, 이해의 해석학, 자기포함의 해석학, 그리고 메타비평 해석학의 네 가지 방법을 중심으로 서양의 해석방법을 탐색해보고자 한다. 이들 해석학들은 모두 자연과학의 방법들처럼 엄정한 과학적 방법의 수준은 아니더라도 일정한 수준의 과학적인 방법과 해석의 근거들을 가지고 해석을 시도한다. 이런 점에서 서양의 해석방법이 동양의 해석방법에 비해 보다 과학적이고 객관적이라고 할 수 있을 것이다. 하지만 성경해석학과 관련해서는 특히 성경이 성령의 깨닫게 하심에 의해서 해석된다고 할 때 동양의 성경해석방법 또한 유용한 방법임에 틀림없다. 서양의 성경해석방법은 객관적 형식으로 인해 은연중에 고정화되어 있어서 그 틀에서 벗어나서 성경을 영원한 하나님의 말씀으로 새롭게 이해하는 데는 일정한 한계를 지니고 있는 것이 사실이다. 그러므로 보다 깊이 있고 폭넓은 성경해석을 위해서는 서양의 해석방법을 참고하면서 동양의 성경해석법과 융합하여 성경해석에 접근하는 것이 바람직하다고 하겠다.

1) 탐구의 해석학

탐구의 해석학은 전근대적 해석방법인 렉치오 디비나, 영지주의적 해석방법, 알레고리적 해석방법 등의 문제를 극복하기 위해 등장하였다.

〈렉치오 디비나 해석, 영지주의적 해석, 알레고리적 해석〉

'렉치오 디비나'(lectio divina, divine reading)는 성경의 해석에서 '읽기', '묵상하기' '기도하기' '정관하기'를 중시한다. 이 네 가지를 제외한 문자적 해석, 문헌연구, 저자의 시대적 배경이나 사회학적 특성 등에 대해서는 거의 관심을 두지 않는다. 이러다 보니 렉치오 디비나의 성경해석 방법은 지극히 주관적이고 근거가 빈약한 자의적 수준에서의 해석으로 그치기 십상이었다.

영지주의적 해석방법은 성경을 해석할 때에 개인주의에 근거하여 의미론적으로 기발하고도 비밀스런 해석을 시도하려 하였다. 이 때문에 영지주의자들은 성경 말씀 중에서 자신들의 마음에 따라 따로 떼어내어 그들 나름의 영지로 해석을 하고는 원 성경의 본문보다 더 아름답다고 주장하기를 즐겨 하였다. 이러다보니 그 해석은 성경을 심각하게 자의적 수준으로 이해하는 폐단이 많았다.

한편 알레고리적 해석방법은 둘 혹은 그 이상의 아이디어들 사이의 유사나 상응을 따라 성경의 의미를 확장시켜가는 방법이었다. 여기에는 세 가지 전제가 있다. 하나는 텍스트가 현재 모습 그대로는 무언가 불안함이 있다는 전제다. 그래서 알레고리적 해석을 시도하는 자들은 성경의 내용을 비평하는 경우가 많다. 다른 하나는 예부터 진리의 경전이라기보다는 성경을 현대화된 방식으로 사용하려 한다. 영감에 의한 현재의 해석이 더 중요하다고 주장한 것이다. 마지막 하나는 해석하고자 하는 글의 저자는 자신이 알고 있는 것 이상의 것을 하도록 영감을 받았다는 믿음이 강하게 작용한다는 것이다. 필론(Philo of Alexandria, BC 20~AD 50년경) 같은 이는 신화적 요소가 강한 텍스트, 예를 들면 에덴동산의 네 강줄기 같은 텍스트를 해석할 때 플라톤(Plato, BC 428/427~BC 348/347)의 네 가지 기본 덕목(비손강은 분별력으로, 기혼 강은 용기 등)으로 알레고리화 하여 해석할 정도였다.

탐구의 해석학은 루터(Martin Luther, 1483~1546)와 칼뱅(John Calvin, 1509~1564) 등의 종교개혁가들이나 정통 개신교회가 성경의 진리성을 주장하면서 활용되기 시작하였다. 성경의 진리성이 확보되면서 렉치오 디비나 방법, 영지주의 방법, 알레고리적 방법 등은 그 설자리를 잃게 되었다.

〈성경은 진리라는 사실의 유익성〉

성경의 진리성 확보가 성경해석에 끼친 영향은 다음 세 가지다. 하나는 알렉산드리아의 클리멘트(Clement of Alexandria, AD 150~AD 215) 등과 같이 성경의 의미를 원리상 애매하다거나 또는 다중적이라고 보는 사람들에 대항하여 성경의 진리성이 그 자체로 명료한 원리가 되었다는 것이다. 더 이상 성경을 해석하면서 성경이 진리인가 아닌가의 논쟁이 사라지게 된 것이다. 다른 하나는 성경이 교황이나 교회의 교도권의 지도하에서 해석되어야 한다는 기존의 성경해석방법에 대항하여 성경의 진리성 자체가 기독론적으로나 교회론적으로나 판단의 기준이 되었다. 이제부터 성경을 해석할 때 교회의 전통이나 성인들의 전승에 구애받지 않게 된 것이다. 마지막으로 어떤 지식도 충분히 정확하지 않기 때문에 어떠한 신학적 판단도 행동으로 즉시 실천되기 어렵다는 주장에 대하여 성경이 진리라는 주장이 그 자체로 인식론적 원리가 된다는 것이다. 성경은 진리이기에 해석되기만 하면 즉시 그대로 실천해야 하는 기준이라는 말이다.

〈문자적 의미, 비판, 성경 저자 이해〉

탐구의 해석방법은 일차적으로 성경의 문자적 의미를 찾도록 한다. 루터에 따르면 그리스도인 독자는 성경을 읽을 때 일차적으로 문자적 의미를 찾는 것을 자신의 과제로 삼아야 한다. 이렇게 해야만 로마가톨릭교회가 주장하는 잘못된 해석이나 시험이 올 때 그 사람의 신앙과 신학의 기초를 세워줄 수 있다. 루터는 성경의 문자적 의미 속에 생명과 위로, 능력, 교훈이 담겨 있다고 믿었다.

두 번째 방법으로는 비판을 통한 성경해석을 시도하는 것이다. 하나님은 다윗에게 "내가 네 몸에서 날 네 씨를 네 뒤에 세워 그의 나라를 견고하게 하리라"(삼하 7:12)라고 말씀하셨다. 만약에 성경해석자가 이 본문의 '너'를 해석자 자신으로 이해한다면 그것은 분명 잘못된 일이다. 이런 오류를 피하기 위해 비판적으로 성경해석을 시도해야 한다. 루터는 성경 연구를 위해 질문하거나 탐구하는 것 등을 믿음에 이바지하는 수단으로 여길 정도였다. 그는 『그리스도인 귀족들에게』(To the Christian Nobility, 1520)라는 글을 통해서 목회자들이 성경에 대하여 질문하고 탐구하기 위해서라도 높은 단계의 교육을 받을 것을 강하게 요구하였다.

셋째로는 칼뱅의 주장대로 성경 저자의 정신을 이해하고 드러내어 밝히는 것이다. 저자의 정신 속으로 들어가기 위해서는 성경의 텍스트와 그 맥락, 그리고 저자의 언어와 역사적 맥락을 고찰해야 한다. 인간 자신에 대한 지식이 없이는 하나님에 대한 지식은 일어나지 않으며 하나님에 대한 지식이 없이는 인간은 그 자신에 대한 지식을 바르게 가질 수 없다. 특히 칼뱅은 하나님에 대한 지식은 성령의 역사이기에 성경해석에서 텍스트 그 자체와 역사적 맥락, 그리고 성령의 깨우침을 핵심으로 삼았다.

이후로 탐구의 해석학은 성경해석에 있어서 연구하는 구절들, 전체의 핵심 파악, 문자들, 저자가 처한 특정 상황들, 역사적 시기의 차이들, 텍스트의 기록 시기나 주변 환경들, 이외에도 동기, 장소, 경우, 방법 등과 같은 요소들을 연구대상으로 포함시켰다. 제믈러(Johann Salomo Semler, 1725~1791)[85]에 따르면 성경해석자는 세 가지 과제를 가지고 있다. 먼저 해석자는 텍스트의 언어를 적절하게 그리고 정확하게 연구해야 한다. 다음으로는 역사적 정황을 구성하는 모든 특정 사항들을 고려해야 한다. 마지막으로는 텍스트의 주제 문제를 시간과 상황의 변화를 고려하면서 재 진술해야 한다.

이상에서 탐구의 해석학에서 말하는 해석이란 성경원저자의 의도가 무엇인지를 바르게 알아내는 것임을 알 수 있다. 이를 위해서 해석자는 성경 본문에 대한 문자적 해석, 저자의 시대적 상황, 텍스트의 기록 시기 등 다양한 사

---

[85] 티슬턴, 앞의 책, 281쪽.

정들을 고려하는 것이 필요하다. 해석의 준거로는 이성, 성령, 현실의 삶, 다양한 요소들의 지평융합 등이 있다. 탐구해석학의 가장 기본은 성경의 명료성 곧 성경의 진리성이 성경 해석의 기준이 되어야 한다는 것이다.

2) 이해의 해석학

〈슐라이어마허의 해석학〉

이해의 해석학은 성경을 해석하는 자가 성경 기록자 자체를 이해하는 것을 목표로 하는 해석방법이다. 슐라이어마허(Friedrich Schleiermacher, 1768~1834)에 따르면 해석학의 과제 또는 목표는 저자의 생각이나 느낌을 재생하거나 재사고하는 것이다. 그가 던진 질문은 "우리가 어떻게 한 사물 혹은 한 사태를 그것이 있는 그대로 이해할 수 있는가"였다. 이것은 기존의 특정한 해석방법을 잘 따라가면 성공적인 해석으로 이어질 거라는 생각으로부터 인간의 이해를 가능하게 하는 전제 조건들이 무엇일까를 중심으로 해석하는 쪽으로 해석경향을 바꾸어 놓았다. 이해를 위해서는 기존의 추정된 이해를 바르게 따르고 있느냐가 아니라 이해의 과정 속에서 연구자의 정신이 어떻게 작용하는지가 중요하게 된 것이다. 어떤 텍스트를 이해하기 위해서는 해석자(독자)가 먼저 그것을 만든 저자의 개별적 특성들을 연구하고 더불어 그 텍스트가 나오게 된 언어상황, 언어세계 등에 대해 연구하는 것이 필요하다. 이보다 더 중요한 것은 해석자와 성경저자의 심리적인 상호소통을 이루는 것이다.

하지만 해석이라는 행위는 필연적으로 이미 주어진 것들이나 공유된 언어, 소통을 가능하게 하는 확립된 언어 체계 등에 의존하지 않을 수 없다. 따라서 해석을 위해서는 고립된 한 개인의 주관성에 대한 관심 이전에 반드시 '들음'이 필요하다. 성경 저자의 의도를 듣기 위해서는 해석자가 자신만의 마음의 틀에서 나와야 한다. "말하기의 기술과 이해의 기술은 서로 상관관계를 형성한다. ⋯ 말하기는 사고의 공공성을 위한 통로이다. ⋯ 모든 말하기의 행위는 언어의 전체성 및 발화자의 사고의 전체성에 관계된다."[86] 결국 성경 해석은 사회-언어적 맥락에서도 참이고 하나님에 대한 지식 또는 이해를 다루는 신학적 주장의 맥락 속에서도 참이어야만 바른 해석이라 할 수 있다.

이해의 해석학에서 중요한 것은 텍스트의 의미를 그 언어의 측면에서만 해석할 것인가, 저자의 의도 측면에서 해석할 것인가, 아니면 이 양자 사이의 상호관계(작용) 속에서 해석할 것인가의 문제다. 성경 역시 인간이 처한 상황 속에서 그 인간 존재에게 전해진 언어로 기록된 것이다. 따라서 이를 해석하기 위해서는 저자의 생각 · 경험 · 상황 등이 포함되어야 하고, 텍스트의 내용 · 맥락 · 언어 · 효과 등이 포함되어야 하며, 텍스트의 첫 독자들의 정황이나 그들의 언어적 자질, 후대 독자들의 의식 및 경험 등이 포함되어야 한다.

〈이해의 해석을 위한 조건〉

이해의 해석을 위한 첫째 조건은 해석자가 텍스트를 저자처럼 이해하는 것은 물론 저자보다 더 잘 이해하고자 하는 것이다. 해석자가 이런 마음을 가지고 있지 않다면 어떤 의미에서는 해석을 시도해서는 안 된다. 둘째로는 해석자가 자신을 객관적으로 그리고 주관적으로 저자의 자리에 두어야 한다는 것이다. 자신을 저자의 자리에 놓는다는 것은 해석자의 해석이 둘 사이에서 하나의 원과 같은 지식체계를 이루어서 전체와 부분 사이의 관계가 맞아 떨어지는 것을 말한다. 해석자가 저자에 대해 많이 알면 알수록 더 질 좋은 이해를 할 수 있다. 텍스트를 더 많이 읽을수록 더 잘 이해할 수 있다. 해석자가 텍스트 저자의 인격에 대해 더 정확한 지식을 가질수록 더 잘 이해할 수 있다.

이해의 해석학은 일반적으로 전체와 부분의 두 축이 작동한다. 전체란 텍스트 또는 저자의 생각이 무엇인지 또는 핵심이 무엇인지를 이해하려는 것과

---

86) F.D.E, Schleiermacher, Hermeneutics, The Handuritten Manuscripts ed. by H. Kimmerle, Eng. Missoula: Scholars Press, 1967, 42쪽, 107쪽.

관련된다. 작품으로 말하면 그 작품의 주제상의 내적 일체성을 찾는 것이다. 하지만 이러한 주제 또는 내적 일체성은 언제나 불안정하고 잠정적이라는 한계가 있다. 그것이 늘 해석으로만 접근되기 때문이다. 그래서 계속적으로 재점검 또는 재검토의 과정이 필요하다. 전체를 조망하는 데는 심리적 해석이 작용하고 부분을 조망하는 데는 문법적 해석이 작용하는 것이 보통이다. 심리적 해석은 저자의 인격이나 텍스트의 전체 사고의 흐름을 발생시킨 근원적 사고나 그것을 가능케 하는 창의적 사상 등을 이해하기 위함이다. 반면에 언어와 언어구조의 측면에서 접근하는 문헌학적 비판적 연구는 전체 사고와 부분들 사이의 관계를 파악해 보기 위해서다.

전체적으로 이해하고자 하는 심리적 해석은 해석자 자신을 저자인양 전환시키게 한다. 이를 '직관적 라포르'(intuitive rapport)라고 하는데 친한 친구들 사이에서 "다 이해해, 더 설명할 필요 없어"라고 할 정도로 마음으로 통하는 삶을 나누려는 것이다. 바른 이해를 위해서는 해석자가 저자와의 공감적 상상력을 사용하여 저자의 사상과 느낌 속으로 들어갈 수 있어야 한다. 문법적 해석도 필요하다. 그 사람(저자)의 본성이나 화법에 대하여 언어가 암시해 주고 있기 때문이다. 언어를 말하는 것은 행위 또는 삶의 형태의 한 부분이자 언어와 그 속에 함께 직조된 행위들의 총체를 의미하기에 당연히 저자의 언어와 언어행위를 분석할 필요가 있다.

〈슐라이어마허 해석학의 결론〉

슐라이어마허를 중심으로 하는 이해의 해석학은 결국 직관적 라포르나 공감적 상상력을 통해서 텍스트의 전체를 조망하면서 동시에 문헌학적 문법적 분석을 시도하는 해석방법임을 알 수 있다. 이러한 이해의 과정은 한 번의 이해로 온전할 수 없기에 더 온전한 이해를 위해서는 순환적 재점검의 과정이 반드시 필요하다. 특히 슐라이어마허에게 설교는 이해를 동반한 의사소통이었는데 그의 설교는 이 세대나 다음 세대에게 그 자신의 세대의 사고방식을 강요하기 위해서가 아니라 듣는 사람들을 '감동'시키기 위해 음악을 연주하듯이 또는 잠자는 불꽃을 깨워 그들 스스로 비전을 얻을 수 있게 하려는 방편이었다.

〈딜타이의 해석학〉

한편 딜타이(Wilhelm Dilthey, 1833~1911)에게 있어서 이해란 자아 이해 및 경험의 바탕 위에서, 그리고 타인과의 끊임없는 상호교류의 바탕 위에서 증진되어 가는 것이었다. 그것은 타인의 경험을 '다시 살기' 함을 통해 타인에 대한 공감이나 전이를 통해서 타인의 자리에 서보는 것이기도 하였다. 이러한 이해에는 세 가지 전제가 필요하다. 먼저 자아 이해가 전제되어야 한다. 자아 이해는 자신의 내면의 살핌이 아니라 타인과의 공통점이나 차이점의 발현, 변이와 특정성의 발현에 의지하여 사회적 상호작용 속에서 나타난다. 개인이 사회적 상호작용을 통하여 타인과의 관계 속에서 공감을 배우고 상상력을 발전시키는 것이다. 남을 또는 다른 사태를 이해하려는 사람이 자신의 자아가 발현되어 다른 이들과 교류하지 못한다면 해석은 불가능하게 된다.

둘째로는 전이 또는 다시 살기이다. 해석자 자신이 이해하고자 하는 그 삶을 가능하게 했던 정황들 속으로 자신을 전이시키는 것이다. 현실적으로는 지난날의 삶이나 타인의 삶을 오늘 직접 경험하는 것은 불가능하다. 하지만 해석자가 자신을 그 상황늘 속에 전이시킴으로써 그것을 다시 살기 하는 깃은 얼마든지 가능하다. 마지막으로 이해는 '너' 안에서의 '나'의 재발견이라는 것이다. 개인의 이해는 어쨌든 전체적이다. 그런데 전체적 이해는 개별이나 부분들의 연결로 이어진다. 전체와 개별의 이해가 서로 상호의존 된다. 이러한 이해의 과정 속에서 해석자는 자연스럽게 '너'(타인) 안에서의 자신의 이해 곧 자신의 재발견에 이르게 된다.

〈자아와 타자 사이의 관계 형성〉

딜타이의 이해의 해석학에서 중요한 요소는 자아(해석자)와 타자 사이에서 삶의 관계가 형성되어야 한다는 것이다. 이 관계를 통해서 모든 개인들은 그들이 속해 있는 문화 체계나 공동체 내의 주어진 장소나 시간에 의해 부분적으로라도 결정되는 역사적 존재가 될 수 있다. 해석은 이러한 조건이 충족된 후에 진행된다. 다시 말하면 개개인의 관계된 삶을 넘어서 삶의 연결성을 인정할 수 있을 때 이해의 해석이 가능할 수 있는 것이다. 타인의 (특히 내적) 삶이 과거의 것이든 현재의 것이든 해석자(독자) 자신의 것과 유사한 인간적인 것으로 받아들여질 수 있어야 바른 해석이라 할 수 있다.

〈이해의 해석학의 특징〉

이상에서 이해의 해석학의 특징은 다음과 같이 요약될 수 있다. 첫째, 이해의 해석학에서는 해석의 과정에서 해석자의 역할이 중시된다. 둘째, 저자와의 공감이나 직관적 라포르 형성 등의 심리적 분석과 언어와 언어체계 등을 분석하는 문법적 분석을 함께 시도해야 한다. 셋째, 저자의 삶의 정황들, 사회적 상황들에 대한 이해와 문법적 분석이나 문헌연구 등이 서로 공감될 수 있어야 한다. 넷째, 해석학의 기초가 논리적 추상성이 아니라 계속 이어지는 삶의 흐름 속에서 특정성과 일반성 사이의 상호관계를 중시한다는 것이다. 마지막으로 이러한 이해는 더 나은 해석을 위해 끊임없이 계속되어야 한다는 것이다.

이해의 해석학적 방법으로 성경을 해석하고자 한다면 성경해석자는 언제나 성경저자의 삶과 그의 내면의 심리상태, 역사적 상황 등을 저자의 입장에서 시도하면서 성경텍스트의 문자적 배열이나 전후의 맥락 등을 함께 분석하여 저자의 입장을 재현해 낼 수 있어야 한다. 이 해석의 재현은 반드시 현재의 청중들이 함께 공감할 수 있는 성질의 것이어야 함은 말할 필요가 없다. 무엇보다도 슐라이어마허가 말하는 전체와 부분의 조화, 의사소통과 공감이 있어야 하고, 딜타이가 말하는 다시 살리기가 이해에 반드시 있어야 한다. 예컨대 예수님의 십자가 죽음을 이해의 해석학으로 분석하고자 한다면 해석자

(독자 포함)는 십자가 위의 예수님의 마음을 이해하고 전해주어서 그의 설교를 듣는 청중들이 공감할 수 있도록 해석해 내지 않으면 안 되는 것이다.

3) 자기포함의 해석학

자기포함의 해석학은 해석자가 텍스트나 텍스트의 저자의 상황에 자신을 포함시켜서 이해를 시도하도록 요구한다는 점에서 여타의 해석학방법들과 구별된다. 자기포함의 해석학에서는 성경을 순수한 역사적 문법적 탐구의 대상이 아니라 해석자를 포함한 현재의 독자들을 성경의 세계 속으로 초청하는 선포요 어드레스요 약속이요 경고로 이해한다. 해석자는 단순히 성경을 해석하기만 하는 것이 아니라 그 해석을 통해 자신이 성경의 초청에 응하거나 성경의 경고에 반응하는 자가 되어야 하고 그 후에 성경해석을 시도해 가야 한다. 이러한 자기포함의 해석학에는 실존주의적 해석, 화용론적 해석 등이 있다.

〈키르케고르와 실존주의 해석〉

쇠렌 키르케고르(Søren Aabye Kierkegaard, 1813~1855)는 진리란 오직 삶과 연계될 때에만 존재하며, 진리의 소통은 개인의 삶의 정향을 전적으로 고려하는 것이어야 한다고 주장한다.[87] 그는 진리를 단순히 이론적으로나 수동적으로 듣기만 하는 것은 아무런 의미가 없다고 보았다. 진리와의 직접적 대면이 아니면 아무것도 아닌 것이다. 참 진리는 변혁을 속성으로 한다. 성경텍스트 내용에 대하여 단순히 머리로만 동의하는 것이 아니라 독자의 전인격에 대한 날카로운 의식, 곧 그의 주관성에까지 변혁을 일으켜야 한다. 성경 텍스트에 대하여 단순히 객관적 진술 수준으로 그친다면 텍스트를 그대로 옮기는 것과 다를 바 없다. 주관적 진술, 곧 성경텍스트가 어떻게 해석자에게

---

87) Søren Kierkegaard, *The Last Year: Journals 1853-1855*, Eng. London: Collins, 1965, 99쪽. (티슬턴, 앞의 책, 381쪽)

   The Attack upon "Christendum", Eng. Princeton: Princeton Press, 1944, 150쪽.

말하고 있느냐를 전해야 한다. 진리에 대한 들음(이해)란 해석자(독자)의 내면성 곧 그의 주관성을 변혁할 수 있는 수준의 것이어야 한다. 전 성경텍스트, 그 중에서도 성육신과 십자가에 대한 내용들에 대하여 해석자가 단순히 동의하는 정도의 반응만 하거나 일반적인 진리인가보다 라는 수준의 반응이어서는 곤란하다. 자기포함의 해석이란 성경텍스트가 우선적으로 해석자(독자) 자신을 위한 참된 진리로 이해되어 그 자신의 인격적 헌신이나 삶의 재조정으로 구현될 수 있어야 한다.

자기포함의 해석에서 말하는 해석이란 텍스트를 이해하는 과정 안에서 독자의 참여와 결단을 포함시켜야 한다. 참여와 결단의 모형으로는 아브라함이 제시된다. 아브라함은 외아들 이삭이 살아야만 하나님의 언약이 성취될 수 있는 상황에서도 그 자신이 참여하여 아들의 희생을 결단하였다. 아브라함의 참여와 결단은 어떤 정형화된 외형이나 내면의 기준이 있지 않았다. 이 믿음의 결단을 내리는 것은 전적으로 '나'(아브라함)였다. 아브라함의 '나'(독자 또는 해석자 자신)의 결단은 자아의 버림이었다. 이러한 참여와 결단의 해석을 실존주의 해석이라 한다. 그것은 단순한 이성의 동조나 이해를 넘어서서 해석자(독자) 자신의 자기개입과 자기포함을 통해서 그 자신의 삶을 변혁시키는 해석이다.

〈하이데거와 자아의 불러냄〉

하이데거(Martine Heidegger, 1889~1976)에 따르면 인간의 실존은 세 차원으로 이루어져 있다. 하나는 시간 안에서의 실존이다. 해석자 자신이 역사 안에서 실존하고 있으며 해석자가 이해하고자 하는 것들도 모두 역사 안에서 실존한다. 다른 하나는 과학적 분류와 인간 삶의 실존성의 구분이다. 과학적 분류 곧 생물학이나 심리학 등을 이용해서 인간을 이해하는 것은 인간의 생생한 실존을 박탈한다. 해석의 대상을 일종의 주체-객체의 기계적 관계로써 기술해서는 그의 실존상황을 알 수가 없다. 실존의 해석은 인간의 실존의 삶 속에서의 해석, 곧 삶의 실재를 포함시켜 이해하고자 해야 한다. 마지막으로는 세상은 사람이 만든 것이거나 생각해 낸 상황이 아니고 인간의 실존이 거기에 던져져 있다는 것이다. 인간의 실존은 '거기 있음'(Dasein)의 우연한 삶이자 그렇게 실존한다.

이러한 해석자의 실존의 상황에서 볼 때 사람이 본다는 것은 간단한 도식으로 또는 기계적으로 보는 것이 아니라 삶 속에서 사람의 실제적 관심과 관련해서 보는 것을 의미한다. 마찬가지로 이해하는 것 역시 보는 대상을 추상적으로가 아니라 그 대상을 '어떤 것으로' 보는 것을 뜻한다. 그것은 어떤 벌거벗은 사물 위에 의미를 던지는 것이 아니라 그 문제의 사물에 대하여 일종의 기대를 투사하면서 바라보는 것이다. 이렇게 이해하려 할 때 즉 문제의 사물에 대하여 기대를 가지고 보기를 결심하거나 결단하는 것을 통하여 진정한 실존(자아)가 드러나게 된다. 이 결심 또는 결단이 이전까지 한심하게 시간적으로만 실존하던 군중으로부터 실존적 자아를 불러내게 된다. 진정한 실존자는 대중의 관습적 삶의 방향성으로부터 스스로의 결단을 통해 자아를 불러낸다. 실존자는 그 스스로를 불러낸 것이기에 현재를 비전의 순간으로 또는 개방된 가능성의 관점에서 바라볼 수 있다. 이런 의미에서 보면 실존은 미래적이다. 성경해석이 실존주의적으로 해석되어야 하는 이유도 여기에 있다. 실존의 성경해석은 해석자(독자)의 주관성에 영향을 주어서 단순히 이론적으로 서술하는 수준이나 현상적 해석으로 그치지 않고 해석자(독자)의 실존을 자각하게 해 주기 때문이다.

〈화행론 : 성경해석대로의 이행〉

또 다른 자기포함의 해석학으로는 화행론(話行論)을 들 수 있다. "예수는 주"(고전 12:3)라는 성경 본문을 읽고 해석할 때 해석자(독자)는 그것에 대하여 탐구할 수도 있고, 이해하여 기술할 수도 있고, 실존적으로 해석할 수도 있다. 그런데 "예수가 주(인)이시라"는 해석이 단순히 해석으로만 그칠 수는 없는 특성이 있다. 예수를 주로 선언하는 것은 그렇게 선언한 해석자(독자)가 예수님의 종이 되어야 하기 때문이다. 화행론의 해석학은 해석자(독자)가 말(해석) 한대로 행하기 또는 성경을 해석한 그대로 (해석자 자신 포함) 이행되기를 요구하는 해석방법론이다.

'주권'을 적법하게 수행할 자격이 없는 사람에게 주권을 귀속시킨다면 언어적 관점에서 공허하다. 그것은 신학적 차원에서는 우상숭배가 된다. "예수가 주시다"(고전 12:3)는 선언은 사실적 그러니까 예수님이 주가 되는 실제적 장치나 법이 있어야 하고, 그렇게 말하는 자의 자기포함이 반드시 있어야 한다. 그 구체적인 증거를 바울에게서 찾을 수 있다. 바울에게 "예수가 주"이신 이유는 예수님이 죽으셨다가 부활하신 분이시기 때문이다(롬 1:4, 10:9, 빌 2:11). 신약 텍스트들 역시 "인간 예수의 아이덴티티를 부활 하신 주와 동일시하는 데 일치"하고 있다(James D.G. Dunn, 227쪽). 동시에 예수님은 "그 후에 우리 살아남은 자들도 그들과 함께 구름 속으로 끌어 올려 공중에서 주를 영접하게 하시고 그리하여 우리가 항상 주와 함께 있게"(살전 4:17) 하실 분이시다. 더욱 중요한 것은 하나님께서 그를 부활하게 하시고 그리스도를 '주'로 지명하신 것이다. 그리스도의 부활과 역할, 하나님의 지명하심 등이 예수가 주가 되는 제도적 장치다.

예수님의 말씀은 언어 내적 기능 이상의 것을 수행한다. 모든 것을 버리고 순종해야 한다는 제자도의 요청, 하나님의 통치의 도래의 선포 등은 그것들을 말하는 가운데서 행위의 수행 그러니까 유대 민족적 차원에서의 예수님의 오심이 아니라 우주적 전환점의 도입이 실제로 이루어지고 있는 것이다. 기독론의 경우도 부활 이전의 지상에 계신 예수님의 삶과 의식에만 관계된 것이 아니라 예수님 자신이 하나님의 아들임과 종말론적 사명에 대한 성찰을 포함하여 일체의 그리스도의 사건과 관계되어 설명되어야 하는 것이다. 예를 들면 '인자'라는 용어는 구약을 통해서 예수님에 대한 이미 구성되어 있는 이해를 우리에게 전달하는 것이 아니라 예수님의 권위 있고 구원하는 말씀과 행위 속에 나타난 구속주 하나님으로서의 정체성 일체와 관련해서 해석되어야 한다. 그것을 해석하는 자, 곧 예수님이 구속주임을 선포하는 그 해석자 자신이 먼저 인자와 구속주를 인정하고 그렇게 되는 일체의 제도까지 받아들이지 않으면 안 된다.

따라서 어떤 화행들의 작용이나 효과를 위해서는 언어외적 상황 속에서의 저자 또는 인간 작인자(作因者)의 역할이 결정적으로 중요하다. 그런 점에서 복음서가 전하고 있는 예수님의 비유들은 어떤 경우에는 예수님의 시시로 어떤 경우는 예수님의 초청으로 다양하게 이해될 수 있다. 예컨대 탕자의 비유는 용서와 나눔 속으로 나오라는 지시이자 초대다. '너 자신을 부인하라' '네 십자가를 지고 배우라' 등과 같은 화행들 역시 화자와 청자 사이의 언어외적 관계에 변혁을 초래하거나 초청하고 있다.

〈오스틴의 발화와 발화수반행위〉

오스틴(J.L. Austine)은 이삭과 발람의 축복의 발화들에 주목하였다. 그는 이삭이 야곱에 대하여 또는 발람이 발락에 대하여 각각 그들의 축복을 거두어들일 수 없었던 이유가 그렇게 거두어들이는 발화의 규칙이 없기 때문이라고 보았다. 예컨대 "내가 이 아이를 세례 철회 합니다"라는 발화의 규칙이 존재하지도 않고 받아들여지지도 않기에 "내가 이 아이를 세례 철회 합니다"는 "내가 이 아이에게 세례를 줍니다"라는 것과 같은 수행력을 가지 못한다는 것이다. 그의 제자인 존 설(John Searle)은 언어적 의사소통의 단위를 상징이나 단어 또는 문장이 아니라 화행의 수행 속에서 그것들을 생산하거나 실시하는 제도나 규칙으로 보았다. 그는 발화행위를 아예 어떤 규칙에 의해 지배되는 행동 양태의 일부분으로 간주하였다.

성경 텍스트의 발화가 효력을 지닐 수 있는 것은 언약과 언약의 하나님과의 관계에 근거한 약속의 맥락을 전제로 할 때이다. 하나님의 언약 안에서의 발화는 그것이 발생되고 수용되는 절차나 전제가 이미 갖추어져 있다. 이스라엘의 삶 전반에는 실제로 하나님의 언약이 실천되는 제도가 마련되어 있었고 언약에 맞게 발화된 말은 그에 합당한 효력을 발휘할 수 있었다.

이러한 사실에 근거하여 오스틴은 화행을 발화행위, 발화수반행위, 발화효과행위의 세 부분으로 구분하였다. 발화행위는 일정의 의미와 지시를 담고 있는 어떤 문장을 입으로 말하는 것이다. 발화수반행위는 알리기, 명하기, 경고하기, 떠맡기 등의 경우에서처럼 발화가 일정량의 힘을 갖는 것이다. 예컨대 부모에게 효도하라는 발화가 되었을 때 그것을 수반하는 효행이 우리나라 사회에서 관습적으로 실천되는 것과 같은 것이다. 율법적 실천이나 규례 등의 실천이 여기에 해당된다. 발화효과행위는 믿게 하기, 설득하기, 겁주기 등의 경우처럼 뭔가를 말함으로써 어떤 것을 일으키거나 성취하려는 것을 말한다.

이 가운데서 발화수반행위는 단어나 문장을 발화하는 발화행위 수행하기, 지시하기나 단언하기와 같은 명제적 행위 수행하기, 그리고 진술들이나 질문들, 약속들, 명령들을 가동하는 발화수반행위 수행하기로 구성된다. 일반적으로 발화수반행위는 명제적 행위와 발화행위로 수행되는 것이 보통이다.

성경텍스트는 경고, 명령, 초청, 시인, 약속, 사랑의 서약 등의 방식으로 독자들(해석자들)에게 다가간다. 이런 화행들은 명제적 내용을 포함하고 있다. 예를 들어보면 초기 케리그마의 전형적인 형태는 "F[우리는 선포한다] (p) [그리스도께서 못 박히신 것을]"이라는 구조였다. F가 발화행위라면 p는 명제적 행위가 된다. 이때 주장의 발화수반행위들은 그 목적 또는 지향점이 "말을 세상에 맞추려는" 데 있다. 반면에 약속이나 명령의 화행들은 "세상을 말에 맞추는" 데 있다.

예를 들어 어떤 사람이 쇼핑을 하기 위해 종이쪽지에 사고자 하는 물품의 목록을 적어 두었다 하자. 그 사람이 쪽지에 있는 말(글자)에 따라서 실제로 물건을 구입하는 것은 '말을 세상에 맞추는 것'이다. 그런데 이 사람이 쇼핑하는 것을 관찰하면서 그의 행동을 기술하는 제삼자가 있다고 하자. 그 사람은 쇼핑하는 사람이 물건을 살 때마다 그 목록을 자기 수첩에 적어나갔다. 그런데 쇼핑하는 사람이 '쌀'을 샀는데 제삼자의 사람이 잘못 적어서 '떡'이라고 했다고 가정하면 관찰자인 제삼자는 '떡'이라는 글자를 지우고 '쌀'이라고

적으면 그만이다. 하지만 쇼핑하는 사람은 자신이 기록한 대로 물건을 사지 못했을 때에는 다시 가게로 가서 물건을 바르게 구매하지 않으면 안 된다. 이것이 '말에 세상을 맞추는 것'이다.

화행론은 단순히 언어 내적 차원으로 끝나지 않는다. 발화의 힘은 그 문장의 의미를 넘어 간다. 그래서 발화의 의미는 발화 그 자체의 힘이 아니라 발화가 가져오는 발화수반력을 투사할 수 있어야 드러날 수 있다. 이런 의미에서 청자(해석자)는 화자의 추정된 의도의 근거 위에서 추론하는 것이 반드시 필요하다.

성경텍스트는 독자나 상황, 혹은 현실을 변혁한다. 특히 약속이나 위임, 명령 등의 경우에는 변혁의 힘과 기능이 더욱 두드러진다. 약속이나 명령 등의 구체적인 말의 발화는 적절한 상호 인격적 관계나 제도적 규범이 갖추어지면 특정한 어떤 사태를 형성하는 하나의 행위로 작용할 수 있다. "너의 죄가 사하여졌다"는 발화는 그 발화자의 권위나 집행에 따라서 실제로 사태를 변화시킬 수 있는 것이다. 성경텍스트는 '말을 세상에 맞추는 방식'이나 '말에 세상을 맞추는 방식'으로 청자(해석자)가 이해하는 과정에서 자기포함이 이루어지도록 한다. 특히 언약의 말씀이 세상 속에 구현되는 과정에서는 양 측면으로의 맞춤의 방향이 한 인격적 실체 속에서 하나로 통합되어야 한다. 말씀으로 오신 예수님은 세상을 말에 맞추는 방식으로 변혁을 약속하셨다. 반면에 성령의 말씀은 '그리스도의 이름으로' 세상을 말에 맞추는 방식으로 변혁을 주도하신다.

〈자기포함 해석의 의의〉

이상에서 자기포함의 해석은 성경텍스트 내용에 대하여 단순한 정신적 동의로 그치는 것이 아니라 독자의 전 인격에 대한 날카로운 의식, 곧 그의 주관성까지 변혁이 일어나는 것을 강조하고 있음이 드러났다. 자기포함의 해석에서는 무엇보다도 성육신과 십자가 속에서 단순한 동의 차원의 반응 내지는 일반 진리 체계의 수준에서가 아니라 나를 위한 참된 진리로 이해되어 인격적 헌신이나 삶의 재조정으로 구현되어야 한다. 해석자의 실존의 상황에서 보면 사람이 본다는 것은 단순히 또는 기계적으로 보는 것이 아니라 삶 속에서 사람의 실제적 관심과 관련해서 보는 것을 말한다. 진정한 실존은 그 자신이 그 자신을 불러낸 것이기에 현재를 비전의 순간으로 또는 개방된 가능성의 관점에서 바라볼 수 있어야 한다. 결론적으로 말해서 실존주의적 자기포함의 해석학은 성경해석을 통해 해석자(독자)의 주관성에 영향을 주고 해석자(독자)의 실존을 자각하게 하는 것이라 할 수 있다.

〈화행론 해석의 의의〉

한편 화행론의 해석학은 화행 곧 말한 대로 행하기의 틀을 기본구조로 한다. 성경텍스트는 언약, 예언, 명령, 교훈, 판정 등등의 말들로 이루어져 있다. 해석자(독자)가 이 말씀들에 그 자신이나 그가 속한 공동체의 행위나 상황들을 고치거나 수정해서 맞추어 갈 것인가(말씀을 세상에 맞춤) 아니면 말씀대로 세상에 실천해 갈 것인가(말씀에 세상을 맞춤)가 관건이다. 언약의 하나님은 그분의 주권과 권위로 그 언약을 반드시 실행하신다. 이미 세상에는 하나님께서 행하시는 언약실천의 구조가 관습이나 제도로 형성되어 진행되거나 보이지 않는 은혜의 방식을 통해서 작동되고 있다. 그러므로 '예수는 주시다'는 말씀을 해석자(독자)가 읽기만 하고 그 권위를 인정하여 실천해 살지 않거나 그것의 제도화를 인정하지 않으면 해석의 의미는 사라지고 만다.

〈실존주의 해석학 : 자기 참여와 결단〉

이상에서 실존주의 해석학은 성경해석자 자신의 참여와 결단을 내리는 해석방법임이 드러났다. 실존주의 해석학의 특징은 성경해석자가 성경텍스트를 형식이 아니라 자신이 직접 바라보고 인정하며 동시에 참여와 결단을 함으로써 그의 해석을 듣는 다른 사람들에게도 자기 참여와 결단을 요구하게 하는 장점이 있다. 화행론의 해석학은 성경해석자로 하여금 성경텍스트를 경고, 초청, 명령, 시인, 약속 등으로 이해하게 한다. 성경해석자가 성경텍스트에 대해 해석을 내리는 순간 그 자신이 그 해석을 받아들이고 실천해야 한다. 동시에 성경이 말하는 것은 반드시 그대로 행해지는 체제, 곧 하나님의 언약체계가 있음을 인정하게 한다. 성경텍스트를 읽는 자는 그 안에서 화행의 실천, 곧 말씀을 세상에 적용할 것인가 세상을 말씀에 적용할 것인가를 끊임없이 결단하도록 요구받고 있다.

4) 메타비평 해석학

탐구의 해석학이나 이해의 해석학이나 자기포함의 해석학은 각각 해석의 과정에서 어떤 방식으로 접근하느냐에 주된 관심이 있었다. 그러나 메타비평 해석학은 해석의 방법이나 규칙 대신에 '판단'이나 '양식' 등이 자리하며 모든 실재는 다 해석적이라는 입장을 지닌다. 작품을 예로 들면 그것은 재현되는 순간에만 존재한다. 그런데 작품의 재현은 해석 또는 이해를 통해서 실재하게 된다. 메타비평 해석학은 보편적 판단이나 양식을 통해 인간이 살고 있는 생활세계를 이해함과 동시에 그 해석조차 또 다시 보편적 이해를 필요로 하는 생활세계에 포함된다고 보는 해석방법이다.

"생활세계"[88])는 해석하는 순간 존재한다. 생활세계는 우리가 그곳에서 태

---

88) 에드문트 후설, 이종훈 옮김, 『유럽학문의 위기와 선험적 현상학』, 한길사, 1997, 특히 53절 참조

(생활)세계는 미리 주어져 있는 자명성의 유일한 우주이다. 현상학자에게는 세계존재의 보편적 자명성을 이해할 수 있는 것으로 변경시키는 것만이 유일한 학문적 주제이다. 선험적 세계에서 (그 내용의 면에서는) 인간은 세계에 대한 주체인 동시에 객체이다. 그러나 현상학자는 세계 '속에 있는' 주관성과 동시에 '세계에 대해 있는' 의식주체라는 사실의 공존관계 속에서 이런 일이 어떻게 가능한지를 설명해야만 한다. 여기에서 판단중지는 우리에게 '세계에 함께 속하는 주체-객체-상관관계'를 초월하는 태도를 부여하고, 따라서 '선험적 주체-객체-상관관계'에로 향한 태도를 부여함으로써 (그) 다음의 성찰을 자기성찰에 의해 인식하도록 한다.

어났기에 먼저 주어진 조건이자 이전부터 주어져온 역사적 현장이다. 따라서 생활세계에 대한 이해는 역사적 사실로 다시 말하면 모든 타당성을 가지고 그것을 이해하든 초월적 반성으로 이해하든 그 생활세계 속에서 자신들도 바라볼 수 있는 이해이어야 한다. 생활세계 안에 있는 모든 사물들 – 그 속에서 역사적 사실들로 존재하고 있는 – 은 과학적 방법에 의해 파악되기보다는 언제나 의식의 지평 안에서 이해로부터 파악되어야 한다는 것이다.

〈가다머와 생활세계의 보편적 해석〉

가다머(Hans-Georg Gadamer, 1900~2002)는 생활세계의 보편성을 끊임없이 상호주체적으로 일어나는 인간의 모든 언어와 의사소통에서 찾고 있다. 언어 세계는 상호주체적 세계이며 의사소통의 가능성을 열어준다. 언어 속에서 '나'와 세상이 만난다. 이곳에서 생활세계의 보편성이 확보된다. 그는 언어를 통해 나와 세상이 소통하고 공존하는 것에서 해석학의 보편성과 존재론적 전환을 시도하였다.

해석학이 보편성을 띤다는 것은 언제나 또 다른 늘 또 다른 보편성을 가능하게 한다. 쉽게 말하면 어느 한 본문을 해석했다 했을 때 그 해석이 아무리 보편적이더라도 또 다시 보편적 해석을 필요로 할 수밖에 없다는 것이다. 이 보편성으로 인해 어떤 해석이든 그 하나만의 해석이라고 주장할 수 없게 된다. 해석은 보편적으로 이루어져야 하고 그 해석 자체가 다시 새로운 보편성의 해석을 필요로 한다는 관점에서 비평하는 방식을 메타비평이라 한다.

메타비평 해석학의 특성은 두 가지다. 하나는 해석자의 주관-객관 형식의 사고나 사실들의 분석을 고집하는 대신에 창의적 언어나 근본적 사고를 통하여 하나의 보편적 세계를 끊임없이 드러내려고 한다는 것이다. 다른 하나는 해석자가 어떤 하나의 해석 모델만을 선택하여 모든 종류의 텍스트 해석에 그것을 만능 키로 사용하려 하지 않는다는 것이다. 어떤 생활세계에 대한 해석의 보편성은 비록 그에 대한 새로운 보편의 해석을 필요로 하더라도 늘 그 자체의 해석으로 충분하다고 간주되기 때문이다.

메타비평 해석학 역시 생활세계에 대한 바른 이해를 목표로 한다. 바른 이해를 위해서 메타비평 해석학에서는 "우리의 판단의 행위가 적합한지를 어떻게 알 수 있는가"의 문제에 주목한다. 가다머는 생활세계 이해와 관련하여 뒤로는 상호 주체적 전통을 돌아보게 하고, 앞으로는 대화로부터 도출되는 전진을 내다보게 하며, 그 이상의 완성의 기대를 내다보도록 초청하는 형식[89])으로 해석의 보편성을 확보하려 하였다. 전통의 돌아봄, 대화를 통한 전진, 그리고 기대로의 초청 등이 그 자체로 해석의 원리가 된 것이다.

메타비평 해석학에서는 '실재'가 아무런 열쇠를 쥐고 있지 않다. 실재는 해석자가 그것을 해석해 내어 상호주체적이고 논리적 관계의 보편성이 확보될 때 존재하게 된다. 구체적으로는 삶과 공동체와 연관된 실제적, 실천적 차원의 접근을 통해 이해함으로써 실재를 드러나게 하는 것이다. 이 과정에서 판단, 전통, 실천적 지혜 등의 역할이 중시된다. 무엇보다도 이해의 진실성을 위해서 과거와 현재 세대를 아우르는 상호 주체적 공동체로부터 비롯되는 상황적 기반들을 이해의 패러다임으로 하는 것이 필요하다. 말할 필요도 없이 상황적 기반들은 한 개인의 역사적 실재를 구성하고 있다는 것이 전제되어야 한다.

해석자는 당연히 생활세계의 전통 안에 있다. 해석자와 전통은 서로 언어로 매개되어 있는 한 객관화될 수 없다. 언어를 통한 의사소통은 생활세계의 보편성을 증명해 주는 중요한 매개체다. 그래서 해석의 과정에서 실천적 지혜, 대화, 판단 등이 중요하다. 해석의 주도권은 해석자의 의식 안에서가 아니라 텍스트 또는 말이 어떻게 수행되었느냐에 있다. 텍스트 속에서 서술되고 있는 생활세계를 이해하기 위해서는 일단 전수된 텍스트를 텍스트 자체의 방식대로 이해하는 것이 우선적으로 필요하다. 이것은 테스트 속에 있는 과거의 생활세계를 현재의 생활세계로 묶어내는 작업이다. 하지만 이렇게 했다고 해서 텍스트의 저자나 그 저자가 원래 대상으로 삼았던 사람들의 상황적

---

89) 티슬턴 지음, 최승락 옮김, 해석의 지평, 앞의 책, 451쪽.

요소들 속에 놓여 있다고는 말할 수 없다. 텍스트의 저자와 그가 대상으로 했던 사람들의 상황적 요소까지를 현재에 재현해내기 위해서는 해석자가 새로이 세계를 구성하려는 전진적 이해를 시도하는 것이 필요하다. 메타비평 해석학의 관점에서는 해석자가 과거를 묶고 미래까지를 내다보는 전체 역사의 맥락을 아우르는 이해를 시도할 수 있어야 한다.

역사가 사람에게 속하는 것이 아니고 사람이 역사에 속한다. 이 사실은 메타비평 해석학으로 생활세계 또는 텍스트를 이해했다 하더라도 그 자체로 하나의 해석일 뿐 그 해석 역시 다시 역사 속으로 들어가는 것임을 말한다. 물론 해석이라는 역사는 경우야 어쨌든 그 해석 자체가 생활세계의 상호주관적 전체를 아우르는 이해이면서 동시에 마지막으로 이해한 것으로 받아들여져야 한다. 그럼에도 불구하고 사람이 역사 안에서 살고 있기에 아무리 최종의 해석이라 하더라도 그 해석은 또 다시 역사 속으로 들어갈 운명에 있다. 이런 의미에서 보면 메타비평 해석학의 해석은 언제나 잠정적인 것이며 어떤 의미에서는 예상하는 수준의 접근이라고도 할 수 있을 것이다.

〈메타비평 해석학은 잠정적이며 예기적(미리보기)이다〉

이상에서 메타비평 해석학은 성경텍스트를 해석할 때 그 텍스트의 과거를 현재에 묶고 또한 미래의 지평에 묶는 전체 역사의 맥락 속에서 이해할 것을 강조한다. 언어로 소통되고 역사적으로 이어져온 생활세계의 이해는 그 생활세계의 과거, 현재, 미래가 한 지평으로 엮여지면서 역사적 현상으로 이해되어야 한다. 그 이해는 다시 해석의 역사의 흐름 속으로 합류된다. 기독교 신학사상에 따르면 하나님의 최후의 심판은 일체의 생활세계와 그 안의 일체의 사실이나 사건들에 대하여 가장 완전하게 그리고 가장 최종적으로 그들의 의미를 갖게 하는 우주적인 지평이라 하더라도 지나칠 것이 없다. 이러한 신학적 관점 하에서 메타비평 해석학을 이해하면 텍스트 해석이란 해석자가 아무런 의미가 없던 생활세계를 지금(현재)에 있게 하는 것이며, 동시에 그것은 최후의 하나님의 심판과 같은 마지막 완전하고 최후적인 해석지평 아래애서의 이루어지는 해석 정도를 의미한다. 그 해석은 최후 최고의 완전한 해석이 있기 전까지 하지만 그 최후 최고의 완전한 해석을 향해 시도되는 잠정적이고 예기적인 해석이라 할 수 있다.

판넨베르크(Wolfhart Pannenberg, 1928~2014) 역시 가다머와 비슷하게 텍스트가 과거를 현재에 묶고 현재적으로 가능한 것의 바탕 위에서 미래지평에 묶는 전체 역사의 맥락 속에서만 이해되어야 한다고 주장한다.[90] 현재의 의미는 오직 미래의 빛 속에서만 분명하게 될 수 있다는 입장인 것이다. 전체의 역사, 곧 역사의 종말은 인간에게는 당연히 잠정적으로만 알려질 수 있을 뿐이다. 숙명적 존재이기에 인간이 미래의 종말을 안다 하더라도 잠정적일 수밖에 없다. 그러나 신학적 관점에서의 종말은 예수님의 역사나 유대 전승들을 통해서 잠정적, 예기적 방식으로 이미 성경에 드러나 있다. 따라서 해석자가 텍스트의 과거를 현재에 재현하고 그것을 다시 종말의 관점 곧 미래의 지평과 관련 하에서 해석해 낼 때만 바른 이해라 할 수 있을 것이다.

사실 모든 신학적 질문과 답변은 하나님이 모든 인류와 모든 피조물들과 가지는 역사의 범주 안에서 이루어질 때만 의의를 가지게 된다. 모든 실재는 근본적으로 역사적으로 주어진다. 이 역사적 실재에 대한 의미의 지평은 역사의 지평과 독자들의 의식의 지평이 확장됨에 따라 움직여 간다. 이 움직임의 과정에서 해석학은 전체와 부분 사이의 상관관계를 분석하는 역할을 하게 된다. 지식도 역사의 움직임에 따라 수정되고 진전되어 간다. 어떤 지식은 전적으로 변화된 맥락이나 급진적으로 바뀐 상황 속에서는 같은 언어로 전달된

---

90) 예컨대 이스라엘 백성들이 광야에서 방황하며 굶주리고 목마르고 전쟁에 노출되었던 성경 구절들은 영원한 하늘나라 또는 영원히 하늘에서 살아갈 하나님의 백성이라는 미래의 영광의 빛으로 조명될 때 그 의미가 더욱 드러날 수 있는 것이다. 물론 성경해석자는 자신이 모세가 된 것처럼 이스라엘 백성들이 처해 있는 당시의 생활세계를 구성해 내고서 그 생활세계의 의미를 하늘나라의 백성이라는 종국적 상황과 연계하여 해석할 때 더 나은 성경해석이 될 수 있을 것이다(필자 주).

메시지라도 똑같은 의미를 지닐 수 없다. 예컨대 사랑에 대한 지식이 과거와 용어는 같지만 전달되는 메시지는 과거와 많이 다를 수 있다는 것이다. 역사적 실재를 이루는 부분들이나 상황들을 이해하고자 할 때에는 그것들이 속한 전체(생활세계)와의 관계 속에서 의미를 찾아내어 이해하는 것이 필요하다. 어떤 부분적인 상황이든 그것이 과거와 현재와 나아가 전체적 또는 종말론적 상황 등과 관련지어서 이해되어야 하는 것이다.

이렇게 되면 해석이란 해석자의 지평이 명백한 진술의 형태로 드러나는 것이라 하더라도 그다지 틀린 말이 아니다. 그런데 그 해석이 전적으로 과거 경험이나 사건 또는 해석되는 텍스트와의 유비에만 국한되는 것이라면 여기에는 어떤 처음 일어나는 새로운 것은 아무것도 담길 수가 없다. 이런 이유에서 판넨베르크는 한편에서는 텍스트가 증거하고 있는 역사적 지평과 전통의 맥락을 신중하게 수용하면서도 다른 한편으로는 역사적 이해의 지평이 시간에 따라 더 확대되고 텍스트의 의미의 지평들도 더욱 확대되는 것으로 해석의 영역을 확장한다.[91] 해석의 영역의 최대치는 하나님의 진리가 미래에 새롭게 스스로를 증거하는 것으로 보았다. 그 최종은 사람의 영역이 아니라 하나님의 진리가 다른 모든 진리를 포함할 때이다.[92] 사람의 편에서 볼 때 종말론적 최후의 해석은 "보지 못하는 것들의 증거요 바라는 것들의 실상"이신 그리스도가 다시 오실 때이다(히 1:1-2).

이상에서 메타비평 해석학은 생활세계에 대한 바른 이해를 목표로 하고 있음이 드러났다. 이를 위해 가다머는 먼저 생활세계의 과거는 상호주체적 전통을 통해 돌아보는 것이 필요하고, 앞으로의 과정은 의사소통의 대화를 통하여 도출되는 전진을 기대하며, 그 이상의 완성, 곧 새로이 세계를 구성하려는 전진과 세계의 완성을 기대하면서 해석에 임할 것을 제안하였다. 한편 판넨베르크는 텍스트(생활세계)를 과거는 현재에 묶고 현재적으로 가능한 것

---

91) 티슬턴 지음, 최승락 옮김, 앞의 책, 464쪽.

92) Wolfhart Pannenberg, *Basic Question in Theology*, vol 2. 8; 1-27쪽 참조.

의 바탕 위에서 미래지평으로 묶는 전체 역사의 맥락에서 이해할 것을 제안하였다. 즉, 한편으로는 텍스트가 증거하고 있는 역사적 지평과 전통의 맥락을 신중하게 수용하면서, 다른 한편으로는 역사적 이해의 지평이 시간이 감에 따라 더 확대되고 더불어 텍스트의 의미의 지평들도 더욱 확대되는 것으로 해석의 영역을 확장한다. 판넨베르크가 말하는 메타비평 해석의 범위의 최대치는 하나님의 진리가 미래에 스스로를 증거하는 것일 것이다. 이런 의미에서의 메타비평 해석은 다른 말로 하면 종말론적 최후의 해석으로써 "보지 못하는 것들의 증거요 바라는 것들의 실상"이신 그리스도가 다시 오실 때에로 확대된다. 따라서 하나님과 그리스의 다시 오심과 최후의 심판 때에 내려지는 해석 이외의 일체의 성경해석은 모두 하나님의 진리가 드러나고 종말론적 최후의 해석이 내려지기 전까지만 사람에 의해 시도되는 잠정적이고 유한한 것이자 언제나 또 다른 해석의 한 유형에 불과하게 된다.

4. 성경해석방법의 종합

〈완전한 성경해석방법은 존재하지 않는다〉

본 장에서는 성경해석과 관련하여 성경해석이 그리스도인에게 지니는 의의를 소개하였고, 성경해석방법으로는 동양의 성경해석방법과 서양의 성경해석방법을 소개하였다.

성경해석이란 그리스도인에게는 회피해서는 안 되는 사명 중에 하나다. 이를 회피한다면 그 사람은 전적으로 피동적이고 기계적인 존재로 예수를 믿으려 하는 것이나 마찬가지다. 그리스도인이 직접 성경을 읽고 해석하려 들지 않으면 마치 중세 시대에 성직자들에게 성경읽기와 해석하기를 맡겨 놓고 그들의 말을 따라야 했던 중세의 기독인들과 다를 바 없게 된다.

〈무조건 다독이다〉

성경해석과 관련해서 가장 중요하고 기본적인 단계는 무조건 성경을 많이 읽는 것이다. 누구든 자신이 성경을 읽지 않으면 해석도 실천도 있을 수 없다. 처음에는 이해가 되지 않더라도 성경 본문을 무조건 읽어야 한다. 성리학을 공부하는 사람들은 대학·논어·맹자·중용 등의 책들을 100독 이상 낭송을 하였다. 그렇게 소리 내어 읽어가면서 본문이 외워지고 그 내용도 서서히 이해될 수 있었다. 이러한 방법은 오늘날 성경 읽기에도 아주 요긴하게 적용될 수 있는 방법이다. 길선주 목사 같은 이는 요한계시록을 일만 독을 했다고 알려져 있다. 성경본문을 많이 읽는 것이 중요하다. 그 후에 필요에 따라 주석이나 기타 관련서적들을 읽어나가는 것이다.

〈동양의 성경읽기방법을 통한 연구〉

동양의 성경읽기방법으로는 격물치지의 방법, 도가도비상도의 방법, 원형이정의 방법 등이 있었다.

격물치지의 방법은 일차적으로 해석자가 직접 실제에 접해서 분석하는 방법이다. 그것은 반복을 통한 암기를 강조하며 이 과정 속에서 본문에 대한 완전한 파악(치지)에 이르게 하는 방법이다. 기억할 것은 여러 본문을 해석하면서 언젠가는 이 모든 본문들이 하나로 통하는 활연관통의 경지에 이를 수 있어야 한다는 것이다.

도가도비상도의 방법은 일체의 성경 본문을 하나님의 창조역사에 의한 것으로 이해한다는 것이다. 성경본문은 반드시 하나님의 뜻 안에서 이루어지는 것으로 이해되어야 하고 그것도 우리에게 자연스러운 것으로 분석될 필요가 있다. 둘째로 성경해석자는 어떠한 해석을 하든지 그 해석이 불변하는 도처럼 해석해서는 안 된다는 것이다. 해석자가 해석한 본문은 그 해석의 범위 내에서는 일종의 도와 같이 바른 해석이어야 하겠으나 결코 자신의 해석이 최후, 최선의 해석이라고 고집해서는 안 된다. 성경해석자는 자신의 해석을 통하여 하나님의 참 뜻을 이해하는데 헌신하는 것으로 그의 의무를 다할 뿐이다. 마지막으로 도가도비상도의 해석방법은 우리가 성경을 읽고 해석(이해)

할 때 영원한 진리의 세계로 침노할 수 있게 한다. 이러한 성경해석은 하나님의 창조와 위엄 안에서 어떤 성경본문이든지 마음껏 해석되고 또 새로이 해석되어야할 하늘나라를 확장하는 일임을 보여준다.

원형이정의 해석방법은 해석의 과정에서 반드시 시작(원)과 형통함(형)과 열매 거두기(이)와 자기 본성 간직하기(정)의 절차를 따르게 한다는 것이며 동시에 이 절차가 모두 선한 것임을 알게 한다. 둘째로 성경 읽기의 시작, 성경을 읽음으로 여러 성경들이 서로 확대되고 통하게 됨, 이 연구과정에서 얻게 되는 결실, 나아가 말씀을 통해 자신의 본성을 알고 지키는 것 등이 서로 연계되어 있음을 밝혀주며 이 중 어느 하나도 소홀히 될 수 없음을 강조한다. 만물만사는 하나님을 근원으로 해서 원형이정의 과정을 끝없이 계속하고 있기 때문이다. 마지막으로 원형이정의 해석법은 성경의 모든 내용이 지금 진행되고 있는 삶의 현장이자 언제 시작했는지 언제 끝이 날지 모르고(無始無終, 무시무종) 계속 이어지는 것으로 이해하게 한다는 것이다. 이러한 해석과정 속에서 성경해석자는 우주만물이나 성경해석의 시작과 끝은 오직 하나님만이 하실 수 있음을 발견하고 겸손해야 한다.

〈서양의 성경해석방법〉

서양의 성경해석방법으로는 탐구의 해석학, 이해의 해석학, 자기포함의 해석학, 메타 비평의 해석학 등을 제시하였다.

탐구의 해석학은 성경의 원어, 문법적 판단, 성경 저자의 특성, 시대적 배경, 사회적 환경, 문학적 접근, 역사적 특성 등 다양한 정보를 확보함으로써 바르게 성경을 이해하고자 하는 방법이다.

이해의 해석학은 해석자가 성경저자의 삶과 그의 내면의 심리상태, 역사적 상황 등을 저자의 입장이 되어 그 저자의 입장을 현재의 청중들이 함께 공감하게 하는 방법이다. 슐라이어마허는 이것을 전체와 부분의 조화, 의사소통과 공감으로 이해하기도 하였다. 딜타이는 이것을 '다시 살리기'라고 하였다.

자기포함의 해석방법은 성경을 제 삼자로써 공감할 수 있게 하려는 것이 아니라 아예 독자로 하여금 성경의 본문에 참여하게 하려는 방법이다. 성경은 읽기의 대상이 아니다. 그것은 독자를 초청하고 독자에게 어드레스(연설)한다. 키에르케고르는 성경의 해석은 반드시 현재의 삶과 연결시켜 이해해야 한다고 하였다. 현재의 삶에서 이해되지 않으면 제대로 된 성경해석이 아니라는 것이다. 오스틴은 하나님의 언약을 전제로 한 발화수반행위로 이해하였다. 성경해석은 하나님의 언약대로 이루어지기에 성경의 말을 세상(또는 개인의 삶)에 맞추든지 아니면 개인의 삶을 성경의 말씀에 맞추게 하는 화행(speech act)을 일으킬 수 있어야 한다. 성경해석이 성경 본문에 대하여 정신적 동의 수준으로 그쳐서는 안 되고 독자의 인격 내지 주관성에까지 변혁을 일으킬 것을 강조한다.

메타비평해석학은 성경이 해석되어야만 존재하게 된다는 전제에서 출발한다. 해석할 때만 성경이 성경일 수 있다는 것이다. 생활세계의 보편성은 상호주체적으로 일어나는 인간의 모든 언어와 의사소통에 내재한다. 언어소통이 있는 한 생활세계는 과거에도 있었고 지금도 있으며 앞으로도 있을 곳이다. 이러한 보편의 생활세계는 역사적으로 존재해 왔고, 오늘 소통되고 있는 현재이고, 앞으로도 있을 곳이다. 따라서 이 생활세계를 이해(재현)한다는 것은 이 세 지평의 융합이 이루어질 때 더욱 보편적으로 이해한 것이라 할 수 있다. 물론 이 해석(재현)은 이루어지자마자 즉, 생활세계가 재현되자마자 다시 그 생활세계의 일부가 되는 것이 운명이다. 그럼에도 불구하고 이 해석은 그때까지는 가장 최근의 해석으로 여겨진다. 그것이 메타비평 해석학의 의의다.

판넨베르크식 메타비평은 텍스트 속의 역사적 지평과 전통의 맥락을 일차적으로 수용하는 것으로 시작한다. 이렇게 해서 과거의 지평들이 현전하게 된다. 구체적으로는 성경의 과거적 사건들이 해석된다는 것은 지금 현재로 재현되는 것을 의미한다. 이 재현은 성경 텍스트 안의 역사적 지평(생활세계)이나 전통적 지평이 현재 우리의 지평(생활세계)과 융합된 것이다. 이 생활세계는 앞으로도 지속될 것이기에 미래의 지평까지 융합해서 해석되는 것이 중요하다. 미래의 최후의 최고의 해석자는 하나님이시다. 성경의 모든 본문은 과거적인 것으로서 과거의 지평들을 융합하고, 그것을 현재의 지평과 연결하여 현재에 재현시키고, 다시 미래의 하나님의 완전하신 뜻 안에서 해석될 때 가장 최근의 해석이 되는 것이다. 이런 의미에서 본다면 인간이 성경을 해석한다는 것은 하나님의 최후 최종의 완전한 해석이 있기 전까지 계속 시도되어야 하는 지평융합적 재현이라 할 수 있다.

이상에서 분명하게 밝혀지는 사실은 단순히 성경을 읽는 방법이든 동양이나 서양의 성경해석방법이든 어느 것도 성경을 완전하게 해석할 수 있게 하지 못한다는 것이다. 이들 방법들은 모두 어떻게 하면 성경을 보다 성경 원자자의 뜻, 곧 하나님의 뜻을 더 자세히 깨달을 수 있을지를 도와주는 보조적인 방법들에 불과하다. 도가도비상도의 방법이나 원형이정의 방법, 또는 메타비평의 해석학에서 드러나듯이 모든 일체의 성경해석은 최후의 하나님의 해석이 있기 전까지 인간에 의해 사용되는 임시적인 해석인 것이다.

〈올바른 성경해석과 그 실천〉

그렇다면 어떻게 성경을 해석해야 하나님의 심판을 면할 수 있는 성경해석을 해내고 그에 따라 실천해 갈 수 있을까. 오늘날 우리나라 교회에서 설교가 행해질 때 동일한 성경본문임에도 불구하고 목회자마다 다르게 해석하고 있다. 설교가 다르다면 어떤 목회자의 설교는 맞고 다른 목회자의 설교는 틀리다는 것을 의미할까. 한 사람의 목회자가 설교한 것을 성도마다 각각 다르게 이해하고 적용하는 것은 어떻게 이해해야 하는가. 목회자의 설교는 진정 의로운 것인가. 성도들이 말씀을 과연 하나님 앞에서 의롭게 실천하고 있다고 자신할 수 있을까. 과연 날마다 성경을 읽으며 해석하게 되는 그 성경해석이 하나님 보시기에 의롭고, 각각 의로운 말씀을 따라 의롭게 실천했다고 자신할 수 있을 것인가.

이미 증명되었지만 성경은 영원한 진리다. 그래서 해석의 대상인 성경은 해석자나 해석의 과정에서 전혀 문제가 되지 않는다. 그렇다면 성경해석에서 문제가 되는 것은 해석자 자신임이 분명하다. 성경해석자(또는 독자)가 어떻게 해석할 때 하나님이 인정하는 의로운 해석을 할 수 있을까. 그것은 오직 믿음으로 성경을 해석하는 길 하나뿐이다. 모든 인생은 오직 믿음으로만 하나님께로부터 의롭다는 인정을 받을 수 있다. 이 믿음이 동일하게 성경해석에도 적용될 수 있는 것이다. 즉, 동일한 본문에 대한 성경해석이 다르다 하더라도 그 해석이 각각 믿음으로 된 것이라면 하나님께서는 그 해석을 분명히 의롭다고 하신다. 성경의 해석과 적용은 오직 하나님을 믿고, 그리스도를 믿고, 성령님을 믿고 시도할 때 하나님께 의롭다함을 받을 수 있는 것이다.

제8장

의로운 성경해석과 의로운 생활실천

본장에서는 성경을 의롭게 해석하고 그 해석에 따라 의롭게 살아가는 방법이 탐색되고 있다. 여기에서는 의로운 성경해석법으로 믿음으로 해석하는 것이 제안된다. 루터의 믿음으로 구원 얻음이나 칼뱅의 믿음으로 예정을 확신함 등에서 드러나듯이 믿음은 구원의 확신과 동일한 차원에서 성경해석에서도 의롭게 하는 수단이라고 본 것이다. 이와 동시에 자본주의와 민주주의로 대표되는 오늘의 사회를 의롭게 사는 생활방법도 믿음으로 살도록 제시된다.

1. 오직 믿음

앞에서 의로운 성경해석과 그 실천 방법은 오직 믿음으로 하는 것임이 밝혀졌다. 이 때의 믿음은 '믿음으로 의롭게 된다'고 할 때의 그 믿음과 동일하다. 여기에서는 바울 사도의 이신칭의론과 루터의 믿음으로 구원 얻음, 칼뱅의 예정론 등을 중심으로 좀 더 자세히 믿음에 대하여 살펴본다.

〈사도 바울의 이신칭의〉

'이신칭의'(以信稱義)는 "믿음으로 의롭다고 칭함(인정)을 받는다"는 한

자어다. 믿음과 관련한 성경으로는 바울 사도의 "복음에는 하나님의 의가 나타나서 믿음으로 믿음에 이르게 하나니"(롬 1:17)라는 증언을 들 수 있다. 복음은 분명히 하나님의 아들 예수 그리스도이자 그에 관한 것이다(막 1:1). 그렇다면 '하나님의 의가 나타나서'는 그리스도가 세상에 오신 것이 된다. 하나님의 의($\delta\iota\kappa\alpha\iota\sigma\sigma\acute{\nu}\nu\eta$)가 나타난 이상 이 의가 공개적으로 작동되는 체제가 있는 것도 분명하다. 이렇게 의롭게 될 수 있는 체계가 갖추어져 있는 곳이 하나님의 나라다.

"회개하라 천국이 가까이 왔느니라"(마 3:2). "이 때부터 예수께서 비로소 전파하여 이르시되 회개하라 천국이 가까이 왔느니라"(마 4:17). 두 구절의 본문에서 공통으로 사용되고 있는 '왔다' 라는 헬라어 동사는 '$\H{\eta}\gamma\gamma\iota\kappa\epsilon\nu$'(엥기켄)이라는 과거완료형이다. 과거완료형은 하나님 나라는 이미 일회적으로 과거에 단번에 임했고 지금까지 계속 존속해 오는 것을 말한다. 그리스도께서 행하신 모든 일들이 하나님 나라의 임함이었다. 그 분의 행하신 모든 일들이 하나님의 나라의 일이었다. 그리스도는 의로움이고 그 분이 세상에 오신 것이니 하나님 나라가 땅에 존재하고 있으며 그 나라의 의도 땅에서 실현된 것이었다.

〈복음과 하나님 나라가 믿음의 절대 조건〉

그리스도의 오심으로 복음과 하나님 나라가 세상에 존재하게 되었다. 믿음의 절대 조건들이 갖추어진 것이다. 하지만 또 하나의 전제, 곧 하나님께서 주권적으로 의롭게 해 주셔야 한다는 것이다. 믿음으로 의롭게 된다할 때 당연히 의롭게 하심의 주체는 하나님이시다.[93] 의인이 믿음으로 산다(롬 1:17)는 말씀도 사람이 의인답게 산다는 것을 강조하기보다는 사람이 하나님의 의에 합당하다고 인정받아 살아가는 것을 의미한다. 사람은 그 자신의 행위에

---

93) R. Bultmann, *Glauben und Verstehen* Ⅲ, Tübingen, 1965, 102쪽.

의해서가 아니라 의롭다고 판결하는 하나님에 의해 의롭게 된다.

　하나님의 의는 사람이 알 수 없다. 사람은 하나님의 의를 알 수 있는 자격이 없다. 마르틴 루터의 증언처럼 "만일 그분의 의가 인간이 그 자신의 이해의 능력으로 그분의 의로움이 의롭다는 것을 알 수 있다면, 그렇다면 이 하나님의 의는 아마 분명히 신적인 것이 아니고, 어떤 것에서도 인간의 의로움과 아무 차이가 없는 그런 의로움일 것이다. 그러나 하나님은 유일한 분이시고, 진실하시기에, 더구나 하나님은 인간의 이성으로는 이해하지 못하고 접근할 수도 없는 분이기에 그분의 의 또한 이해되지 못하는 것은 당연하고, 불가피하다."[94]

〈믿음의 근원과 내용〉

　믿음은 하나님의 의를 실제적으로 볼 수 있게 한다(히 1:1). 오직 믿음으로만 복음을 알 수 있고 하나님의 의를 알 수 있다. 'sola fide'(쏠라 피데, 오직 믿음)은 믿음 이외의 모든 것을 배제한다. 믿음의 대상은 그리스도다. '오직 그리스도'(solus Christus)뿐이다. 그리스도 이외의 일체를 배제한다. 그러므로 믿음은 오직 그리스도에 대한 것이고 그것이 복음이고 그것이 하나님의 의다. 믿음의 근원도 그리스도이고, 믿음의 내용도 그리스도다.

　복음이신 그리스도는 실존재로 살았으며 여전히 사신다. 믿음은 이 분을 믿는 것이다. 그리스도를 믿는 것이 하나님께서 공식적으로 의롭다고 해 주시는 법적 체계다. 사람이 그리스도를 믿을 때 하나님께서는 절대로 변개하지 않으시고 믿는 그 사람에 대하여 의롭다고 판결하신다. 아브라함이 하나님을 믿은 것이 의롭게 여겨졌듯이(롬 4:3) 동일하게 그리스도를 믿는 것이 우리에게 의로 인정된다.

---

94) Martin Luther, Weimarer Ausgabe 18(W.A.), 1525, 784쪽, (MAE 1, 244).

〈믿음으로 사는 것의 의미〉

믿음으로만 믿음에 이를 수 있다. 의심으로 출발하거나 자신의 다양한 사상으로 출발하는 자는 결코 믿음에 이르지 못 한다. 그러므로 믿음으로 의인이 산다는 것은 하나님 중심의 삶을 살아가겠다는 것에 다름 아니다. 이 믿음으로 살 때 인간은 죄로부터, 근심으로부터, 일체의 욕구와 소원과 소망으로부터, 실망과 저주로부터 벗어날 수 있다. 믿음으로 산다는 것은 인간이 자신을 중심에 놓아 자기 탐욕에 붙잡혀 살아가려는 생의 목표와 절연한다. 그리고는 하나님과 그의 나라를 향하여 헌신하겠다는 다짐과 실천으로 이어진다. 믿음의 사람은 다른 모든 가르침을 끊어버리고 그리스도를 유일하신 스승으로 고백하게 하시는 하나님, 다른 구원의 요소를 끊어 버리고 그리스도를 구주로 고백할 수 있게 하시는 하나님의 의에 대하여 자신을 드리는 사람이다.[95]

〈믿음으로 성경해석〉

이신칭의론은 그리스도를 전하기 위한 보충적인 논의들 중에 한 가지 이론이다. 그럼에도 불구하고 이신칭의의 교리는 그리스도인이라면 누구나 반드시 알아야 할 교리이다. 만약에 이 교리가 기독교 가르침의 중심부에서 주변으로 밀려나거나 다른 중심교리로 대체된다면 믿음과 교회를 떠받치고 있는 유일한 근거를 잃게 된다. 이신칭의론은 기독교적 사고와 행위들의 모든 점들을 평가할 수 있는 핵심적인 교리다. 이 교리는 어떤 교회가 복음의 교회인지, 허울뿐인 교회[96]인지를 구별해 준다.

---

95) 위의 책, <*sola fide*> 참조.
96) G. Ebeling, *Luther, Einführung in sein Denken*, Tübingen 1964, 124쪽.
여기에서 에벨링은 이렇게 해설한다: 만일 루터가, 스스로 아주 구체적으로 그렇게 하고 있는 것처럼, "칭의를 이렇게 중요하게 취급한다면, 그것은 많은 기독교의 교리내용들 가운데 하나에게 다른 것에 우선하는 우선권을 준다는 의미가 아니라 생각할 수 있는 모든 이신칭의는 또한 개인 신앙인이 바른 믿음과 의의 길을 걸어가는지를 평가해 주는 기준이다. 종교개혁 시기의 이신칭의는 죄의 용서와 관련하여 사람은 하나님께로부터 죄의 용서를 받아 하나님의 자녀가 됨을 확증해 주는 교리였다. 오직 믿음을 통해서만 복음 곧 그리스도를 알 수 있고 하나님의 의롭다하시는 판결에 합할 수 있다. 따라서 모든 교회나 개인의 하는 일들이 의로운 것인가 그렇지 않은 것인가의 여부는 믿음에 달려 있을 뿐이다. 예배든 전도든 찬양이든 기도든 믿음으로 하면 의로운 일이다. 믿음이 없으면 그 어떤 것에도 하나님은 의롭다고 하시지 않는다.

이 믿음의 논리가 성경해석에도 그대로 적용된다. 성경해석에서 하나님이 의롭다고 인정하시는 해석은 오직 믿음으로서 해석할 때뿐이다. 목회자가 어떤 성경을 해석하든지 그 본문을 믿음으로 접근하고 분석하고 선포한다면 의롭다함을 받는다. 하지만 믿음 이외의 방법으로 하는 일체의 성경해석은 그것이 아무리 훌륭한 해석방법과 철저한 연구를 거쳐서 이루어졌다 하더라도 결코 의로운 해석일 수 없다.

〈마르틴 루터와 믿음으로 구원 얻음〉

마르틴 루터(M. Luther, 1483~1546)의 이신칭의는 '하나님의 의'와 맞닿아 있다. 수도사로 서품을 받고 나서 루터가 처음으로 강해한 것은 시편이었다. 첫 번째 시편강해는 1513년에서 1515년 사이에 이루어졌고, 두 번째 시편강해는 1518년이었는데 이 사이의 시편강해 중에 루터가 칭의를 깨달았던 것으로 보인다.

루터는 시편 31편 1절 "여호와여 내가 주께 피하오니 나로 영원히 부끄럽

교리의 내용들에 적절한 기준 연결점이 됨을 가르치고 있는 것이다. 그래서 이 칭의교리는 이것이 가진 기능과 마찬가지로 모든 교리 중의 교리로서, 루터의 이해를 따른다면 이 교리는 율법과 복음의 차이가 신학적 사고의 근본적 가르침으로, 즉 신학의 판단에서 결정적 기준점이라는 뜻과 동일하다고 인정할 때에만 제대로 이해되고 있다."(최승락, 해석의 새로운 지평, 재인용)

게 마시고 주의 의로 나를 건지소서"와 시편 71편 2절의 "주의 의로 나를 건지시며 나를 풀어 주시며 주의 귀를 내게 기울이사 나를 구원하소서"(이상 개역한글판)에서 공동으로 표현된 '주의 의'에 주목하였다. 그는 하나님께서 인간에게 하나님의 의에 맞는 조건들을 충족시키라고 하시는 것인가 아니면 하나님의 '선과 은혜'로 인간을 구원해 주신다는 것인가를 고민하였다. 그러던 중에 로마서를 연구하다가 "복음에는 하나님의 의가 나타나서 믿음으로 믿음에 이르게 하나니 기록된 바 오직 의인은 믿음으로 말미암아 살리라 함과 같으니라"(롬 1:16-17)의 말씀과 "그러므로 사람이 의롭다 하심을 얻는 것은 율법의 행위에 있지 않고 믿음으로 되는 줄 우리가 인정하노라"(롬 3:28)는 말씀을 통해 믿음으로 의롭게 됨을 확신하게 되었다.[97]

이신칭의는 그 당시 두 가지 의의를 지니고 있었다. 하나는 죄의 용서가 교황 또는 사제들의 권한이 아니라 하나님의 주권이라는 것이었다. 이것으로 로마가톨릭교회의 면죄부는 그 효력을 잃었다. 다른 하나는 그리스도인에게 성직자들의 고해제도 밖에서 하나님의 의롭다 하심을 받을 수 있는 길을 밝힌 것이었다. 루터는 종교적 제의나 선행 자체를 배격하려 한 것이 아니라 로마교회형식이나 전례 등을 통해야만 의롭게 된다는 교리를 반대한 것이었다. 이로 인해 수도원제도 등이 부정되고 세속세계가 인정을 받게 되는 등 그리스도인들은 교회의 제도와 교황과 사제들의 압박으로부터 자유하게 될 수 있었다.

---

97) Martin Luther, W.A. 54(1543-46), 185f.
    루터는 스스로 이렇게 고백한다. "그때까지 나는 하나님의 긍휼하심으로 밤낮 골똘히 생각하다가 '기록된 바 복음에는 하나님의 의가 나타나서 의인은 믿음으로 살리라'는 말들의 연결에 주목하게 되었다. 그때 나는 의인이 하나님의 의를 통하여 하나님께로부터 즉 '믿음으로' 생명을 얻는다는 의미에서 하나님의 의를 이해하기 시작하였다. 그런데 그것은 복음을 통하여 하나님의 의 즉, 수동적 의가 나타나서 그 의로서 하나님은 긍휼하심으로 '의인은 믿음으로 살리라'고 기록된 대로 신앙을 통하여 우리를 의롭게 만드신다는 뜻이다. 여기서 나는 전적으로 새롭게 태어남을 느꼈고 열린 문을 통하여 나 자신이 낙원으로 들어간 느낌이었다. 그러자 나에게는 성경 전체의 얼굴이 즉시 다르게 보였다."

〈칼뱅의 예정론〉

장 칼뱅(John Calvin, 1483~1546)은 의롭게 됨을 죄의 용서로 이해하였다.[98] '하나님께 의로 여기심을 받은 사람'(롬 4:7) 또는 '허물의 사함을 받고 자신의 죄가 가려진 자'(시 32:1)등이 의로운 자다. 하나님만이 사람을 의롭게 하실 수 있다. 그리스도 역시 하나님께로부터 우리를 의롭게 하시려고 보내심을 받은 자이시기에 우리를 의롭게 하신다. 믿음은 그 자체로 의롭게 하는 힘을 가진 것이 아니라 그리스도를 우리에게 오게 함으로써 그의 의로 우리가 의롭게 되는 일종의 방편이다.[99] 마치 돈으로 가득 찬 주머니가 사람을 부자로 만들어주는 것처럼 믿음이 우리를 그리스도의 의를 덧입게 하는 것이다.

믿음의 시작과 완성은 그리스도께서 우리에게 주셔서 우리 안에 거하시는 (요일 3:24) 성령에만 가능할 수 있는 일이다. 성령이 진리를 알게 한다. 성령은 우리가 믿음으로 그리스도의 소유가 된 것을 깨닫게 하신다. 우리가 믿음으로 우리의 삶 전체를 포용할 수 있는 것도 성령의 사랑하심과 깨우치심에 의해서다. 그것은 인간의 모든 이해의 수준을 넘어선다(엡 3:18-19).

하지만 칼뱅은 믿음으로 의롭게 되는 것이 모든 사람에게 다 해당된다고 보지 않았다. 의롭게 되기 위해서는 하나님의 사랑과 택함, 미리 아심과 미리 정하심이 절대적 전제가 된다.

> "그 기쁘신 뜻대로 우리를 예정하사 예수 그리스도로 말미암아 자기의 아들들이 되게 하셨으니 이는 그가 사랑하시는 자 안에서 우리에게 거저 주시는 바 그의 은혜의 영광을 찬송하게 하려는 것이라"(엡 1:4-5)

---

98) John Calvin, edited, John T. Mcneill, *Institute of The Christian Religion*, Book three, Chapter XI, 728-9쪽 참조.

99) "… namely, that faith, even though of itself it is of no worth or price, can justify us by bringing Chirst just as a pot crammed with money makes a man rich." (Institute, 733쪽)

칼뱅의 이신칭의는 하나님의 예정에 따라 '예수로 말미암아' '그리스도 예수 안에 있는 속량'과 '거저 주시는 하나님의 은혜'로 '값없이' 얻어진다는 것이 특징이다. 예정은 하나님이 만물을 아신다는 것을 전제로 한다. 하나님은 만물의 과거 현재 미래를 다 아신다. 우리를 그렇게 아신다. 하나님께서 이렇게 다 아시고 우리를 예정하셨다.

이 사실을 믿는 자에게는 구원이 있고 믿지 않는 자에게는 구원이 없다. 그것이 칼뱅의 예정론의 핵심이다. 우리가 하나님의 자녀라면 이 사실을 믿고 그리스도의 권능과 은총을 누리는 것이 우리의 복이다.

〈다섯 '오직들'과 5대강령〉

다섯 가지 '오직들'의 시작은 멜랑히톤(Philip Melanchthon, 1497~1560)에 의해서였다. 그가 "sola gratia justificamus et sola fide justificamur"[100](오직 은혜로써만 우리는 의롭게 행하고 오직 믿음으로만 의롭게 될 수 있다)를 주장하면서 비로소 'sola gratia' 'sola fide'가 출현하게 되었다. 그 후에 초기 기독교인문주의자들은 교회의 전통을 대신해서는 '성경'(sola scriptura)을 주장하였고, 행위로 구원을 얻는다는 주장에 대해서는 '믿음'으로 의롭게 되며, 공로로 구원을 얻는다는 것에 대해서는 '은혜'로 죄 사함을 받고 의롭게 된다는 논리를 분명히 하였다. 그러다가 20세기 중반에 이르러서는 '오직 그리스도'(solus Christus or solo Christo)만이 우리를 의롭게 하여 구원을 주시며, 이 모든 일이 '오직 하나님의 영광'(soli Deo gloria)을 드러내는 것이 더해졌다.[101] '오직 성경' '오직 믿음' '오직 은혜' '오직 그리스도' '오직 하나님의 영광'은 로마가톨릭교회의 권위의 무너짐이자 동시에 그 이후의 모든 인생들이 따라야 할 삶의 원리이자 목적이 되었다.

---

100) "Philippi Melanthonis Opera quae supersunt omnia - Philipp Melanchthon". Books.google.com. (Retrieved 2015-08-13) 참조.

101) https://en.wikipedia.org/wiki/Five_solae.

한편 칼뱅의 이신칭의 속에 나타나는 하나님의 선택과 예정설은 후에 '오대강령'의 신앙실천양식으로 정립되었다. 오대강령은 칼뱅 자신이 주장한 것이 아니고 도르트 총회(Synod of Dort, 1618~1619년)에서 전통에 관한 교리들을 정리한 '도르트 신조'(the canons of Dort, 1618~19)의 요약이었다. 그것들은 인간의 '완전 타락', '무조건적 선택', '제한적 구원', '불가항력의 은혜', '성도의 견인' 등이었다.

루터와 칼뱅의 이신칭의론은 서구 사회의 개혁을 일으키는 원동력이 되었다. 종교개혁은 우선 로마가톨릭에 대한 저항으로 교회법 등의 개정과 교회의 재건 등에 영향을 주었고, 교회음악에도 영향을 주었다. 독일사회와 관련해서는 만인제사장설과 그리스도인의 자유와 같은 사상으로 인해 농민들이 당시 귀족들의 사치스런 생활에 대하여 저항할 수 있었다. 동시에 그것은 유럽사회에 개인(성)을 발견하고 그 개념을 확대하게 하였다. 이러한 결과로 멜랑히톤은 대중교육을 실시할 것을 주장하기도 하였다. 루터의 직업관과 칼뱅의 사유재산제도의 인정은 초기 자본주의 정신의 바탕이 되었다.(막스 베버, 최기철 역, 프로테스탄트 윤리와 자본주의 정신)

결국 이 모든 변화의 근저에는 이신칭의 교리가 자리하고 있었다. 믿음으로 의롭게 되어 성경을 믿음으로 해석하고 실천할 때 그것은 의로운 일이다. 이러한 의로운 일들이 개인과 사회에 변화를 일으켰다. 지금도 믿음으로 하는 모든 일들은 개인과 사회와 나라와 세계를 바꿀 수 있다는 것은 분명하다.

2. 믿음과 칭의는 일상적인 용어

사람은 믿음으로 하나님께 의롭다함을 받는다. 루터의 말대로 칭의가 없다면 이 세상은 죽음과 어두움으로 뒤덮이고 말 것이다. 칭의는 삶과 죽음의 문제다. 의롭게 되지 않으면 사망선고를 받는다. 믿음으로 의롭게 되었는가 하는 문제는 살아 있는 인간에게는 끝없이 던져야 할 본질적 물음이다. 한편 믿음으로 의롭게 되었다고 믿는 사람은 자신들의 의로움을 증명하는 삶을 끝까지 실천해야 한다. 믿음과 칭의는 일상적 용어이지 관념적이거나 신학적 개념이 아니다. 그것은 현재적 사건이자 실존이다.

이신칭의론이나 다섯 오직들이나 오대 강령 등을 이해하기 위해서는 두 가지 전제가 반드시 필요하다. 하나는 "생명책에 기록된 자들"(사 4:3, 계 21:27)이고 다른 하나는 '그러나 그 날과 그 때는 아무도 모르나니 하늘의 천사들도, 아들도 모르고 오직 아버지만 아시느니라'(마 24:36)이다.

〈선택은 성경의 증언이 아니면 아무도 모른다〉

야곱이나 다윗 같은 이들은 생명책에 기록되었다. 성경이 그렇게 증언한다. 만약에 성경에 그들이 택함 받은 것이 기록되어 있지 않았더라면 우리는 그들의 이름은 말할 것도 없고 하나님께서 그들을 예정했다는 사실조차 알 수 없다. 동시에 하나님께서 마지막 때까지 누가 생명책에 기록되어 있는지를 말씀하지 않으시면 인간은 아무도 하나님의 택하심을 받은 자가 누구인지 알 수 없다.

혹자는 하나님의 선택이 일방적이라고 비판한다. 그러나 그렇게 말하는 사람은 그 자신이 선택받았는지 받지 못했는지를 확신하지 못하는 한 하나님의 선택에 대해 비판할 자격조차 없다는 것을 알아야 한다. 알지도 못하고 알 수도 없는 그러한 존재가 어떻게 하나님의 선택 내지 예정이 일방적이라고 말할 수 있다는 것인가. 하나님의 선택을 비판하는 사람은 하나님을 전혀 알지 못하거나 그 자신이 구원받지 못한 자임을 증명할 뿐이다.

택함 또는 예정은 오직 하나님만 아신다. '그날'과 '그때'도 오직 하나님만 아신다. 아무도 모른다. 하나님의 선택을 알 수 있는 유일한 길은 단 하나 자기 자신이 하나님의 택함을 받았다고 믿는 믿음, 오직 그뿐이다. 모든 인간은 하나님께서 당신이 택하셔서 사랑하시고 의롭게 해 주신다는 그 하나님을 믿는 믿음으로만 의롭게 될 수 있다. 그래서 '오직 믿음'이라 하는 것이다. 믿으면 자신이 선택받은 것이고 믿지 않으면 선택받지 못한 것이다. 믿음 이외에 누구에게로 그 무엇에게로 핑계 댈 수 없다.

하나님께서 야곱에 대하여 말씀의 선택에 대하여 증언하는 것은 성경뿐이다. 개인들이 자신이 선택을 받았는지를 알 수 있는 길도 오직 성경뿐이다. 성경만이 하나님께서 당신의 자녀를 택하셨다고 증언하고 있으며 증언할 수 있다. 그래서 '오직 성경'이다. 믿음은 성령이 하시는 일이고 성경에 대한 깨달음 역시 성령의 사역이라 할 수 있다. 그러므로 믿음으로 의롭게 되는 과정에서 사람이 하는 일이 아무것도 없다. 무슨 공로가 없고 전적으로 하나님의 거저 주시는 은혜만 있다. 그래서 '오직 은혜'다. 우리가 하나님의 죄에 대한 진로를 감당하고 거기로부터 벗어나게 하는 죄의 대가를 감당할 수 있는 분은 그리스도 한 분뿐이시다. 그 누구도 죄가 없어서 하나님의 징계를 대신할 수 있는 사람이 없다. 그래서 '오직 그리스도'다. 세상을 창조하시고 구원을 완성하시고 하늘나라의 영광 중에 계실 수 있는 분은 오직 하나님 한 분 뿐이시다. 온 우주 전체에 창조와 구원, 사망과 부활, 영생의 영광을 취하실 수 있는 분은 오직 하나님 한 분 뿐이시다. 그래서 '오직 하나님의 영광'이다.

우리는 하나님의 칭의를 생각조차 할 수 없고 하나님의 의에 전혀 합당하지 못한 존재들이다. 도대체 하나님의 은혜에 가까이 할 수 없는 저주받은 존재다. 인간은 완전히 타락했다. 그래서 '완전한 타락'이다. 그럼에도 불구하고 하나님께서는 우리를 전혀 차별하지 않으시고 친히 사랑하시고 택해 주셨다. 하나님의 택함에는 하나님의 사랑과 당신의 깊으신 뜻 외에 아무 조건이 없었다. 그래서 '무조건적 선택'이다. 하나님은 에서와 야곱 중에서 야곱을 사랑하시고 에서는 미워하셨다. 하나님께서는 모두를 선택하신 것은 아니었다. 이를 '제한적 속죄(선택)'라 한다. 하나님께서 야곱을 선택하셔서 사랑하신 그 사랑은 야곱이 어떤 경우에도 벗어날 수 없는 것이었다. 바울 사도의 경우에서도 드러나듯이 하나님의 부르심은 누구도 거부할 수 없다. 이를 '불가항력적 은혜'라 한다. 야곱이나 다윗, 베드로나 바울 등을 통해서 알 수 있듯이 하나님께서는 당신의 택하신 자들을 구원의 길로 끝까지 이끌어 가신다. 십자가 위에서 구원을 받은 오른편 강도의 삶 역시 하나님의 인도하심이 어떠한 지를 증언해 주고 있다. 이것이 '성도의 견인'이다.

〈예정은 하나님의 주권적 선택과 사랑〉

요약하면 예정론은 하나님의 주권적 선택과 사랑으로 성립되었다. 하나님의 선택과 사랑은 그리스도의 성육신과 죽음과 부활을 통해 우리의 죄를 속량하셨다. 이 사실을 믿는 사람은 죄를 용서받고 의로운 사람이 된다. 그렇지 않으면 영원한 형벌을 면할 길이 없다. 기억할 것은 믿느냐 믿지 않으냐의 조건은 남자든 여자든, 부자이든 가난한 자이든, 흑인이든 백인이든, 내국인이든 외국인이든, 권력자이든 아니든 시공을 초월해서 온 인류에 대하여 동일하고 공평한 조건으로 주어졌다는 사실이다.

종교개혁을 주도했던 루터와 칼뱅이 어떻게 의로운 사람이 되었고, 그런 사람은 어떻게 살아가야 하는 지를 이미 증명해 주었다. 오늘날에도 믿음으로 의롭게 된 사람은 사회 속에서 살아가는 삶의 준거이자 국가를 변혁시킬 수 있는 기준이 되어야 한다. 그럴 때에만 이신칭의론은 현재의 사실이 될 수 있다. 믿음으로 의롭게 되는 진리는 과거에도 유효했고 현재도 유효하며 마지막 세상 종말의 때까지 전 인류에게 유효한 실천 강령이다. 믿음으로 의롭게 된 사람은 믿음으로 의롭게 살아가야 한다. 이 역시 온 인류에게 시공을 초월해서 동일하게 공평하게 주어진 믿는 자들의 사명이다.

3. 어떻게 의롭게 살 것인가

〈믿음으로 생활하자〉

사람은 죄를 회개하려 하기보다는 지금부터 의롭게 살고자 하는 것이 훨씬 더 중요하다. 하나님의 자녀가 된 그리스도인의 경우는 더욱 그렇다. 그들은 모든 삶의 현장에서 늘 하나님께로부터 의롭다는 인정을 받고자 해야 한다.

루터는 피할 수 없는 인생길에서 의롭게 살 수 있는 길을 찾고자 하였다. 그는 하나님의 죄를 용서해 주신다는 말씀을 믿고, 죄로부터 자유롭게 되었다. 그리고 믿음으로 의롭게 살아갈 수 있었다.

믿음으로 하면 하나님께서 의롭다고 인정해 주신다. 우리는 믿음으로 밥을 먹고, 믿음으로 회사에 가고, 믿음으로 공부하고, 믿음으로 투자하고, 믿음으로 사랑하고, 믿음으로 섬기고, 믿음으로 일하고, 믿음으로 놀고, 믿음으로 여행 등을 해야 한다. 어떤 일을 하든지 믿음으로 사력을 다하여 오직 하나님께 영광되게 살아가야 한다.

그리스도인은 어떤 일을 하든지 이것이 하나님께 영광이 될지 안 될지를 그다지 염려할 필요가 없다. 그리스도인이 살아가고 있는 생활현장은 영적 전투가 벌어지는 곳이다. 전투의 현장에서 한가하게 내가 지금 하는 일이 하나님께 영광이 될까 안 될까를 따질 여유가 없다. 무조건 믿음으로 준비하고 믿음으로 도전하는 것이다. 일이 잘못되면 고치면 되는 것이고 죄가 될 일을 했다면 겸허히 인정하며 철저히 회개하면 된다. 그리고 그 일을 다시 하지 않으면 된다. 그 후에는 또 다시 믿음으로 도전에 나서는 것이다. 어차피 해야 할 일이라면 그리스도인은 지금 자신이 하는 일이 하나님의 영광이 되게 할 것이라는 굳은 믿음으로 그 일에 착수해야 한다. 그 일이 잘못된 것으로 드러나면 하나님 앞에 믿음으로 용서를 구하고 새로이 믿음을 쌓아 가는 것으로 충분하다. 공부도 사업도 직업도 결혼도 다 동일하다. 줄곧 그렇게 살아가는 것이다.

〈하나님의 예정을 감사하며 살자〉

모든 정신적 존재나 영적인 존재들은 어떤 경우이건 먼저 할 일을 선택하고 어떻게 할지를 대략으로라도 미리 생각하기 마련이다. 약간의 지능을 지니고 있는 동물들이라도 그렇게 한다. 선택과 예정은 누구나 하는 일이다. 일을 하는데 아무런 목적이 없고 그래서 그것을 이루고자 하는 수단도 없이 시작한다면 그런 사람은 정상적인 인간이라고 보기 어렵다.

사람의 선택과 예정에는 일을 진행해 가는 과정에서 수도 없이 바뀐다. 사람이 한 가지 목적을 가지고 처음부터 끝까지 어떤 일을 해 내는 경우는 극히 드물다. 사람은 변덕쟁이다. 사람이 마음을 지니고 있는 존재인데 이 마음이 잠시도 고정되어 있지를 못해서 마음의 변화에 따라서 그렇게 변한다.

하나님께서 예정을 하시고 선택을 하시고 하는 것은 너무도 당연한 일이다. 사람도 하는 일인데 어찌 하나님께서 하시지 않으실 수 있는가. 하나님께서는 당신의 선택과 예정을 바꾸지도 않으신다. 선택을 받은 사람에게는 이 사실이 얼마나 감사한 일인가. 밧세바라는 여성과 불륜의 관계를 맺은 다윗 왕에 대해서도 그가 진정으로 잘못을 회개하자 그를 인정하시고 자녀로 끝까지 받아주신 하나님이시다. 하나님은 아브라함과 맺으셨던 언약을 기억하시고 다윗 왕의 죄를 용서하신 것이다. 이스라엘 민족을 택하시고 지키셨던 하나님, 바울 사도를 택하시고 지키셨던 그 하나님께서 예정해 두신 우리를 지키신다. 이것이 하나님의 선택이고 예정이다.

그러므로 선택을 받은 그리스도인은 세상에서 염려할 것이 없다. 그리스도인은 믿음으로 세상의 온 직업 전선이나 생활전선에 뛰어들어 하나님의 선택된 자녀임을 증명하며 살아야 한다. 아무리 어려운 현실 속이라 하더라도 어찌해서든 하나님 앞과 사람 앞에서 의로운 자라는 인정을 받아야 한다.

혹자는 하나님께서 한 번 예정하시면 그것을 바꾸지 않으시기에 자신이 선택되었다고 믿기만 하면 마치 아무렇게 살아도 되는 것처럼 오해하는 자들이 있다. 엄청난 착각이다. 이것은 자신이 하나님과 같아지려는 것이나 마찬가지다. 그 사람은 하나님의 예정에 의해 선택되었다고 믿고 아무렇게나 살아가는 그 자체가 하나님의 예정이라는 것을 증명해야 한다. 이와 함께 그의 삶 전역에서 일어나는 모든 사태가 하나님의 예정된 일이라는 것을 증명해내야 한다. 과연 그런 사람이 존재하는가. 인간이 그럴 수 있는가. 결코 아니다.

그렇다면 선택 받은 사람은 바울 사도의 증언처럼 하나님의 택하심을 믿되 오히려 두렵고 떨림으로 구원을 이루려 해야 한다(빌 2:12). 택함을 받은 이는 어디서든지 무슨 일을 하든지 항상 그렇게 해야 한다. '그 날' '그 때'가 언제인지 하나님 외에는 아무도 모르기 때문이다. 진정한 그리스도인이라면 매순간 모든 일에서 하나님의 택한 받은 자임을 증명해내는 경지로 승화

되어야 한다. 사람은 누구도 하나님의 선택을 자기 자신의 의지나 타인의 도움 등을 통해서는 자신할 수 없다. 그리스도인은 오직 믿음으로 두렵고 떨리는 가운데서 그리스도의 믿음의 분량으로 자라가야 하는 것이다.

하나님께서 예정하시고 택하셨다는 것은 성경이 증언하는 진리다. 사람이 이 말씀을 믿기만 하면 하늘의 모든 영광이 그의 것이 된다. 하나님의 영광은 우리의 부족한 부분과 전혀 상관이 없다. 오직 믿음으로 전진할 때 성령이 그 사람과 함께 하며, 그리스도와 연합하게 하며, 하나님을 영광되게 한다.

칼뱅주의 생활태도는 한 마디로 말해서 믿음으로 살되 하나님의 예정을 감사하며 매 순간, 모든 생활의 영역에서 하나님의 영광을 위해 헌신하는 것이다. 믿음은 사람마다 시대마다 사회마다 얼마간은 다르게 나타날 수 있다. 하지만 그 본질적 내용은 동일하다. 오직 창조주 하나님, 구속주 하나님, 성령 하나님의 삼위일체의 하나님과 그분의 예정과 선택에 대한 믿음인 것이다. 모든 일을 이루시는 하나님이 한 분이시기에 믿음은 하나다.

〈자본주의 · 민주주의 사회에서 살아가기〉

오늘날의 사회는 자본주의 사회다. 전 세계가 자본주의 일색이다. 자본주의는 생산과 분배, 개인 자본의 인정, 자본을 통한 자본의 획득 등을 인정하는 체제다. 칼뱅주의자들은 이 사회에서 어떻게 살아야 하나님께로부터 의롭다는 인정을 받을 수 있을까.

그리스도인이라도 자본주의 사회를 살아가기 위해서는 직업(업무)을 가져야 한다. 직업은 독일어로는 'Beruf'(베루프)다. 그 뜻은 하나님의 소명(God's calling)이다. 직업이 하나님의 소명이라면 당연히 직업에는 귀천이 있을 수 없다.

루터 이래로 프로테스탄트교인들은 직업을 갖는 것을 하나님의 자녀가 살아가는 생활의 주요요소로 여겨왔다. 여기에 칼뱅의 예정론은 믿음으로 의롭다함을 받은 성도들(청교도인)에게 그들이 하나님의 자녀임을 증언하는 방편으로 부단하고 성실하게 직업 활동을 하게 하였다. 즉, 프로테스탄트교인들은 직업의 현장에서 택함의 여부, 곧 하나님의 자녀인가 아닌가를 증명하고자 했다. 그리하여 그들은 언제나 자신들을 신의 도구로 여기고 개인으로나 집단 속에서나 동일하게 하나님의 영광을 드러내는 삶을 실천하려 하였다. 그들이 소유를 증대시켜야 하는 이유도 하나님의 영광을 위해서였다. 계속 하나님의 영광을 위해 살아가야 했기에 그들은 자본주의 사회 속에서 절제하고 금욕하였다. 절제와 금욕은 그들이 소유함에서 오는 향락이나 안일에 대한 항거였다. 성실하고 충실하게 생산에 임함으로써 한편으로는 그들이 하나님의 자녀임을 증명하였고 다른 한편으로는 세속의 부정과 탐욕에 항거하였다.

믿음으로 의롭다함을 받는다. 이것이 자본주의 사회를 살아가는 기본생활방식이다. 믿음은 흔들릴 수 있다. 언제나 한결같으면서 굳세 믿음을 간직하기 위해서는 성경으로 돌아가야 한다. 늘 성경을 읽고 해석하고 그 해석에 따라 실천하며 생활 속으로 뛰어들어야 한다. 이 과정에서 믿음이 더욱 강하게 되고 이 강한 믿음으로 학업이나 직업 등의 생활 현장에 다시 뛰어드는 것이다. 요셉이 전혀 예상하지 못했던 극한의 생활현장에 뛰어들어 마침내 애굽의 경제난을 극복해냈던 것을 오늘의 칼뱅주의자들은 본 받아야 하는 것이다.

민주주의 사회는 사회구성원들에게 자유, 자율, 책임을 부여함과 동시에 요구한다. 그 중에서도 제일의 가치는 자유다. 민주주의에서는 모든 인간이 존엄하다. 모두가 이 존엄함으로 인정받을 때 자유를 느낀다. 이 자유를 유지하기 위해 스스로 질서와 예의를 만들어 지키는 것이 자율이자 책임이다. 그것은 권리이자 의무이기도 하다. 칼뱅주의자들이 이러한 사회 속에 살아가면서 자유와 자율과 책임을 다하는 것은 당연하다.

하지만 칼뱅주의자라면 민주사회의 자유, 자율, 책임 등의 가치들을 넘어서서 살아가야 한다. 칼뱅주의자들에게 자유는 근본적으로 죄로부터의 해방이다. 따라서 칼뱅주의자들은 영적 죽음으로부터의 자유를 먼저 맛보아야 한다. 이 자유로 인해 바울 사도는 그의 일생동안 당해야 했던 모진 고난과 죽음의 선들을 넘어서서 즐거워할 수 있었다. 이 자유로부터 오는 자율은 진리의 말씀을 전하는 것이다. 칼뱅주의자라면 매사를 믿음으로 실천해서 자신에게와 주변인들에게 더 나아가서 믿음이 없는 사람들에게까지 하나님의 말씀을 전해야 한다.

　오늘날 대부분의 한국교회에서는 부유하게 살거나 지위가 높거나 공부를 잘하거나 건강하게 사는 것 등이 하나님의 축복으로 받아들여지고 있다. 하지만 이러한 외적이고 경제적인 혜택들은 진정한 자유와 자율을 누릴 줄 아는 자에게는 지극히 작은 부산물에 지나지 않는다. 이런 혜택들 대신에 앞이 보이지 않는 험한 인생길이나 직업전선에서 믿음으로 의롭다함을 입었기에 오히려 용기를 가지고 도전을 잃지 않는 것이 더 큰 축복이다. 지치고 힘들어도 다시 일어서서 이루어내고야 말겠다는 열망으로 살아가는 것이 더욱 가치 있는 하늘의 복이다. 끝까지 사람을 존중하고 인내와 관용으로 가정과 직장과 교회와 나라의 평안과 화목을 이루어내고자 자신을 희생시키는 생활이 칼뱅주의 그리스도인에게는 복인 것이다. 공부를 잘 하지 못해도 하나님의 택함을 받은 자로서 소망과 열심을 가지고 자신의 일을 해 나가는 것이 그리스도인 학생에게 복이다. 어떤 사회체제와 직업 속에서도 믿음으로 그 모든 사태에 대처하면서 하늘의 소망을 지닌 자로 살아가는 것이 참 그리스도인에게는 복락이다.

제9장

칼뱅주의 그리스도인으로 살아가기

본장은 본서의 결론을 대신한다. 칼뱅주의 그리스도인이 성경읽기를 근본으로 한다면 그 다음으로 대한민국의 그리스도인은 우리나라의 역사를 공부하도록 요구받는다. 이웃사랑의 실천으로는 민족을 품는 것이다. 그리스도인 역시 믿음으로 오륜을 생활 속에서 실천하는 것이 그들의 책무로 제시된다. 끝으로 오늘의 사회 구성원으로서는 진리의 말씀 성경을 토대로 칼뱅주의 5대 강령을 따라 실천하는 삶을 사는 것이 강조되고 있다.

1. 대한민국의 역사를 둘러보자

〈우리 역사 둘러보기〉

대한민국의 역사는 고조선으로부터 시작한 이래로 거의 반만년에 이른다. 고대에는 고조선을 중심으로 예맥족의 후예들에 의하여 부여, 옥저, 동예, 고구려 등으로 군집형태의 국가를 이루었다. 한강 유역에서는 마한 진한 변한 등을 중심으로 군집생활을 했으며, 호남과 영남지역으로는 가야를 중심으로 군집생활을 하고 있었다. 그 후 북방에서는 고구려가 중심이 되어 주변의 세력들을 규합하면서 나라를 이루었고, 한강을 중심으로는 백제가, 영호남을 중심으로는 신라가 각각 나라를 이루었다. 후에 신라가 삼국을 통일하였다 (676).

신라 중심의 한반도 통일이 이루어진 당시에 고조선의 후예들이자 고구려의 후예들이 중심이 되어 발해(698)를 건국하였다. 이렇게 해서 신라와 발해가 남북국 시대를 이루었다.

고구려, 백제, 신라의 삼국은 사상적으로는 불교와 유교를 중심으로 통치가 이루어지고 있었다. 불교는 사상적 바탕이 되었고 유교는 인재양성을 통하여 국가의 통치에 이바지하였다. 특히 신라는 화랑도라는 교육집단과 원효의 정토사상과 같은 민족 고유의 사상체계를 마련하였다. 신라의 불교사상과 유교교육체계는 고려의 건국과 통치에도 많은 영향을 주었다. 왕건의 훈요십조는 신라의 불교에 영향 받은 것이었고, 고려의 국자감의 설치는 신라의 국학제도에 영향 받은 것이었다.

고려(918)는 신라의 통치체제를 확대 개선하였다. 4대왕 광종은 과거제도와 승과제도를 설치함으로써 체계적인 관리양성과 불교의 체제화를 마련하였다. 과거제도는 문과와 무과로 나뉘어 실시되었다. 무과제도는 고려 중기 이후에 정중부 등을 중심으로 하는 무인들이 세력을 규합하여 통치를 담당하는 수단이 되기도 하였다. 말기에 이르러서는 승려들의 타락과 불교사원의 부패 등으로 인해 고려는 정치 경제 학문 등 여러 분야에서 위기로 빠져들었다. 이때 안향(安珦, 1243~1306)과 목은 이색(李穡, 1328~1396) 등이 중심이 되어 주자학(성리학)을 우리나라에 소개하기 시작하였다. 주자의 성리학은 조선 건국을 담당하는 세력들에게 지대한 영향을 주었다.

조선의 건국(1392)은 불교의 영향으로부터 벗어나 유학사상을 중심으로 새롭게 나라를 건설하는 길을 열었다. 특히 성리학은 조선의 정치, 교육, 경제, 학문, 예술 등등에 지대한 영향을 주었다. 퇴계 이황의 성학십도와 성리학적 사유는 중국의 성리학과 달리 우리나라만의 이론체계였다. 그것은 리발(절대선)을 중심으로 기발을 조절하여 언제나 선하게 살아가고자 하는 생활태도체계였다.

　하지만 임진왜란(1592~1599)과 정묘호란(1627)을 거치면서 성리학의 허구성이 드러나게 되었다. 국가의 위기 상황에서 성리학이 국란 극복을 위해 제대로 된 진단과 방안을 제시하지 못한 것이다. 중앙정치에서는 당쟁이 이어졌고, 외척을 중심으로 하는 세력다툼이 이어졌는데 그 중심이 성리학사상과 성리학적 파당이 자리하고 있었다.

　우리나라가 내부적으로 정치, 경제, 사상 등에서 위기에 처해지고 외부적으로는 청과 일의 침탈 야욕, 미국을 중심으로 하는 제국주의 열강들의 위협에 처해 있을 때, 토마스 선교사(Robert Jermain Thomas, 1840~1866)가 1866년에 미국 상선 제너럴셔먼호를 통해 대동강에 진입하여 성경을 건네주었다. 이것이 우리나라에서 성경을 정확무오의 진리의 말씀으로 믿는 칼뱅주의의 시작이었다.

　미국은 제너럴셔먼호를 빌미로 1866년 조미 수교를 맺고 우리나라에 영향을 주기 시작하였다. 1876년 일본과의 강화도조약은 치명적으로 우리나라의 국권이 박탈되는 계기가 되었다. 1910년 한일합방은 우리 민족의 자주권을 빼앗아갔다. 주지하다시피 일제의 포악한 무력통치와 우리민족 말살 정책, 인적 물적 자원의 수탈 정책 등은 그나마 있던 민족정신을 송두리째 무효화할 수 있을 정도였다.

　1945년 8월 15일 대한민국은 광복을 찾았다. 그 후 미군정의 통치를 받게 되었다. 이를 계기로 미국을 중심으로 하는 서구 자유민주주의 사상이 우리나라에 쏟아져 들어왔다. 하지만 북한의 침입으로 발발된 1950년의 민족전쟁은 이러한 상황마저 파괴하고 우리 민족을 분단의 비극으로 빠져들게 하였다. 그 후 대한민국은 1960년~1970년대의 혹독한 후진국의 시기를 지나고 1980년~1990년의 민주화시기를 지났다. 1990년대 이후 세계화의 물결 속에서 국력을 신장시켰으며, 오늘에 이르러 국가생산력으로 볼 때 전 세계의 나라들 중에 10위권을 넘나들게 되었다.

〈사상사적 고찰과 오늘날 우리 사회의 성격〉

사상사의 관점에서 보면 고조선 시대의 샤머니즘 사상, 삼국시대의 불교, 유교 사상 등이 역사 초기부터 영향을 미쳐왔다. 신라에서 고려까지는 불교가 일반백성들의 중심 사상으로 작용하였고, 유학사상은 통치와 통치자를 위한 사상으로 작용하였다. 특히 성리학사상은 조선의 건국시기부터 중반기까지의 사이에는 거의 절대적 영향력을 가지고 있었다. 15세기 말(1494)에서 16세기 중반(1545) 직전까지에 걸쳐 발생한 4대 사화가 성리학에 대한 회의를 가지게 하였다. 임진왜란(1592)은 조선을 수치와 당혹의 상황으로 몰아넣었는데 이를 해결할 대안을 성리학은 거의 제시하지 못하였다.

성리학 교육과 관련해서는 조선 초기에는 성균관이 중심이 되고 사부학당, 향교 등에서 성리학 교육을 담당하였다. 서원교육은 주세붕(周世鵬, 1495~1554)이 1543년에 우리나라 최초로 백운동서원(1543)을 설립하면서 시작될 수 있었다. 하지만 후에 서원이 당쟁의 근원지가 되면서 성리학은 더욱 권력다툼의 수단으로 전락되었다. 1894년의 동학혁명(1894)의 발발은 성리학이 우리나라 사회의 상황에 더 이상 아무런 해결책을 줄 수 없다는 최종 증명과도 같았다. 그 이후 시도한 갑오개혁(1894)도 실패로 돌아가면서 우리나라는 청과 일의 간섭과 지배, 그리고 서양의 열강들의 세력에 좌우되게 되었다.

서원이나 서당을 중심으로 한자 위주로 이루어지던 교육체계가 한글교육과 일반학교체제로 바뀌게 되었다. 영미권의 사상들이 유입되면서 영어 등의 외래어 교육이 강화되었다. 이와 함께 서양의 사상들이 대거 유입되었다. 민주주의와 그 이념들, 다양한 철학들, 예컨대 관념론이나 경험론, 이상주의나 실존주의, 구조주의와 상징주의, 마르크시즘(공산주의 사상) 등등이 유입되었다. 학문적으로는 생물학과 의학, 심리학, 사회학, 교육학 등이 소개되면서 활발한 연구가 이루어지게 되었다. 지금에 이르러서는 경제적으로는 자본주의가, 정치적으로는 민주주의가 만연되었다. 철학적으로는 기호학, 분석철학, 근대주의, 해체주의, 포스트모더니즘 등등의 다양한 사상들이 유리나라에 편재해 있다. 온갖 상업주의와 향락주의도 우리나라 안에 만연되어 우리의 생활 태도에 영향을 미치고 있다.

이상에서 대한민국은 전통적으로는 고조선 시대의 샤머니즘 사상과 불교, 유교 등의 사상이 여전히 유효하게 작용하는 사회이자, 다른 한편에서는 자본주의와 민주주의에 영향을 받고 있으며, 철학적으로는 이상주의, 실존주의, 모더니즘, 포스트모더니즘 등등에 의해 영향 받고 있는 사회이다. 따라서 대한민국에서 칼뱅주의 그리스도인으로 산다는 것은 전통과 현대가 뒤섞여 있는 사회 속에서 그리스도인의 사명을 다하고자 하는 생활을 실천하는 것을 의미한다.

2. 대한민국을 품자

아이러니하게도 대한민국의 그리스도인들은 이스라엘 민족의 역사는 비교적 잘 알고 있는데 비해 우리나라의 역사는 잘 알지 못한다. 일부의 그리스도인들은 우리나라의 역사를 알고자 하기는커녕 기독교가 들어오기 전의 우리나라의 역사를 마치 사탄이 지배한 역사처럼 기피하려는 경향마저 보이고 있다. 심지어 신라와 고려 때의 불교나 조선의 성리학 등에 대해서는 적대시하려는 의지를 가지고 있기도 하다.

모든 인간은 두 사람(아담과 하와)를 제외하고는 모두 인간의 사회 속에서 태어났거나 태어날 것이다. 사회가 개인 이전에 존재한다는 말이다. 인간은 사회 속에서 태어나서 그 사회에 영향을 받으며 살아간다. 대한민국에 태어난 그리스도인 역시 이러한 상황에서 벗어날 수 없다. 그러므로 그리스도인이라면 오히려 대한민국에서 태어나게 된 것을 하나님께 감사할 줄 알아야 한다. 유대인들만이 선민사상이 있는 것이 아니다. 대한민국에 태어난 우리도 이 땅에 태어난 것에 긍지와 자부심을 가져야 한다. 하나님께서 이곳에 태어나게 하셨기 때문이다. 그래서 대한민국을 품어야 한다.

칼뱅주의 그리스도인들은 대한민국을 품어야 한다. 대한민국의 아픈 역사를 그리스도의 이름으로 품어야 한다. 대한민국의 빛나는 역사도 품어야 한다. 우리 그리스도인이 하나님께서 왜 우리 민족에게 불교와 유교를 그토록 오랫동안 지속하도록 하셨을 지를 믿음으로 묻고 믿음으로 답을 찾아 가야 한다. 오늘의 현장에서 일어나는 추한 사건들이나 선한 사건들도 품어야 한다. 대안도 없이 일방적으로 비난만을 일삼는 것은 민족을 품는 마음이 아니다. 비난과 비판은 할 수만 있다면 그 해결책을 함께 제시해야 하고, 서로 단점을 보강하여 화합하게 하는 것이어야 한다.

필자는 대한민국의 젊은 그리스도인들이 믿음으로 민족을 품고 바른 사회가 되도록 분연히 일어서기를 고대한다. 그들은 믿음으로 용기를 가지고 물러섬이 없이 전 생활영역에서 도전해야 할 민족의 보배들이다. 모든 젊은이들은 스스로 자기 자신만의 달란트(재능)을 지니고 있다는 믿음을 가져야 한다. 각각의 젊은이들이 자신의 재능을 발휘할 수 있는 어떤 생활전선으로든지 거침없이 뛰어들어야 한다. 무엇보다도 믿음을 키워야 한다. 단순히 잘 될 것이라는, 어딘 가에 반드시 나의 길이 있을 것이라고 믿어야 한다. 이 믿음 위에 용기를 발휘해야 한다. 실패해도 일어설 줄 알아야 한다. 잘 안 되면 될 때까지 준비하며 기다리길 배워야 한다. 대한의 젊은이들이 일등과 꼴지를 모두 똑 같이 진정으로 인정하고 격려하는 소박한 이웃들로 자라가야 한다. 선택받은 하나님의 자녀들은 더더욱 전 세계를 향해 믿음으로 맞부딪쳐 가야 한다. 그렇게 대한민국을 품으며 일으키며 살아가야 한다.

3. 믿음으로 오륜을 실천하자

우리나라 교회 안에서 목사나 장로가 다른 나라와 달리 어른으로 존경과 대접을 받는 것은 말할 필요도 없이 성리학 사상에 근거한 삼강오륜의 영향을 받아서다. 목사와 장로 사이에서는 목사가, 장로와 집사 사이에서는 장로가 좀 더 권위와 대접을 받는 경향이 있다. 재산이 있는 사람과 재산이 없는 사람 사이에, 학식이 있는 사람과 학식이 없는 사람 사이에서 각각 전자의 사람들이 권위와 대접을 받는 것이 보통이다. 우리사회에서 존경과 대접을 받는 자들은 소위 양반계층의 영향이 있어서다.

하지만 목사의 말이기에 들어야 한다고 강요한다면 그것은 칼뱅주의자의 자세가 아니다. 칼뱅주의라면 오직 진리 안에서 진리를 전하고 실천하는 자가 중심이 되어야 한다. 말씀 이외에 나이가 많든 지위가 높든 그 어떤 특권적 근거를 제시한다면 그 사람은 칼뱅주의자라 보기 어렵다. 칼뱅주의자는 하나님의 권위로 겸손히 그분의 뜻을 전하고 몸소 실천하는 자이다.

그럼에도 불구하고 우리나라 교회 안에서는 성경해석이나 교회질서가 성리학적 사유양식에 토대한 것이 대부분이어서 당장 고치려 한다면 너무 많은 무리가 따른다. 한꺼번에 고치려 하다가는 가라지를 뽑으려다 벼이삭을 뽑아버리는 것처럼 혼란만 가중되고 문제의 해결은 더 멀어질 수도 있다. 필자는 교회 안에 있는 유교적 요소들을 신앙으로 바르게 하기 위해서는 오륜을 바르게 이해하고 믿음에 합당하게 오륜을 실천하는 것이 바람직하다고 본다.

〈오륜의 근본은 신의(信)다〉

성리학 사상의 핵심은 태극이 만물의 근원이며 절대선이라는 데 있었다. 태극은 만물의 주재자로서는 '천'이고, 만물의 존재 원리로서는 '리'고, 만물이 생겨날 때 주어진다는 의미에서는 '성'이었다. 리를 어기거나 벗어나는 것은 하늘의 화를 초래하는 일(천벌)이었다.

사람에게도 태극이 있고 천이 있고 리가 있다. 사람의 태극, 천 또는 리를 성이라고 하였다. 사람의 성은 정을 통해서 드러난다. 성과 정은 사람의 마음 속에 있다. 성은 늘 고요하고 움직임이 없어서 마음이 외물에 전혀 (감)동하지 않고 고요하게 있는 상태를 가리킨다. 성은 절대선이다. 이 성이 사람의 몸을 통해 감촉하여 감정으로 움직여 나오면 정이 된다. 정은 몸을 통하고 사물과 접촉하는 과정에서 성의 절대선을 그대로 간직하지 못하고 잘못될 수 있다. 실제로 대부분의 사람들이 정의 발동으로 인해 선으로부터 멀어지기

일쑤다. 이를 방지하기 위해서는 정의 바람직한 발동 방식을 규정하면 된다.

이를 위해서 이황은 성(리)를 먼저 발할 것을 권장하였다. 성이 정을 주장하면 선하지 않을 수가 없어서다. 정(기)이 발했을 때는 이 정이 오직 성을 좇아가거나 그것의 조정을 받는 것이 필요하다. 정이 순선한 성의 조정을 받으면 언제나 선할 수 있어서다. 그리고 정의 발이든 성의 발이든 선하게 하기 위한 방법으로 선한 행동의 모범을 정하였다. 그 중에 대표적인 것이 삼강오륜이었다. 오륜(五倫)을 실천하면 성의 발 또는 리의 발임을 증명하는 것이었다.

오륜은 오늘날에도 우리나라에서 유효하게 작동되고 있다. 그것은 상사와 부하직원 사이의 의리의 관계, 부모와 자녀 사이의 관계, 남녀의 결혼(시댁과 친정 또는 본가와 처가 사이의) 관계, 연장자와 연소자 사이의 관계, 친구사이의 관계 등으로 나뉘어 여전히 사람의 됨됨이를 평가하는 중요한 예절로 자리하고 있다. 예를 들어 나이가 어린 사람이 연장자를 행해서 자기주장을 분명히 하고 그의 제안을 단호히 거절하거나 할 경우 우리 사회에서는 제삼자의 입장에 있는 일반인들조차도 이러한 사태를 용납하려 하지 않는다. 자녀가 부모에게 함부로 대하면 그들은 불효한 자들로 비난을 받기 십상이다. 선후배의 관계에서도 선배가 후배에게 명령을 할 수 있고 좀 부당하다 하더라도 후배가 선배의 부탁이나 주장을 수용해 주는 것이 정당한 행위양식으로 인정될 정도다.

우리나라 교회의 질서도 마찬가지다. 교회 안에서 목회자가 최우선권을 갖는다. 목회자는 회장도 되고, 상사도 되고, 부모도 된다. 그래서 그의 말은 거의 무조건적으로 따르는 것이 예의에 맞는 것으로 여겨진다. 심지어 목회자가 처신을 잘 못거나, 설교를 잘못해도, 교회 행정을 잘못해도 반론을 제기하거나 지적하는 것이 올바른 행동으로 인정되지 못한다.

하지만 이러한 오륜의 수준은 겉으로 살펴본 것에 지나지 않는다. 예를 하나 들어 보자. 오늘날 우리나라의 목회자들이 어린 학생들이나 청년들을 사랑한다는 말을 자주 한다. 목회자가 그들을 사랑한다할 때의 그 사랑의 정도와 그들의 믿지 않는 부모가 그들을 사랑한다 할 때의 사랑의 정도와 비교한다면 과연 목회자의 사랑이 믿지 않는 부모들이 그들 자녀들에게 보내는 사랑의 정도보다 더 나을 수 있을까. 그러지 못한 경우가 대부분이다. 부모의 자녀 사랑이 목회자의 사랑보다 훨씬 더 할 것이다. 이러한 차이는 어디서 오는 것일까.

당연히 오륜의 차이에서 온다. 이를 이해하기 위해서는 오륜을 좀 더 깊이 이해하는 것이 필요하다. 그리고 오륜의 바른 이해를 위해서는 오행(五行)과 오상(五常)을 함께 분석해 보는 것이 유익하다.

오행(five agents)은 목·화·토·금·수를 말한다. 목은 나무의 성질로 계절로는 봄을 나타낸다. 화는 불의 성질로서 여름을 뜻한다. 금은 쇠의 성질로서 가을을 뜻한다. 수는 물의 성질로서 겨울을 뜻한다. 나무는 불을 위해 땔감이 되기에 서로를 살려주는 상생(相生)의 관계다. 불로 나무를 태워 땅 속에서 썩으면 쇠가 된다. 그래서 불과 쇠는 상생이다. 쇠가 녹으면 물이 된다. 금과 수가 상생이다. 쇠는 나무를 자르기에 상극이고, 물과 불이 상극(相剋)이다. 오행 중에 토(흙)만이 모두를 이롭게 하는 요소다. 봄·여름·가을·겨울이 각각 그렇게 변할 수 있는 것도 토가 매 계절의 변화 속에 중심이 되어 그 변화를 주도하기 때문이다. 천지만물이 오행을 갖고 태어나는 데 토가 모든 변화의 중심인 것이다.

한편 오상은 다섯 가지 변하지 않는 원리 또는 이치로써 인·의·예·지·신을 가리킨다. 이 가운데서 대표는 인(사랑)이다. 하지만 신(信)만은 오행의 토와 같이 인·의·예·지의 전 과정에 내재한다. 신은 미더움, 곧 믿음이다. 인을 행하되 그 안에 미더움이 없으면 진정한 인(仁)일 수 없다. 의리를 행할 때 그 안에 신(믿음)이 있지 않으면 의(義)일 수 없다. 마찬가지로 예(禮)를 행함에서도 그 안에 믿음이 있어야 하며, 지(智)를 행함에도 반드시 믿음이 있어야 한다.

오행과 오상에는 토와 신이 작용하고 있다. 토는 중앙으로 전체 변화를 주도하면서 조화를 이루는 것을 특징으로 한다. 신은 신실함이나 미더움(신뢰)이다. 이것들은 오륜의 경우에서도 동일하다. 즉, 오륜이 실천될 때 조정과 조화, 신실함과 미더움 등이 동시에 내재하고 있어야 한다는 것이다.

그러므로 부모와 자녀 사이에 조화와 믿음을 가지고 친애(親愛, 친근히 하며 사랑함)할 때 진정한 친애함이 될 수 있다. 임금과 신하 또는 상사와 부하 직원과의 관계 사이에서, 남편과 아내의 관계 사이에서, 어른과 어린이의 관계 사이에서, 친구와 친구의 관계 사이에서 그 각각에 반드시 서로의 미더움이 내재해야 한다. 이 믿음이 없다면 오륜의 관계는 형식적 윤리행위에 불과하다.

목회자와 성도 사이의 사랑은 이러한 전통적 믿음의 사랑에 비해 체험적으로나 역사적으로나 오래되지 않았다. 초기 기독교가 전래되었을 때 길선주 목사, 주기철 목사, 손양원 목사 등은 오륜의 사랑을 넘어서는 그리스도의 사랑을 실천하였다. 하지만 그 신앙의 강한 흐름이 약해지면서 목회자의 성도 사랑은 그 성도가 가정 안에서 누리는 사랑보다 약하게 된 것이다. 친구사이의 의리도, 믿지 않는 친구들 사이의 의리보다 약해보이는 것도 이런 이유에서다.

〈칼뱅주의 그리스도인은 오륜을 믿음으로 실천해야 한다〉

그러므로 칼뱅주의 그리스도인들이 대한민국에서 살면서 일상적으로 해야 할 일은 하나님의 영광을 위하여 죽음을 각오한다고 외치기 전에 이 오륜을 믿음으로 실천하는 것이다. 그리스도인이 잠에서 깨어나면 성경을 보든 기도를 하든 찬송을 하든 대화를 하든 오륜의 예절에 맞게 하는 것이 먼저다. 집안에서 부모가 조화와 믿음이 담긴 친애함을 자녀에게 먼저 보여야 한다. 그래야 자녀가 부모에게 믿음이 담긴 친애함을 본받게 된다. 어른이 먼저 믿음이 담긴 오륜의 예절을 보여야 한다. 그래야 어린이가 어려서부터 믿음으로 사람을 대하는 것을 배울 수 있다. 부모와 자녀의 대화 속에서 부모가 먼저 자녀를 믿어야 한다. 그래야 자녀가 부모를 믿음으로 대할 수 있다. 어른과의 대화 속에서 친구들과의 대화 속에서 반드시 서로에 대한 믿음이 자리하고 있어야 한다. 어려서부터 공부하고 놀고 하는 모든 과정에서도 자기 자신에 대한 신뢰, 선생님에 대한 신뢰, 친구에 대한 신뢰가 있어야 한다. 하루를 마치고 잠에 들 때에도 성경읽기가 되었든 기도가 되었든 그것은 믿음이 있는 오륜의 실천이어야 한다.

그리스도인이라면 자신이 먼저 부모와 자녀의 친밀함을 믿음으로 실천해야 한다. 스승과 제자, 상사와 부하 직원 사이에서도 상호 믿음으로 관계를 맺어가야 한다. 남편과 아내 사이에도 지금까지 살아온 삶의 길이 다르고 성격도 가문도 경험도 다름을 믿음으로 인정할 수 있어야 한다. 어른과 아이 사이에서는 믿는 어른들이 먼저 어린이들에게 믿을 수 있는 언행을 실천해야 한다. 선생님이 제자들에 앞서서 그들을 믿어주고 그들이 선생을 믿을 수 있도록 모범을 보여야 한다. 친구 사이에서도 당연히 믿음과 조화가 있는 인간관계가 있어야 한다.

〈성리학자들의 삶이 그리스도인에게 전하는 교훈〉

성리학의 기본 정신, 곧 절대선을 확보하고 실천해 내고자 했던 성리학자들의 삶이 오늘의 그리스도인들에게 전하는 교훈은 무엇인가.

첫째로 대한민국의 목회자들이 성리학자들이 리를 절대선으로 믿었던 것처럼 하나님을 절대 선하신 분으로 믿고 겸허해야 한다는 것이다. 대한민국의 그리스도인들 역시 하나님을 절대 선하신 분으로 믿고 순종하기는 마찬가지다. 목회자들 중에는 유학에 대하여 전혀 연구조차 하지 않은 채 그것이 그리스도교의 사상에 반한다거나 적그리스도인 것처럼 비난하는 자들이 있다. 그런 사람은 칼뱅주의 그리스도인일 수 없다. 그리스도인들은 최소한 우리나라의 서원이 유네스코 세계문화유산위원회로부터 세계문화 유산으로 인정되었다는 사실이라도 기억해야 할 것이다.

두 번째는 그리스도교를 전하는 자와 받는 자가 우주와 자연의 원리, 인간의 본질 등에 대한 것을 배우고 가르쳐야 한다는 것이다. 적어도 성리학자들은 경전을 익히고 습득하여 근거를 가지고 리와 기, 우주와 자연과 인간의 본질을 이해하고자 하였다. 대한민국의 그리스도인이라면 이러한 전통을 살려 하늘나라의 본질을 전하는 사람이 되려고 해야 한다. 참 생명의 말씀을 전해야 한다. 단순히 예수 믿으면 천당 간다거나 예수 믿으면 부자가 된다거나 하는 것은 칼뱅주의의 본질에서 멀리 떨어져 있다.

세 번째 교훈은 약육강식의 자본주의 속에서도 칼뱅주의 그리스도인들은 모두가 믿을 수 있는 경제활동을 실천해야 한다는 것이다. 이를 위해 그리스도인들의 선한 행동규범을 공통으로 규정하는 것도 바람직하다. 그리스도인의 생산(품)이라면 그것은 우선 자신과 가정과 이웃과 우리 사회, 나아가 국가와 세계에 대해서까지 선한 것이어야 한다. 궁극적으로는 하늘나라에 합당한 것이어야 한다. 하늘나라의 법에 따라 삼십 배, 육십 배, 백 배의 생산을 해 내는 그런 류의 생산(품)이어야 한다. 분배 역시 동일하다. 어떤 생산품이든지 그 생산품을 꼭 필요로 하는 사람에게 분배되는 경제실천이어야 한다. 궁극적으로는 하나님이 기뻐하시는 분배이어야 하는 것이다.

마지막으로 아무리 세계화가 진행되어도 대한민국의 그리스도인은 한민족의 전통을 바탕으로 가정과 사회와 나라와 세계에 이바지해야 한다는 사실을 잊지 말아야 한다. 다시 말하지만 그 출발은 믿음으로 오륜을 의롭게 실천해 내는 데 있다. 이러한 오륜의 실천이라면 아마도 세계 어느 나라의 기독교사회 안에서도 통용이 될 수 있는 훌륭한 신앙실천이자 예절이라 자부할 수 있다. 오륜의 실천은 권위나 억지가 아니라 믿음으로 서로 존중하면서 오륜을 통한 섬김이어야 한다.

4. 칼뱅주의 그리스도인으로 살아가자

〈말씀을 따라 살자〉

앞에서 분석했듯이 대한민국의 사회는 성리학적 사회, 자본주의 사회, 민주주의 사회의 특성들이 주류가 되어 있는 곳이다. 대한민국의 그리스도인은 마땅히 이 사회의 윤리를 지키며 그 안에서 생산과 분배, 소득과 소비, 자유와 자율, 권리와 의무 등을 다하며 살아가야 한다. 이를 위하여 칼뱅주의 그리스도인은 진리의 성경말씀을 세상에 맞추거나 세상의 일들을 성경말씀에 맞도록 고치거나 하는 둘 중에 하나의 생활방식을 취해야 한다.

칼뱅주의의자들은 일차적으로 성경을 진리의 말씀, 영원히 변하지 않는 말씀으로 믿는다. 하나님께서 주권적으로 선택하시고 예정하셔서 우리를 하나님의 자녀로 삼으시고 성령을 통하여 우리와 함께 하시고 늘 인도하신다는 말씀을 믿는다. 하나님의 자녀로써 우리는 오직 하나님의 영광을 위하여 말씀에 의지하여 믿음으로 실천하는 삶을 살아내야 한다.

칼뱅주의 그리스도인들은 이 믿음으로 경제 활동에 뛰어들어야 한다. 그들은 성실한 노동과 이타적인 생산 활동, 그리고 건강한 소비생활을 실천해야 한다. 공부도 운동도 재능의 발산도 재산의 축적도 하나님의 영광을 위해서다. 동시에 일체의 소비도 하나님의 영광을 위한 것이어야 한다.

세상의 모든 재화는 대체로 불의하다. 공부도 남을 능가하고 남보다 잘 되기만을 위해서 한다면 악한 일이며 그렇게 획득한 지식을 통해 재화를 획득하더라도 불의한 것이기는 마찬가지다. 칼뱅주의자들에게 재화획득이나 공부, 운동 등이 선한 것이 되기 위해서는 그것들이 하나님을 영광되게 하고, 우리의 이웃에게 선하게 쓰일 수 있을 때뿐이다.

칼뱅주의 그리스도인에게 민주주의 사회를 사는 기본 원칙이 있다면 그것은 그리스도와 하나 되어 먼저 생명의 참 자유를 만끽하고 이 자유를 누리는 것이다. 그 이후에 그 자유를 타인에게 전하는 자율을 가져야 한다. 그들은 이웃과 함께 진정한 자유와 자율과 권리와 존엄을 누리며 민주적으로 살아가야 한다. 칼뱅주의 그리스도인에게는 죄로부터의 용서, 죽음으로부터 영원한 생명으로의 옮김 등이 최고의 자유다. 이 영적 자유의 바탕 위에서 그들은 민주주의 사회의 일체의 가치들을 즐거움으로 감당해야 한다. 영적 자유를 전하며 세상의 자유를 누리는 자들이 되어야 한다.

이 자유로운 사회 안에서 대한민국의 그리스도인들은 우리 민족에게 아무도 가보지 않은 길을 열어주어야 할 책무가 있다. 개화기와 일제 치하에서 이 민족이 갈 길을 잃었을 때 외국 선교사들과 초대 교회 그리스도인들이 교회를 세우고 성경을 보급하고 연구하였으며, 교육과 민족독립 운동의 새 길을 열었다. 그들은 사회의 의식개혁에 헌신하였다. 오늘날 대한민국의 그리스도인들은 각자 자신의 위치에서 한국사회의 변화와 개혁을 위해 자신만의 길을 열어가야 한다. 동시에 부족하더라도 하나님의 권능을 믿고 그 길에서 헌신해야 한다. 비록 지금은 자신이 가는 길이 아무런 가치가 없어보일지 모르지만 그 일이 믿음으로 행해지는 일이라면 하나님께서는 분명히 그런 사람을 상 주실 것이다. 저 찬란하고 광활한 하늘의 세계를 향해 칼뱅주의 그리스도인이라는 이름으로 돌진해 가야 한다.

〈성령의 감동과 우리 마음의 감동을 조화시키며 살자〉

성리학적 인간상은 리발·기발을 통하여 선을 행할 것을 강조한다. 그 구체적인 방법은 절대선의 리를 발하고 기가 그것을 따라 발(동)하는 것이었다. 사실 성리학적 인간은 자기 자신이 어떤 행동을 했을 때 그것이 리발인지 기발인지를 스스로 판단했을 것이다. 아마도 불선한 일을 했을 때는 그 행위가 기발에서 비롯된 것이기에 리에 조정을 받았어야 한다고 후회했을 것이다. 혹시 누군가에게 리의 발에 따른 선행이 있었다면 그 사람은 당연히 리를 좇음에서 오는 의기양양함이 있었을 것이다.

칼뱅주의 그리스도인에게 이러한 성리학적 인간상을 응용하는 것이 필요하다. 칼뱅주의 그리스도인이 어떤 행동을 했을 경우, 그 행동이 성경을 따른 것인지 세상의 지식을 따른 것인지, 성령의 감동을 따른 것인지 자신의 감정을 따른 것인지를 스스로 판단할 수 있어야 한다. 칼뱅주의 그리스도인은 그리스도와 한 몸을 이루고 있기에 자신의 몸에 그리스도의 영이신 성령이 내주한다. 이 성령이 우리를 감동하게 하신다. 성령께서는 이 감동 곧 깨우침의 역사를 잠시도 중단하지 않으신다. 우리의 마음도 잠시도 멈추지 않고 활동한다. 즉, 우리는 성령의 역사를 따라 행동하든지 아니면 우리 자신의 마음을 따라 행동하든지 둘 중에 하나의 활동을 하고 있다. 성령을 따라 행동(발동)

할 때는 절대 선하다. 하지만 우리의 마음을 따라 행동할 때는 거의 죄를 저지르기 일쑤다.

그렇다면 그리스도인들은 성령의 인도를 따라 자신의 몸과 마음을 도구로 하여 하나님의 자녀임을 드러내야 한다. 그것이 그리스도인의 행동모델이다. 이 행동을 실천하기 위해서는 그리스도인들이 자기 안에 거하시는 하나님의 영을 좇아 살아가는 것이 필연적이다.

사람이 마음을 멈출 수도 없고 마음이 멈추는 것도 아니니 그리스도인이 그것을 굳이 억제하고자 할 필요는 없다. 차라리 우리의 마음을 자유롭게 발동하도록 하되 훈련을 통하여 그것이 성령의 뜻을 좇도록 하게 하는 것이 바람직하다. 공부하고 싶으면 공부하고 공부하기 싫으면 하지 않으면 된다. 돈을 벌고 싶으면 벌면 되고 벌고 싶지 않으면 벌지 않으면 된다. 우리의 자유로운 발동이 하나님께 영광이 되느냐 되지 않느냐를 지혜롭게 판단하여 영광이 되는 쪽으로 늘 훈련되는 것이 중요하다.

자신의 마음을 따랐는데 그것이 성령의 뜻과 일치하면 그것은 얼마든지 선한 일이 된다. 예컨대 예수님의 모친 마리아가 잔치 집에서 포도주가 떨어졌을 때 아들 예수님에게 그 사실을 알리면서 이 문제를 해결해 주기를 바랐다. 그때 예수님은 그 일이 자신과 무슨 상관이 있으며 지금은 자신의 때도 아니라고 답하였다. 하지만 마리아는 막무가내로 하인들에게 예수님이 시키는 대로 하라고 하였다. 결국 하인들은 물을 떠다가 항아리에 담았고 그것은 포도주가 되었다. 이것은 명백히 마리아의 순간적인 마음의 표출에 의해서 된 사태였다. 예수님은 그러한 인간적 마음의 표출까지도, 심지어 자신의 때가 아니라고 하면서도 들어주셨다. 마리아의 마음의 표출은 훌륭한 믿음의 행위였던 것이다(요 2:1-10).

성리학의 관점에서 행동이 잘못되었을 때 그 잘못(죄)를 처리할 수 있는 방법이 모호하였다. 가장 문제가 된 것이 객관적 진리의 기준이 없이 당파에 따라 진리를 서로 다르게 규정할 수밖에 없던 현실이었다. 그러다보니 무슨 꼬투리라고 잡기만 하면 온갖 이론을 갖다 대어서 그 부당함을 몰아세우는 것이 대세였다. 이것이 악순환을 불러 왔던 것이다.

그리스도인은 이러한 성리학적 한계를 제거해야 한다. 그것은 용서를 통해 해결될 수 있다. 그리스도인에게는 하나님의 은혜로 죄를 용서받는다. 죄의 용서는 다윗이나 솔로몬이나 베드로나 간음하다 현장에서 잡힌 여인이나 등을 통해서 수도 없이 성경에서 증명되었다. 우리도 우리의 죄를 용서받을 것은 너무도 분명하다. 그렇다면 우리의 마음의 흐름을 결코 억누르거나 억제할 필요가 없다. 오히려 마음의 흐름대로 두고 잘못되었음을 빨리 알아차려 진정으로 회개하고 다시 그 잘못을 저지르지 않는 마음의 훈련이 중요하다. 우리의 마음을 발산하고 그것이 하나님의 영광에 합당한 지 그렇지 않은 지를 진솔하게 따져보고 성령의 뜻에 맞도록 훈련하는 것이 요구된다.

칼뱅주의 그리스도인은 지금 여기에서 선하게 의롭게 사는 사람이 되어야 한다. 이런 사람이 되게 해 달라고 기도하는 것이 필요하다. 성령의 깨우침을 달라고 간구하는 것도 필요하다. 그러나 우리는 성령의 감동인지 나의 마음의 흐름인지를 정확히 구분할 줄 모른다. 그렇다면 당장 의를 실천해야 하는데 응답이 있을 때까지 기다려야 하는가. 아니다. 순간의 마음의 흐름을 훈련을 통해 하나님의 영광을 드러내는 것으로 바꾸기로 하고 지금 당장 어떤 마음의 흐름이든지 그것을 좇아 행동해야 한다. 이러한 마음의 훈련을 거듭하다 보면 대한민국의 그리스도인에게서 아전인수식으로 말씀을 해석한다거나 행동하다거나 하는 것이 사라지게 될 것이다. 이와 더불어 개독교의 오명도 사라질 것이다.

칼뱅주의 그리스도인은 성령의 감동을 따라 살고자 해야 한다. 그러나 동시에 각자의 마음의 흐름을 훈련하여 자유롭게 발동하되 성령의 감동을 좇는 발동이 되게 하는 것도 중요하다. 우리의 입장에서는 후자가 더욱 안전하고 실천하기 쉽다. 마리아의 행위는 그 모범이다. 이에 대한 책임은 당연한 말이지만 전적으로 개인 그리스도인, 곧 자기 자신에게 달려 있다. 자신의 잘못된 행위에 대하여 주변상황이나 타인에게 핑계대려 하는 것은 칼뱅주의 그리스도인에게는 있어서는 안 될 일이다.

〈믿음과 섬김으로 사랑을 실천하자〉

　칼뱅주의 그리스도인이 명령받은 두 가지 실천 강령은 하나님을 사랑하고 이웃을 사랑하는 것이다. 이것은 성경의 증언대로 율법을 완성하는 일이다.
　우리가 하나님을 사랑하는 것은 오직 믿음으로 하는 것 외에 다른 길이 없다. 우리가 공부를 하든 사업을 하든 운동을 하든 믿음으로 할 때 하나님을 사랑하는 것이 된다. 성경을 영원한 진리로 믿고 그대로 따르는 것은 하나님을 기쁘시게 하며 사랑하는 것이다. 나에게 주신 남편 또는 아내를, 나에게 주신 부모나 자녀를, 형제와 친구를, 직장과 일터를 믿음으로 감사하며 헌신하면 하나님을 사랑하는 것이다. 가난과 모욕과 처절한 실패조차도 깊으신 하나님의 뜻이 담겨 있을 것으로 믿으며 기다리는 것이 하나님을 사랑하는 것이다.
　이웃을 사랑하는 법은 섬기는 것이다. 믿음으로 나보다 남을 낫게 여기며, 주어진 여건 내에서 내 것을 희생하는 것이 섬김이다. 베풀고도 빚진 자처럼 행동하는 것이 이웃을 섬기는 것이다. 어떤 직업을 갖더라도 그것을 통해 다른 사람들이 평안하기를 기대하며 자신을 수고하게 하는 것이 이웃을 섬김이다. 힘들고 어려워도 묵묵히 견디어내면 나보다 더 힘든 사람에게 위로가 될 것으로 확신하고 지금의 어려움을 참아내는 것이 섬김이다. 지금 공부를 하느라 일을 하느라 힘들고 어려워도 자신의 공부 또는 일로 인하여 이웃이 편할 수 있기에 힘듦을 무릅쓰고 감당하는 공부와 일은 이웃을 심기는 일이다. 이런 일들이 섬김을 통한 사랑을 실천하는 것이다.
　대한민국의 그리스도인은 성리학적 생활 영역에서나, 자본주의 사회에서나, 민주주의 사회에서나, 교육의 현장에서나 직장에서나, 집 안에서나 집 밖에서나, 개인적으로나 집단적으로나, 순전한 믿음으로 하나님을 사랑하고 섬김의 자세로 이웃을 사랑하는 실천을 다 해야 한다.
　이렇게 하나님을 사랑하고 이웃을 사랑하는 세계는 넓고도 넓다. 사람이 측량할 수가 없다. 이 세계에서 마음껏 활동하기 위해서는 믿음이 절대적이다. 성경말씀을 영원히 변함없는 하나님의 말씀으로 믿는 믿음을 굳건히 해야 한다. 믿음은 자라나고 자기 자신은 낮아져 갈 때, 그리고 이러한 삶을 실천하면서 진정한 즐거움을 누릴 수 있을 때, 그러한 그리스도인은 자본주의와 민주주의의 혼용된 사회에서 성리학적 생활을 넘어서서 하나님 사랑과 이웃 사랑을 실천하는 경지에 이르게 된다.

대한민국의 그리스도인들이여! 특히 젊은 그리스도인들이여!!

　성경말씀을 진리로 믿으며 날마다 읽도록 하자. 믿음으로 성경을 묵상하고 연구하자. 믿음으로 말씀을 해석하고 생활 속에서 실천하자. 믿음으로 오륜을 실천하자. 우리의 행동을 성리학적 인간상을 활용하여 점검하면서 성령의 감동과 우리 마음의 감동을 조화시키도록 하자. 이 모든 과정들이 하나님을 사랑하고 이웃을 사랑하는 것으로 귀결되게 하자. 믿음으로 하나님을 사랑하고 섬김으로 이웃을 귀히 여기자. 이 넓고 넓은 하나님 사랑과 이웃 사랑의 세계 속을 누비며 살자. 그러면 하나님께서 우리가 알지 못하는 더 넓은 새 세계로 우리를 안내하실 것이다.

　끝으로 필자는 졸저 『성리학과 칼뱅주의』가 나의 이웃인 독자 여러분에게 성령의 인도하심과 내 마음의 발동을 따라 열심히 실천한 섬김의 사랑으로 전해지길 기도한다.

2019. 12. 20.

백석대학교 천안 안서동 골짜기 안에서

노사(老史, 낡은 이야기꾼) 문태순 쓰다

[참고문헌]

성경
『성경전서』, 개역개정판, 대한성서공회, 2001.

NESTLE-ALAND, *NOVUM TESTAMENTUM GRAECE*, DEUTSCHE BIBEL GESELLSCHAFT, (Ed. ⅩⅩⅦ, 2001)

우리나라 전집 및 고전
『高峯集』 Ⅲ(고전국역총서 249), 민족문화추진회, 1988.
『退溪全書』 1-5, 성균관대학교 대동문화연구원(서울), 19997.
『入學圖說』, 安田十兵衛 編纂, 二卷二冊(木版本), (國立中央圖書館 所藏本)
『童蒙先習』, 朴世茂, 1654.(奎章閣所藏)
『諺解 小學集註增解』, 以會出版社, 1994.
『擊蒙要訣』, 성백효 역주, 전통문화연구회, 1992.

중국고서
『易學啓蒙』, 朱熹(宋) 撰.(奎章閣所藏)
『中庸』, 朱熹集註, 林東錫 譯註, 東西文化社, 2009.
『周易傳義』, 주희 저, 성백효 역주, 전통문화연구회, 1998.
『原本周易』, 發行人 劉琪南, 서울; 中和堂, 1998.
『周易』, 元·亨·利·貞(4卷), 學民文化社, 1989.(영인본)
『論語』, 學民文化社, 1989.(영인본)
『朱子語類』, 宋·黎靖德類編, 孔子文化大全編輯部 編輯, 山東友誼書社出版, 1992.

국내저서
김경래 저, 『사본들을 통해 보는 성경: 구약 성경 사본학 글모음』, 전주대학교출판부, 1997,

_____, 『유대인 예수』, 대장간, 1991.
김영재 지음, 『한국교회사』, 합신대학원출판부, 2014
윤평중 지음, 『포스트모더니즘의 철학과 포스트 마르크스주의』, 서광사, 1992.
천사무엘 지음, 『사해사본과 쿰란 공동체』, 대한기독교서회, 2004.
최승락 지음, 『성경해석 산책』, SFC 출판부, 2007.

외국번역서

Max Weber 저, 최기철 역, 『프로테스탄트 윤리와 자본주의 정신』, 다락원, 2010.
디아메이드 맥클로흐 지음, 이은재, 조상원 옮김, 『종교개혁의 역사』, CLC, 2011.
마테오 리치 저, 이수웅 역, 『천주실의』, 분도출판사, 1984.

학위논문

김영한, 판넨베르크의 현상학으로서의 보편사 해석학, 기독교사상 281(1981), 대학기독교서회.

김정우, 「루터의 종교개혁과 로마 가톨릭교회법의 관계에 관한 연구」, 숭실대학교 박사학위논문, 2011.

서정웅, "우리말 성경 번역에 대한 역사적 연구", 목원대학교 신학대학원, 2003, 석사학위논문,

신종호, 「종교개혁자들과 교회음악」, 서울신학대학교 석사학위논문, 1982.

신지영, 인문학과 설교의 충돌 그리고 대화: 인문학적 설교비평, 감리교신학대학교 석사학위논문, 2013.

심상태, 판넨베르크의 해석학 고찰, 가톨릭대학신학부논문집 6(1980), 가톨릭대학교.

안대현, K. Barth의 예정론, 한일장신대, 석사학위논문, 2014.

양춘근, 「종교개혁이 교회음악에 미친 영향에 관한 연구」, 서울신학대학교 석사학위논문, 1997.

여남숙, 칼 바르트의 계시이해와 응답성, 영남신학대학교 신학대학원, 석사학위논문, 2014.

오승성, "탈근대적인 신 인식론의 가능성 탐구: 칼 바르트의 실재론적 관점과 돈 큐핏(Don Cupitt)의 반실재론적 관점을 넘어서", 오승성, 신학사상 통권 제159호, 한국신학연구소, 2012.

윤종훈, 「종교개혁이 독일사회변혁에 미친 영향에 관한 소고」, 총신대학교 석사학위논문, 1994.

이용규, 이신열, 볼프하르트 판넨베르크의 유비이해, 한국개혁신학신학회 논문집 제42권, 불과 구름

이재관, 「종교개혁이 그 시대의 교육에 미친 영향」, 침례신학대학교 석사학위논문, 1989.

이환진, <중국어성서번역사>, 『성서와 함께』, 1989년 제17집 1호.

장은도, 「마틴 루터 종교개혁이 서양음악사에 끼친 영향에 관한 조사연구」, 중앙대학교 석사학위논문, 2002

정기철, 신학적 해석학에 대한 비판적 고찰: 칼 바르트의 유비의 신학, 장신논단 제40집, 장로회신학대학교 출판부, 2011.

정현태, 「16세기 종교개혁이 교회음악에 미친 영향에 관한 연구」, 서울신학대학교 석사학위논문, 1991.장은도, 「마틴 루터 종교개혁이 서양음악사에 끼친 영향에 관한 조사연구」, 중앙대학교 석사학위논문, 2002.

전원균, 「루터의 종교개혁이 16세기 독일사회변화에 끼친 영향」, 침례신학대학교 석사학위논문, 1988.

한달우, 「16세기 유럽 종교개혁이 개인성의 발전에 끼친 영향」, 침례신학대학교 석사학위논문, 2016.

한 사무엘, 칼 바르트의 말씀이해 연구: 칼 바르트의 성서생활을 중심으로, 목원대학교신학대학원, 석삭학위논문, 2012.

칼 바르트와 판넨베르크의 계시이해 비교연구 석사학위논문(1994), 장로회신학대학교 신학대학원

외국어 번역서

디아메이드 맥클로흐 지음, 이은재, 조상원 옮김, 『종교개혁의 역사』, 기독교문서

선교회(CLC), 2011.

러셀, 임병수 역, 『의미와 진리의 탐구』, 삼성출판사, 세계사상전집 23, 1982.

마르틴 부버 지음, 표재명 옮김, 『나와 너』(Ich Und Du), 문예출판사, 1997.

마단 사럽 외 지음, 임헌규 편역, 『데리다와 푸고, 그리고 포스트모더니즘』, 인간사랑, 1991.

부르스 M. 메쯔거 저, 강유중·장국원 공역, 『사본학』, 기독교문서선교회, 1999.

앤서니 C. 티슬턴 지음, 최승락 옮김, 『해석의 새로운 지평』, SFC, 2015.

에드문트 후설, 이종훈 옮김, 『유럽학문의 위기와 선험적 현상학』, 한길사, 1997.

엘리스터 맥그라스 저, 김성욱 역, 『이신칭의의 현대적 의미』, 생명의 말씀사(서울), 1997.

장 프랑수아 리오타르 지음, 유정완·이삼출·민승기 옮김, 『포스트모던의 조건』, 민음사, 1992.

존 칼빈 저, 원광연 옮김, 『기독교강요』 상, 중, 하, 크리스챤다이제스트, 2003.

토마스 그룹 저, 한미라 역, 『나눔의 교육과 목회』, 기독교대한감리회홍보출판국, 1997.

포드 루이스베틀즈 편저, 양견ㅎ강명희 공역, 『칼빈의 기독교강요분석』, 1983.

페르디낭 드 소쉬르 지음, 김현권 옮김, 『일반언어학강의』, 지식을만드는지식, 2012.

프로이트, 김성태 역, 『징신분석학 입문』, 삼성출판사, 1982.

프랑수아 방델 지음 김재성 옮김, 『칼빈』, 크리스챤다이제스트, 1999.

Alfred North Whitehead, 도올 김용옥 역안, 『이성의 기능』(the Function of Reason), 통나무, 1998.

Max Weber 저, 최기철 역, 『프로테스탄트 윤리와 자본주의 정신』, 다락원, 2010,
_____, 이상률 역, 『직업으로서의 학문』, 문예출판사, 1996.

정기간행물

「교회연합신문」 The Ecumenical Press, (2017. 12, 7).

「기독교연합신문」, 아이굿뉴스(2018. 1. 17).

『성서와 함께』, 제17집 1호(1989), 한신대학교출판부.

『神學指南』 제80권 2집 통권315(2013).

『신학과 세계』 통권 제43호, 감리교신학대(2001).

『월간목회』, 월간목회, 통권 181호(1991).

_____, 월간목회, 통권 476호(2016)

『중국학논총』, 제38집(2012), 고려대학교 중국학 연구소(2012).

『한국기독교 문화논총』, 강남대학교 기독교문화연구소(1994. 12).

Journal for Theology and the Church, 4: History and Hermeneutics, Tubingen: Mohr, and New York: Haper & Bow, 1967.

Ballard, Paul. Pastoral Theology as Theology of Reconciliation In: Theology, Vol. XCI, 1988.

해외저서

Alan F. Segal, Life after death: a history of the afterlife in the religions of the West, Anchor Bible Reference Library, 2004.

Anthony C. Thiselton, New Horizons in Hermeneutics, Zondervan, Grand Rapids, Michigan, USA, 1997.

Don S. Brwning, Religion and Pastroral Care, Philadelphia, 1983.

F.D.E, Schleiermacher, Hermeneutics, The Handwritten Manuscripts ed. by H. Kimmerle, Eng. Missoula: Scholars Press, 1967.

_____, Brief Outline on the Study of Theology, trans. Torrence N. Tice(Richmond: John Knox Press), 1966.

Fred B. Craddock, Preaching, Nashville: Abingdon Press, 1985.

H. Conzelmann, Die Rechtfertigunslehre des Paulus - Theologie oder Anthropologie, EvTh 28 (1968)

John Calvin, John T. McNeill(ed), Institutes of the Christian Religion 1 & 2, The

Westminster Press, 1967.

J. Lacan, Ecrits, N.Y: W. W. Norton, 1977.

Martin Luther, Luther's Works vol 1,(ed J.J. Pelikan and H.T.Lehmann), St. Louis, Philadelphia: Concordance Publishing House, 1955.

Gervase E. Duffield (ed.), The Work of William Tyndale, Appleford: Sutton Courtenay Press and Philadelphia: Fortress, 1965.

G. Ebeling, Luther, Einführung in sein Denken, Tübingen 1964.

Gerhard O Forde, Justification by Faith: A Matter of Death and Life(Philadelphia: Fortress Press), 1982.

Hans-Georg Gadamer, Truth and Method, Eng. London: Sheed & Ward, 1975.

James D.G. Dunn, Unity and Diversity in the New Testament: An Inquiry into the Chracter of Earliest Christianity, London:S.C.M, 1977.

James N. Lapsley, The New Shape of Pastoral Theology, (ed, William B. Oglesby, Jr. Nashvill), Abingdon Press, 1969.

John R. Searle, Speech Acts: An Essay in the Philosophy of Language, Cambridge: Cambridge University Press, 1969.

J.L. Austine, How to do Things with words, Oxford: Clarendon Press, (2nd, Cambridge Mass), 1962.

Joel C. Weinsheimer, Gadamer's Hermeneutics: A Reading of "Truth and Method", New Haven: Yale University Press, 1985.

M. Heidegger, Being and Time, Eng. Oxford Blackwell, 1962.

Martin Luther, Schriften, (W.A 18 published by Hermann B?hlau of Weimar, Weimar Ausgabe. 1525).

Martin Luther, I Band, (W.A. 40/1(Weimarer Ausgabe, 1531).

Martin Luther, Schriften, (W.A. 54(1543-46).

Martin Luther, II Band, WA 39 I(1535/38).

M. Luther, Predigten und Schriften (WA 11(1523).

Nicolas Wolterstorff, Works and World of Art, Oxford: Clarendon Press, 1980.

Paul Ricoeur, *Hermeneutics and the Human Science*, Cambridge: Cambridge University Press, 1981.

R. Bultmann, *Glauben und Verstehen* III, T?bingen, 1965.

S ø ren Kierkegaard, *The Last Year: Journals 1853-1855*, Eng. London: Collins, 1965

_____, *The Attack upon "Christendom"*, Eng. Princeton: Princeton Press, 1944.

Subilia, Vittorio, *Die Rechtfertigung aus Glauben: Gestalt u. Wirking vom Neuen Testament bis heute*/ Gottinger: Vandenhoeck & Ruprecht, 1981.

Umberto Eco, *Semiotics and Philosophy of Language*, Landon: MacMillan, 1984

Wolfhart Pannenberg, *Theology and the Philosophy of Science*, Eng. Philadelphia: Westminster Press, 1976.

_____, *Basic Question in Theology*, (3 vol), Eng. London: S.C.M. 1970

인터넷 자료

https://en.wikipedia.org/wiki/Protestantism.
https://en.wikipedia.org/wiki/bible.
https://en.wikipedia.org/wiki/Tanakh.
https://en.wikipedia.org/wiki/Vetus Latina.
https://en.wikipedia.org/wiki/Jerome.
https://en.wikipedia.org/wiki/Masoretic_Text.
https://en.wikipedia.org/wiki/Bar Kokhba revolt.
https://en.wikipedia.org/wiki/Lectio_Divina.
https://en.wikipedia.org/wiki/Augsburg_Confession.
Books.google.com. (Retrieved?2015-08-13).
https://en.wikipedia.org/wiki/Five_solae.
(http://blog.naver.com/PostView.nhn?blogId=biblestorys(조선기독교역사연구소)